中国核电工程有限公司年鉴

中核集团 CHINA NUCLEAR POWER ENGINEERING CO.,LTD.

2019年卷

中国核电工程有限公司 编

CHINA
NUCLEAR
POWER
ENGINEERING
CO., LTD.

中国原子能出版社

图书在版编目(CIP)数据

中国核电工程有限公司年鉴.2019年卷/中国核电工程有限公司编.
—北京:中国原子能出版社,2019.10
ISBN 978-7-5221-0155-2

Ⅰ.①中… Ⅱ.①中… Ⅲ.①核电工业－工业企业－中国－2019－年鉴
Ⅳ.①F426.23-54

中国版本图书馆CIP数据核字(2019)第248690号

中国核电工程有限公司年鉴（2019年卷）

出版发行	中国原子能出版社（北京市海淀区阜成路43号　100048）
责任编辑	胡晓彤
装帧设计	崔　彤
责任校对	冯莲凤
责任印制	潘玉玲
印　　刷	保定市中画美凯印刷有限公司
经　　销	全国新华书店
开　　本	787 mm × 1092 mm 1/16
印　　张	19.25　　**彩　插** 36
字　　数	350千字
版　　次	2019年10月第1版　2019年10月第1次印刷
书　　号	ISBN 978-7-5221-0155-2　　**定　价** 198.00 元

网　址:http://www.aep.com.cn　E-mail:atomep123@126.com
发行电话:010-68452845

《中国核电工程有限公司年鉴(2019年卷)》

供稿人员：（按姓氏笔画排序）

李广慧　李云屹　李文雎　李占全　李良勇　李雪明
李鹏飞　李燕萍　杨　坤　杨　倩　杨天明　杨昊林
杨维波　杨懿涵　肖　涵　余　淼　汪　俊　宋　鹏
张　华　张　威　张　静　张一之　张秋佳　陈　侃
陈宇鹏　金　林　周　爽　周连禹　周武卫　郑尤淇
屈大韵　赵　鹏　赵宁宁　赵庆南　赵树峰　赵艳华
赵冀斌　胡仙凤　胡彦涛　胡琼敏　段　宏　姜青和
徐云起　高　杨　高瑞洁　郭庆春　盛　丹　崔大帅
康立秋　曾师斯　谢方苏　雷震波　路　鹏　管永涛
熊　凯　魏　峰

主要摄影：范　晨　肖军和

编辑说明

一、《中国核电工程有限公司年鉴》（以下简称《公司年鉴》）的编辑、出版旨在全面系统的载录中国核电工程有限公司的发展历程，为公司各单位（部门）和职工提供信息资料，为各级领导决策和管理工作提供参考依据，也为社会各界了解我公司提供一个信息平台。

二、《公司年鉴（2019年卷）》采用分类编辑法，主体结构分为类目、分目、条目3个层次，条目下设各级子目，通过多层级结构描述7个篇目内容，即特载；股东会、董事会、监事会；组织机构及负责人名录；生产经营和科研工作；公司管理情况；党、纪、工、团工作；分支机构；以及彩插和附录部分。全面载录公司2018年生产经营、工程建设、公司党建等工作情况。文中记述时间，原则上截至2018年12月31日。

三、本年鉴编撰工作得到了各单位（部门）的大力支持。编撰工作由公司综合管理办公室牵头，各单位（部门）指定专门的负责人，并搜集整理各单位（部门）年度工作情况总结汇报，在形成年鉴初稿后，经过各级领导审核反馈，编撰委员会通过反复的查漏补缺、不断完善，最终由中核集团原子能出版社出版印刷形成《公司年鉴（2019年卷）》。在此，对给予帮助的公司各单位（部门）及社会各界表示感谢。

四、由于年鉴供稿人员众多，编撰人员能力有限，对可能出现的纰漏，敬请读者指正。

《中国核电工程有限公司年鉴》编辑部

2018 年 1 月 12 日，集团公司总经理助理李晓明一行到廊坊项目现场调研指导，并对奋战在现场的一线全体员工表示慰问

2018 年 4 月 8 日，时任集团公司董事长王寿君一行到 821 项目现场指导工作，时任公司董事长、党委书记卢洪早陪同指导

2018 年 5 月 24 日，时任集团公司总经理、党组副书记余剑锋一行来公司调研指导工作，对各项目的进展情况表示肯定

2018 年 10 月 10 日，集团公司总会计师陈书堂一行来公司调研指导工作，对公司未来的发展提出三点要求和期望

2018 年 10 月 26 日，工业和信息化部副部长、国防科工局局长张克俭，副局长张建华一行到 821 项目现场视察指导工作，科工局二司司长刘永德、计划司副司长徐洪亮、时任集团公司副总经理李定成陪同指导

2018 年 11 月 6 日，国家核安全局副局长、生态环境部核设施安全监管司司长郭承站一行到 821 项目现场进行调研，对我司工程设计、项目管理等工作给予肯定

2018 年 11 月 22 日，国家核安全局副局长、生态环境部核电安全监管司司长汤搏一行来我司进行“加强核电厂运行安全监管”工作调研活动

2018 年 11 月 22 日，集团公司党组书记、董事长余剑锋到 821 项目现场检查指导工作，与现场一线员工进行了亲切的沟通交流

● 2018 年 12 月 14 日，集团公司总经理、党组副书记顾军在集团公司总经理助理李晓明的陪同下，来公司调研指导工作

● 2018 年 12 月 24 日，集团公司董事、党组副书记祖斌一行专程到福清项目现场指导党建工作，为基层党建联系点讲授专题党课

2018 年 2 月 15 日，田湾核电站 3 号机组顺利通过 100 小时满功率连续运行考核，标志着由公司总承包的第 9 座核电站具备商业运行条件

2018 年 3 月 21 日，福清核电站 6 号机组穹顶吊装较计划提前 10 天完成，福清 6 号机组全面进入设备安装阶段

2018 年 5 月 5 日，田湾核电站 6 号机组安全壳穹顶与筒体上口精准就位，穹顶吊装圆满完成，较计划提前 26 天

2018 年 5 月 16 日，"华龙一号"首堆示范工程福清核电 5 号机组稳压器顺利吊装就位，至此福清 5 号机组一回路主设备全部吊装工作完成

● 2018 年 5 月 25 日，由公司总承包的秦山核电厂扩建项目（方家山核电工程）顺利通过最终竣工验收

● 2018 年 6 月 8 日至 10 日，福清核站电 1–4 号机组项目档案顺利通过国家档案局专家组验收

2018 年 6 月 25 日，“华龙一号”首堆示范工程福清核站电 5 号机组核岛中压配电装置母线实现受电，6.6 kV 倒送电节点提前实现

2018 年 8 月 4 日，福清核电站 5 号机组 DCS 系统设备通讯网络投用，控制机柜具备处理功能，标志着“华龙一号”全球首堆示范工程 5 号机组主控室可用节点提前实现

2018 年 7 月 14 日，“华龙一号”首堆示范工程福清核电站 5 号机组反应堆冷却剂主管道焊接工作完成

2018 年 9 月 29 日，“华龙一号”海外工程巴基斯坦卡拉奇核电站 3 号机组成功完成穹顶吊装

2018 年 10 月 27 日，田湾核电站 4 号机组首次并网一次成功，公司在核电工程总承包领域达成又一个重要里程碑

2018 年 11 月 7 日，海南核电工程 1、2 号机组最终竣工验收签署仪式在昌江顺利举行

● 2018 年 1 月 19 日，公司与同济大学建筑设计研究院（集团）公司签署了全方位合作战略合作协议

● 2018 年 1 月 31 日，公司召开了第二届第四次职工代表大会。会上审议通过了《公司年度工作报告》和《公司年度财务工作报告》，并顺利完成了各项议程

2018 年 2 月 1 日，公司召开了 2018 年党建工作会。会议总结回顾了公司 2017 年党的建设工作情况，并对公司 2018 年党建工作进行了研究部署

2018 年 2 月 2 日，中核集团 2018 年工程建设工作会暨工程公司 2018 年度工作会议在京召开，时任集团公司董事长、党组书记王寿君出席会并讲话。司属各单位负责人参加了会议

2018 年 2 月 7 日，公司领导班子召开 2017 年度民主生活会，集团公司总经济师黄敏刚，集团公司第三督导组组长李长瑜，集团公司第三督导组成员霍颖颖出席会议

2018 年 2 月 8 日，中核集团地热研究中心揭牌仪式在中国核电工程有限公司河北分公司举行，公司总经理刘巍出席仪式并揭牌

2018 年 5 月 11 日，公司股东会第十九次会议、第三届董事会第二次会议、第三届监事会第二次会议、股东会第二十次会议、第三届董事会第三次会议和第三届监事会第三次会议在京顺利召开

2018 年 6 月 21 日至 23 日，中国工业经济联合会一行到公司及福清项目现场进行考察交流

2018 年 7 月 6 日，由公司承办的国际原子能机构（IAEA）“核电厂寿期内的风险管理”技术会议在福建厦门成功召开

2018 年 8 月 24 日，公司 2018 年中期工作会在京召开。大会对 2018 年上半年工作完成情况进行了总结，并部署了下半年的重点工作

2018 年 8 月 29 日，全国人大常委会办公厅机关事务管理局来司交流参观

2018 年 12 月 9 号，第五届中国工业大奖在北京人民大会堂揭晓，中国核电工程有限公司荣获“中国核工业大奖”，实现了核行业企业的历史性突破

● 2018 年 12 月 6 日，西北有色金属研究院院长张平祥、副院长杜明焕来公司交流访问

● 2018 年 1 月 3 日，时任公司董事长、党委书记卢洪早会见美国西屋电气公司副总裁、中国区总裁 Raj BHAN 一行

2018 年 2 月 3 日，时任公司董事长、党委书记卢洪早会见德国 KAH/STEAG 联合体代表团

2018 年 3 月 16 日，约旦原子能委员会副主席 Kamal Al-Araj 一行来司访问交流

● 2018年3月23日，公司总工程师邢继与美国 JENSEN HUGHES 公司签署《关于在民用核安全领域开展全面合作的谅解备忘录》

● 2018年4月10日，时任公司董事长、党委书记卢洪早，公司副总经理李强会见了英国驻华大使馆商务参赞 Catriona Knox 一行

2018 年 2 月 3 日，时任公司董事长、党委书记卢洪早会见德国 KAH/STEAG 联合体代表团

2018 年 3 月 16 日，约旦原子能委员会副主席 Kamal Al-Araj 一行来司访问交流

● 2018 年 3 月 23 日，公司总工程师邢继与美国 JENSEN HUGHES 公司签署《关于在民用核安全领域开展全面合作的谅解备忘录》

● 2018 年 4 月 10 日，时任公司董事长、党委书记卢洪早，公司副总经理李强会见了英国驻华大使馆商务参赞 Catriona Knox 一行

● 2018 年 6 月 12 日，时任公司董事长、党委书记卢洪早会见 AVEVA 全球高级副总裁、亚太区总裁 Evgeny Fedotov 一行

● 2018 年 6 月 14 日，公司总经理刘巍会见了源讯网源 Atos WorldGridTM 全球业务拓展总监 Dacruz 一行

2018 年 7 月 22 日至 7 月 26 日，时任公司董事长、党委书记卢洪早出席第 26 届国际核工程大会（ICONE26）开幕式并参加公司“三代核电机组及新核电机组工程建设经验反馈”专题技术报告

2018 年 8 月 31 日，国际原子能机构副总干事兼核能司司长米哈伊尔 · 楚达科夫一行来我司参观访问

● 2018 年 10 月 15 日，由公司承办的国际原子能机构“核电项目建设和合同管理”培训班开幕，国际原子能机构和国家原子能机构官员出席了开幕式

● 2018 年 11 月 6 日，国家留学基金管理委员会“感知中国 · 首都行”中国政府奖学金留学生社会实践代表团到公司进行了参观学习

2018 年 1 月 2 日，公司举行庄严而简朴的升旗仪式，时任公司董事长、党委书记卢洪早书记在总部仪式上致辞，公司总经理刘巍主持升旗仪式

2018 年 3 月 8 日，公司工会精心策划并组织开展了庆“三八”妇女节系列活动，时任公司董事长、党委书记卢洪早，副总经理、工会主席李强，总会计师温新利代表公司向广大女职工送上温馨的祝福

● 2018 年 3 月 28 日，公司在科技楼报告厅举办了“核安全文化大讲堂”之《核安全法》宣贯。公司总部 100 余人现场参加，分会场视频连接参加

● 2018 年 5 月 22 日，在五四运动 99 周年之际，公司召开五四表彰暨青年员工座谈会

2018 年 7 月 10 日，公司 2018 年新员工正式报到，公司董事长、党委书记卢洪早，总经理刘巍来到入职办公区看望新员工并仔细询问情况

2018 年 7 月 16 日下午，公司 2018 届定向研究生毕业典礼暨学位授予仪式在核能大厦第一会议室隆重举行，公司总经理刘巍，公司总工程师邢继出席典礼仪式

2018 年 7 月 18 日，中国核电工程有限公司党建书苑正式揭牌

2018 年 7 月 31 日，在八一建军节即将到来之际，公司专职党委副书记、纪委书记钱远华一行到驻司武警部队营房慰问武警官兵

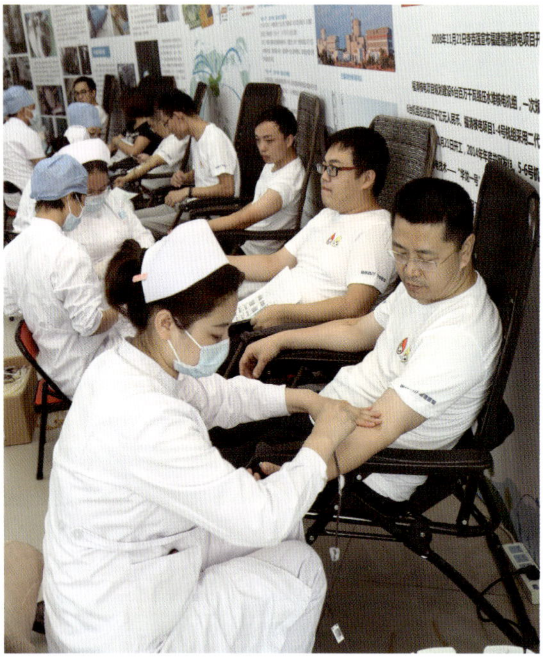

2018 年 8 月 10 日，公司“血液连接你我 核力与你同行”活动，来自总部各单位 190 名同事加入到献爱心的行列

2018 年 10 月 13 日，公司工会在首都师范大学运动场成功举办了公司第七届职工运动会

目　　录

第一部分　特　　载 ………………………………………………（1）

矢志不渝　蓄力行远

为建设国际一流工程公司筑牢根基

——在中国核电工程有限公司

2019 年度工作会上的报告 ………………………………………（1）

以党的政治建设为统领

把握战略方向　融入发展中心

推动实现公司新时代高质量发展新目标

——在中国共产党中国核电工程有限公司

2019 年党建工作会议上的报告………………………………（18）

第二部分　股东会、董事会、监事会 …………………………（35）

一、公司股东、董事会、监事会成员 …………………………（35）

（一）股东方成员 ……………………………………………（35）

（二）第三届董事会成员 ……………………………………（35）

（三）第三届监事会成员 ……………………………………（35）

二、中国核电工程有限公司股东会 ……………………………（35）

（一）股东会第十九次会议 …………………………………（35）

（二）股东会第二十次会议 …………………………………（36）

（三）股东会第二十一次会议 ………………………………（36）

三、中国核电工程有限公司第三届董事会 ……………………（37）

（一）第三届董事会第二次会议 ……………………………（37）

（二）第三届董事会第三次会议 ……………………………………………（38）
（三）第三届董事会第一次临时会议 ……………………………………（38）
（四）第三届董事会第四次会议 ……………………………………………（38）
四、中国核电工程有限公司第三届监事会 …………………………………（39）
（一）第三届监事会第二次会议 ……………………………………………（39）
（二）第三届监事会第三次会议 ……………………………………………（39）
（三）第三届监事会第四次会议 ……………………………………………（39）

第三部分　组织机构及负责人名录 ……………………………………………（40）
一、组织机构概述 ……………………………………………………………（40）
二、组织机构图 ………………………………………………………………（40）
三、公司领导班子及各部门负责人名录 ……………………………………（41）
四、公司党委、纪委 …………………………………………………………（53）
（一）公司党委 ……………………………………………………………（53）
（二）公司纪委 ……………………………………………………………（53）
五、公司工会、团委 …………………………………………………………（53）
（一）公司工会 ……………………………………………………………（53）
（二）公司团委 ……………………………………………………………（57）

第四部分　生产经营和科研工作 ………………………………………………（59）
一、核工程总承包项目 ………………………………………………………（59）
（一）工程进展 ……………………………………………………………（59）
（二）质量管理 ……………………………………………………………（72）
（三）安全管理 ……………………………………………………………（74）
（四）费用控制 ……………………………………………………………（77）
二、工程设计 …………………………………………………………………（78）
（一）核电工程设计研发与评审 …………………………………………（78）
（二）核设施退役和三废治理设计项目 …………………………………（83）
（三）核燃料科研设计 ……………………………………………………（85）

三、科研工作 …………………………………………………………………（86）
（一）科研项目管理 ………………………………………………………（86）
（二）技术标准管理 ………………………………………………………（88）
（三）知识产权与专利管理 ………………………………………………（88）
（四）科研管理体系建设 …………………………………………………（89）
（五）成果转化管理 ………………………………………………………（89）

第五部分　公司管理情况 ……………………………………………………（91）
一、综合行政管理 ……………………………………………………………（91）
（一）规章制度管理 ………………………………………………………（91）
（二）秘书工作 ……………………………………………………………（91）
（三）公文信息管理 ………………………………………………………（91）
（四）公务接待和外联工作 ………………………………………………（92）
（五）外事与国际合作 ……………………………………………………（93）
（六）总工服务工作 ………………………………………………………（95）
（七）保密保卫管理 ………………………………………………………（96）
（八）资产、后勤管理 ……………………………………………………（97）
二、战略规划管理 ……………………………………………………………（97）
（一）战略管理 ……………………………………………………………（97）
（二）目标计划管理 ………………………………………………………（100）
（三）组织绩效管理 ………………………………………………………（101）
（四）基建投资审批管理 …………………………………………………（102）
（五）立项管理 ……………………………………………………………（102）
（六）统计与经济运行分析 ………………………………………………（103）
三、工程管理 …………………………………………………………………（103）
（一）项目管理 ……………………………………………………………（103）
（二）项目控制 ……………………………………………………………（105）
（三）施工管理 ……………………………………………………………（107）
（四）基建管理 ……………………………………………………………（109）

（五）项目信息化建设 …………………………………………（112）
四、经营管理 …………………………………………………（113）
（一）开拓经营 ………………………………………………（113）
（二）合同管理 ………………………………………………（115）
（三）分公司管理 ……………………………………………（118）
（四）公司资质管理 …………………………………………（118）
五、招标管理 …………………………………………………（119）
（一）招标管理 ………………………………………………（119）
（二）招标相关工作 …………………………………………（122）
六、人力资源管理 ……………………………………………（123）
（一）人力资源体系建设 ……………………………………（123）
（二）劳动用工 ………………………………………………（125）
（三）教育培训 ………………………………………………（125）
（四）薪酬福利和社会保险 …………………………………（127）
（五）员工绩效考核管理 ……………………………………（128）
（六）综合管理 ………………………………………………（128）
七、信息文档管理 ……………………………………………（129）
（一）信息化管理 ……………………………………………（129）
（二）文件档案管理 …………………………………………（131）
八、财务管理 …………………………………………………（132）
（一）全面预算管理 …………………………………………（133）
（二）会计核算与监督 ………………………………………（133）
（三）项目财务管理 …………………………………………（134）
（四）科研专项资金管理 ……………………………………（134）
（五）财务信息化建设 ………………………………………（135）
九、内部审计及全面风险管理 ………………………………（135）
（一）内部审计工作 …………………………………………（135）
（二）全面风险管理 …………………………………………（137）
（三）物资采购稽核 …………………………………………（138）

十、企宣及企业文化建设 …………………………………………………………（139）
（一）宣传思想工作 …………………………………………………………（139）
（二）新闻宣传建设 …………………………………………………………（140）
（三）企业文化建设 …………………………………………………………（142）

第六部分　党、纪、工、团工作 ………………………………………………（144）
一、党建工作 ……………………………………………………………………（144）
（一）召开党员代表大会 ……………………………………………………（144）
（二）开展党的群众路线教育实践活动 ……………………………………（144）
（三）健全完善党建工作管理制度 …………………………………………（144）
（四）加强基层党组织和党员队伍建设 ……………………………………（145）
二、纪检监察工作 ………………………………………………………………（146）
（一）制度建设 ………………………………………………………………（146）
（二）反腐倡廉宣传教育 ……………………………………………………（146）
（三）配合巡视整改监督工作 ………………………………………………（147）
（四）专项治理工作 …………………………………………………………（147）
（五）信访案件处理 …………………………………………………………（148）
三、工会工作 ……………………………………………………………………（148）
（一）职工民主管理 …………………………………………………………（148）
（二）关心职工生活 …………………………………………………………（148）
（三）积极开展各项文体活动 ………………………………………………（149）
（四）评选表彰 ………………………………………………………………（151）
四、共青团工作 …………………………………………………………………（151）
（一）思想引领 ………………………………………………………………（151）
（二）创新创效 ………………………………………………………………（152）
（三）成长成才 ………………………………………………………………（152）
（四）凝聚青年 ………………………………………………………………（153）

第七部分　分支机构 …………………………………………………………（154）
一、郑州分公司 ……………………………………………………………（154）
（一）2018 年全年工作总体评价 ……………………………………（154）
（二）组织机构设置 …………………………………………………（154）
（三）人力资源部情况 ………………………………………………（155）
（四）着力稳中求进，主要经济指标创历史新高 …………………（155）
（五）着力质效并举，全面完成科研生产任务 ……………………（156）
（六）统筹兼顾，各项生产任务高标准圆满完成 …………………（156）
（七）着力管理提升，推动分公司科学发展 ………………………（158）
（八）围绕发展中心，党建和群团工作呈现新气象 ………………（160）
二、河北分公司 ……………………………………………………………（162）
（一）2018 年工作总体评价 …………………………………………（162）
（二）组织机构设置 …………………………………………………（163）
（三）人力资源情况 …………………………………………………（163）
（四）深入推进全面从严治党，党建与廉政工作卓有成效 ……（164）
（五）财务指标平稳运行，经济效益稳步增长 ……………………（165）
（六）生产项目有序推进，年度重点任务全面完成 ………………（166）
（七）科研能力不断增强，科研任务不断增加 ……………………（168）
（八）围绕分公司发展目标，管理水平持续提升 …………………（169）
三、北京民用设计院 ………………………………………………………（171）
（一）2018 年全年工作总体评价 ……………………………………（172）
（二）组织机构设置及人力资源情况 ………………………………（172）
（三）2018 年承担的生产任务完成情况 ……………………………（173）
（四）2018 年科研任务完成情况 ……………………………………（176）
四、上海设计院 ……………………………………………………………（176）
（一）总体评价 ………………………………………………………（176）
（二）组织机构及人力资源状况 ……………………………………（177）
（三）2018 年工作亮点 ………………………………………………（177）
（四）2018 年完成的典型工程 ………………………………………（178）

（五）2018 年完成的各项经济指标 …………………………………（179）
（六）管理工作 ………………………………………………………（179）
五、深圳设计院 ………………………………………………………（179）
（一）2018 年工作总体评价 ………………………………………（179）
（二）组织机构设置及人力资源情况 ……………………………（180）
（三）管理模式 ………………………………………………………（181）
（四）2018 年经济指标完成情况 …………………………………（182）
（五）2018 年主要生产任务完成情况 ……………………………（182）
（六）党风廉政建设 …………………………………………………（183）
六、华东分公司 ………………………………………………………（184）
（一）2018 年工作总体评价 ………………………………………（184）
（二）组织机构及人力资源情况 ……………………………………（185）
（三）经营情况 ………………………………………………………（185）
（四）工程项目调试进展 ……………………………………………（186）
（五）党建情况 ………………………………………………………（187）
（六）模拟分公司模式实体化运作 …………………………………（187）
（七）新业务开发 ……………………………………………………（188）
（八）科研、专利、实验室建设 ……………………………………（188）
七、核工业第二研究设计院 …………………………………………（189）
（一）2018 年工作总体评价 ………………………………………（189）
（二）组织机构及人力资源情况 ……………………………………（189）
（三）全年亮点工作 …………………………………………………（190）
（四）加强党的建设，提高凝聚力 …………………………………（192）
八、核工业第五研究设计院 …………………………………………（194）
（一）2018 年全年工作总体评价 …………………………………（194）
（二）组织机构及人力资源情况 ……………………………………（195）
（三）经济指标完成情况 ……………………………………………（196）
（四）生产任务完成情况 ……………………………………………（197）

附录一　大　事　记 ………………………………………………（201）

附录二　荣　誉　栏 ………………………………………………（211）

一、省部级及以上级别奖项 ………………………………………（211）

二、公司优秀评选 ……………………………………………………（236）

（一）公司 2018 年度十佳员工 ……………………………………（236）

（二）公司 2018 年度优秀共产党员 ………………………………（239）

（三）公司 2018 年度考核优秀名单 ………………………………（241）

（四）公司 2017 年度“巾帼建功标兵” …………………………（273）

附录三　规章制度清单 ……………………………………………（275）

附录四　常用缩略语表 ……………………………………………（298）

第一部分　特　　载

矢志不渝　蓄力行远
为建设国际一流工程公司筑牢根基

——在中国核电工程有限公司 2019 年度工作会上的报告

刘　巍

各位领导、同志们：

这次工作会议是中国核电工程有限公司在学习贯彻党的十九大精神热潮中，面向新时代，开启新十年征程起点上召开的一次重要会议。

本次会议的主要任务是，深入学习贯彻习近平新时代中国特色社会主义思想和习近平总书记对核工业和集团公司的系列重要批示指示精神，全面贯彻党的十九大和十九届二中、三中全会精神、中央经济工作会议精神，认真落实集团公司年度工作会议、党建工作会议、党风廉政建设和反腐败工作会议要求，总结回顾 2018 年工作，明确公司下一步发展思路，安排部署 2019 年工作。

下面，我代表公司作工作报告，报告的题目是《矢志不渝、蓄力行远，为建设国际一流工程公司筑牢根基》。

第一部分　2018 年工作总结

2018 年，是公司全面提升自身综合实力与核心竞争力、为公司长久可持续发展奠定坚实基础的关键之年。在集团公司的坚强领导下，公司深入学习贯彻习近平新时代中国特色社会主义思想和党的十九大精神，坚决履行强军首责，坚持党的领导，埋头苦干、锐意创新，全面完成了集团公司考核重点任务、超额完成了财务考核各项指标，公司科技创新能力与生产经营活力显著提升。专项工程及核化工研发设计和建设任务均按期或提前完成；“华龙一号”全球首堆示范工程进展顺利，继续保持全球唯一按计划推进三代核电首堆项目的记录；获得第五届“中国工业大奖”，实现核行业企业历史性突破，成为集团公司唯一获得此最高奖项的企业；获得 2018 年度国家科技进步奖特等奖，成功问鼎国家最高科技奖项；荣获集团公司 2018 年度业绩突出贡献奖，全年安全、质量整体受控，未发生失泄密事件以及违法违规事件。

一、集中优势力量，高质量全面完成专项工程重点任务

略。

二、加强执行力度，摸高完成年度经济指标与重点任务

2018 年公司完成主营业务收入 137.07 亿元，利润总额 4.43 亿元，EVA 2.99 亿元，成本费用比率 90.49%，集团外收入 2.27 亿元，超额完成各项经济考核指标。

全年 JYK 重点战略任务执行情况良好，共承担集团重点战略任务 16 项，衡量标准 63 项，均按期或提前实现。

（一）核电工程总承包项目稳步推进

“华龙一号”示范工程福清核电 5 号机组各里程碑节点和关键控制点按 62 个月工期按期或提前实现，目前正处于系统完善与移交、调试高峰，进入攻坚决胜期。6 号机组正处于建安施工阶段，整体进展全面优于进度计划要求。

田湾核电 3、4 号机组先后投入商业运行。

田湾核电 5、6 号机组各节点均提前进度计划完成。5 号机组主管道焊接和主设备安装全部完成，首台应急柴油发电机吊装就位；6 号机组穹顶吊装、预应力开始施工，环吊、龙门吊顺利投入使用，按照 57 个月工期目标有序推进。

漳州项目“两评”报告获得正式批复并取得全部项目核准支持性许可文件，现场正挖、负挖工作已全面启动，小四通工程、混凝土供应链、生产生活临建稳步开展。

海南核电3、4号机组总体设计工作顺利完成，初步设计以及45项关键设备的采购工作正式启动。

海南小堆现场施工准备全面开始；徐大堡核电1、2号项目继续完善FCD前各项准备工作。

田湾核电7、8号机组，徐大堡核电3、4号机组与中核苏能、中核辽宁签订工程建设合作协议。

K2/K3项目按期完成最终安全分析报告。调试准备工作稳步进行，顺利签订调试分包合同，派驻人员陆续到位。132 kV辅助电源倒送电节点按期实现，为后续安装调试提供了可靠的电源保障。

“华龙一号”优化工作取得阶段性成果。依托漳州核电1、2号机组开展设计优化128项，预计节约投资13亿元，比投资降低至1.5万元/kW。建安优化工作深入开展，确定优化方案9项，将计划总工期由62个月缩短到56个月。

核安全审评工作成绩喜人。提前45天完成工程试验堆装料许可审评任务。军工核安全审评业务得到扩展，核安全局下达的12个堆相关审评监管任务全部按期完成。

重点型号工程科研项目取得重大进展。“‘华龙一号’标准体系建设研究”按计划完成中文版标准编制修订；“三代核电技术升级”项目圆满完成“华龙一号”非能动安全壳热量导出系统综合性能试验并通过核安全局见证；“严重事故特性预防缓解及管理技术研究”完成总体方案和试验台架设计；ACP1400已完成概念设计并与核动力院签订联合研发协议，型号研发工作进入实质阶段；超安微堆重点技术研发通过自主科研立项批复，与中核北方、中船重工七〇三所和哈尔滨工程大学分别就燃料开发、气体透平开发及微堆开发签订合作框架协议；池式低温供热堆完成初步设计，具备示范工程条件；自主研发的大型乏燃料运输容器实现产业化，与清原公司签订供货合同。

（二）核化工总承包和科研设计工作成果丰硕

821 玻璃固化项目冷调试全面展开，顺利完成单系统调试和产品容器转运后段流程联动试验，标志着主工艺系统流程除熔炉外全面打通，为后续水联动试验打下坚实基础。堆化两区废水项目桶外水泥搅拌固化线运行稳定，成功达到日生产 20 桶固化体的设计产能，中低放废液的液转固桶外搅拌生产线技术路线得到充分验证。TBP 项目冷试确定的 40 项技术改进全部按期完成，并配合业主顺利实现热试节点。

龙瑞项目正式启动 FCD 前综合工作计划和二级进度计划编制工作。

新承接两厂及清华大学核退役咨询设计任务。加快工程应用自主化进程，依托四〇四厂高放废液玻璃固化项目，积极开展玻璃固化技术引进与自主研发工作。

后处理科研专项 42 项任务书获科工局批复，专项科研工作全面启动。“后处理 T 首端系统典型单元工程验证”“钚尾端批式处理设备关键操作单元试验验证研究”等科研项目顺利推进。“中试厂改进技术研究”顺利通过科工局验收。“‘华龙一号’水泥固化设备与配方研究”全部研制任务圆满完成，系统成套已通过验收和鉴定，满足工程现场需求。

（三）核燃料元件生产线研发设计占据优势地位

继续牢牢掌握核燃料元件生产线设计领域的主导权，科研设计能力覆盖国内所有生产线。完成了我国首条及全部压水堆、重水堆、AP1000 燃料元件生产线及 MOX、高温气冷堆等新型燃料元件生产线工程设计和关键装备的研发，并相继投产、稳定运行。三门核燃料产业园和沧州核燃料产业园项目建议书均通过厂院审查。干法转化技术取得新突破，试验样机运抵现场、具备单体调试条件。

（四）技术服务业务增长保持良好势头

深度实施从建设到运行的纵向一条龙发展战略，积极拓展技术服务业务市场，在总包工程项目、军民融合建设、国家级重大项目等方面取得突破性进展，全年订立合同额度近 3 亿元，同比增长 98%，业务范围覆盖运行维修技术优化和标准化、技术改造与升级、技术转让、乏燃料干贮等多个领域。

（五）民用设计领域实现可持续健康发展

民用建筑设计领域业务继续保持稳定增长，全年设计规模达 700 万平方米，涉及高级酒店、商场、小区、医院、火力发电厂等多种项目，成为恒大、万达、地方政府城投的主要合作伙伴。垃圾焚烧发电设计占据全国 25%的市场，新签 10 座垃圾焚烧发电厂设计合同，为国家生态文明建设做出贡献。

三、坚持创新引领，管理提升推动公司科学发展

（一）深入开展经验总结，加强总承包能力建设

全面回顾总结公司十年来在工程总承包方面取得的经验与成绩，继承和发展以研发设计为龙头实施 EPCS 的成功实践，以“三个服务于”为指导理念，以项目目标为中心，构建并完善了“公司管总、项目主战、板块主建”的快速作战体系，全面推进标准化、集约化、扁平化、信息化建设，不断提升公司总承包能力。

（二）加快推进机制创新，激发板块经营活力

明确了三个设计院及华东分公司作为利润中心的发展定位，研究制定了分公司模式运作的时间表与路线图，加速四家单位经营管理模式调整。目前华东分公司已全面具备分公司运作条件并顺利完成模式切换，三个设计院模拟分公司模式运作各项工作进入实质阶段并按计划稳步推进。

（三）全面落实创新驱动，持续提升核心竞争力

组建先进核能技术研究院、后处理科研专项办公室，持续加强研发创新力量。全面加大自主科研投入，全年自主投入及垫资启动科研项目 90 项，投入规模达到 3.8 亿元。科技成果转化收入连年增长，2018 年达近亿元。科技创新激励机制逐步完善，全年发放科技成果转化激励 680 万元。

（四）优化完善顶层设计，加大市场开发力度

研究制定公司市场开发顶层设计方案，遵循集散相长、多路开发，围绕主业、百花齐放的原则，加快市场开发体系建设，大力开拓海内外市场。国际市场开发取得突破，成功签署海外第一单，顺利完成 ITER 计划 TAC1 项目投标工作。

（五）实施薪酬奖励改革，发挥正向激励作用

以“战略聚焦、精准激励”为目标，梳理明确公司专项奖励科目，规范专项奖励管理方式。积极推动宽带薪酬制度落地，顺利实现“纵向晋级、横向晋档”的既定目标。探索建立“1+*N*”岗位体系，赋予业务板块充分的自主权，推动岗位体系的差异化管理，打造更有针对性的人才发展通道。

（六）积极推进改革调整，核二院、核五院平稳过渡

全面梳理核二院、核五院内部管理关系，顺利完成股权划转工作，离退休人员待遇得到充分保证，离退休队伍保持稳定。创新思路，主动作为，采取不同的移交模式，积极协调相关政府部门，克服老旧小区水、电、暖移交难的局面，按期完成核二院、核五院家属区“三供一业”分离移交工作。

四、围绕发展中心，党建和群团工作质量不断提升

（一）强化政治学习，凝聚步调一致的发展力量

持续加强理论学习和形势任务教育，不断提升党员、干部职工政治理论素养。深入学习贯彻习近平新时代中国特色社会主义思想和党的十九大精神，结合公司发展形势，对习近平强军思想、科技创新、质量强国等重要论述精神开展专题学习研讨。大力建设党的理论、路线、方针、政策的学习宣传阵地，习近平新时代中国特色社会主义思想的实体研学平台基本建成，“党建书苑”体系遍布公司总部和分支机构。

（二）狠抓巡视整改，全面促进公司管理优化

按照党中央、集团公司有关工作部署，积极配合了中央第十巡视组延伸巡视和集团公司党组第一巡视组的巡视工作，“两个巡视”期间，按时提交有关材料600余项，根据要求撰写报告17份。巡视整改阶段，公司各级领导坚持挂帅出征，对重点工作亲自部署、亲自过问、亲自协调、亲自督办，带领全体干部职工以真认账、真对照、真反思、真整改、真负责的态度，全力推进整改工作落实落地，在集中整改期内按时完成预定目标。目前，“两个巡视”整改工作全部按计划进行，完成率达92%。

（三）凝聚思想共识，大力塑造积极向上正能量

大力弘扬“两弹一星”精神和“四个一切”核工业精神，举办公司成立十周年职工文艺汇演，充分展现公司十年来奋斗历程和取得成就，提振士气、鼓舞信心。坚持讲好中核故事，聚焦身边人、身边事，以故事通讯、舞台剧等多种形式展示中核人的精气神。积极塑造公司正面社会形象与鲜明品牌形象，新华社、人民日报、中央广播电视总台多次报道“华龙一号”重要节点与公司重大成就，“华龙一号”入选CCTV国家品牌计划。

（四）强化组织建设，战斗堡垒作用发挥显著

坚持将基层党建服务改革发展作为党组织工作的切入点和着力点，积极把党的组织优势转化为推动公司改革发展的最大动力，在公司攻坚克难中充分彰显战斗堡垒作用。开展“新时代新担当新作为，我为党旗添光彩”活动，组织“两优”人员先进事迹宣讲会。在公司多个重点领域成立党员突击队，大力凸显党员先锋模范作用。

（五）拓宽发展通道，为干部人才队伍注入活力

全面梳理选人用人工作流程和工作体系，推进工作过程、工作成果模板化、统一化。突出政治首关，在《中层干部综合考核评价管理办法》中明确对干部政治标准的考核。进一步加快年轻干部选拔培养力度，拿出21

个中层干部岗位开展公开竞聘，推动年轻干部在岗位中锻炼。加大高层次技术人才培养力度，建立科研技术及工程型号两条发展通道。

（六）严肃执纪问责，营造风清气正发展环境

严格贯彻落实习近平总书记对纠正“四风”特别是纠正形式主义、官僚主义的重要批示精神，以钉钉子的精神改进公司全体干部、党员作风。对合同发包等重点领域开展问题清查整改工作。坚持零容忍态度惩治腐败，对各类违纪违规问题保持高压、形成震慑，落实不敢腐的惩戒机制，不能腐的防范机制，不易腐的保障机制。

（七）心系职工需求，推动群团工作暖人心

举办第七届职工运动会。开展首批次职工疗休养。改革创新实行会员代管模式，首次将劳务派遣员工纳入公司工会。组织做好精准帮扶工作，建立长效机制，狠抓工作落实，2018 年度共走访慰问困难职工 112 人次、购买慰问品 6 万余元。补助困难职工 34 人次，发放困难补助 10. 5 万余元。帮扶特困职工 6 人，发放帮扶基金 53 万余元。坚定理想信念，唱响青年主旋律，公司一名优秀青年员工当选为中核集团在京单位唯一的团十八大代表。公司青年突击队获集团公司金牌突击队和强军青年突击队荣誉称号，青年安全生产示范岗获集团公司命名表彰。

2018 年，在集团公司亲切关怀和正确领导下，公司领导班子带领全体干部职工一起拼搏、共同奋斗，战胜了各种风险挑战，收获了丰硕的成果。在此，我代表公司向给予公司深切关怀的集团领导和总部各部门领导，向公司全体干部职工表示衷心的感谢和崇高的敬意。更要向奋战在生产、科研一线的海内外全体员工道一声辛苦，向每一位公司的建设者表示衷心的感谢和诚挚的慰问！

第二部分　公司发展面临的形势及发展思路

当前世界核科技创新日新月异，核行业持续发展，核能与核技术应用的国内外市场前景广阔。我国正在加快由核大国向核强国迈进，集团公司

在新时代的新定位，是作为国家核科技工业的主体、战略核力量建设的核心、核能发展与核电建设的中坚、核技术应用的骨干。公司作为集团公司重组后的直属单位，应“因势而谋、应势而动、顺势而为”，坚决贯彻落实习近平总书记提出的“三个发展、一个全面、两个更好”指示，做到“以军为先，为军服务”，正确应对国内外形势变化，力争引领核科技创新，在核工业强国建设中发挥核心作用。

一、公司发展面临的形势和机遇

专项工程研发设计需求迫切。国际核态势日益复杂，战略核力量始终是大国竞争博弈的“压舱石”，特别是十九大明确了“强核强军”的新时代使命任务，行业发展应按照习近平总书记批示的“坚定不移推进，能快尽量快”的要求，加快核军工领域研发创新，全面提升“两个能力”。集团公司作为新时代新型举国体制下的主体力量，特别是核军工力量，具有无可替代性。强核强军和核能开发是国家军民融合深度发展的重要领域，建设核工业军民一体化战略体系和能力，加快军民融合发展，是新时代履行强核强国使命的重大战略任务。公司作为集团公司核军工任务的核心单位，在多方向、多层次迎来战略机遇期。

国内核电发展态势明朗。2018 年，中核集团与俄罗斯国家原子能集团签署了田湾核电 7、8 号机组和徐大堡核电 3、4 号机组等多项框架合同，引进 4 台 VVER 机组。与此同时，EPR 以及 AP1000 全球首堆相继投入商业运行。国家能源局领导在考察中核集团时指出，后续将继续高安全高质量大力发展核电，漳州、惠州“华龙一号”项目已核准，CAP1400 项目核准在即。公司作为集团核电建设的中坚力量，将迎来“华龙一号”“玲龙”“燕龙”及 VVER 等多机型、多标准研发设计和总包任务的发展机遇，发展前景光明。

国际市场开发迎来机遇。世界核能产业进入结构调整期，核能市场热点正转向新兴国家，美法等发达国家的老牌核电企业多陷入经营困境，全球竞争力和市场话语权正在下降，为我国核产业“走出去”、优化全球核能市场格局、引领行业发展创造了条件。公司经过长时间的积累与创新发展，形成了覆盖 EPCS 全领域的竞争优势，在核电“走出去”战略实施和集团公司国际市场开发工作中必将扮演更加重要的角色。

核科技创新势头强劲。科技创新是打造先进的核科技工业体系，建设核工业强国的重要支撑。深海核动力、先进核材料生产、小型模块式反应堆、耐事故元件、核废料嬗变处理等领域，酝酿革命性突破。信息技术、制造技术、材料技术等重大先进理念和技术的渗透与融合，正在为核科技创新注入新的动力。公司始终坚持以研发设计为龙头，持续加大自主研发投入与科技创新激励，为赢得更大的发展空间和市场空间打下了基础。

国企体制改革力度空前。2018 年 12 月中央经济工作会强调加快实现从管企业向管资本转变，改组成立一批国有资本投资公司，组建一批国有资本运营公司。国资委放权十家央企，可自主运用混改、员工持股和股权激励。此外，国资委明确对中央企业工资总额实行分类管理，公司工资总额预算虽然实行核准制，但可以根据经营指标和重点任务完成率两个指标完成情况进行调整。这些政策的出台为公司参照国企改革方向，积极开展体制机制创新尝试，持续激发生产经营活力创造了有利条件。

二、公司发展面临的困难和挑战

在迎来众多战略机遇的同时，我们深刻认识到距离 2020 年公司发展的战略目标，还存在一定的差距。核能主业发展不如预期，全产业链面临全方位竞争，对标国际先进企业还处于中等水平，体制机制仍需进一步改革以适应新时代的发展要求。

一是专项工程研发设计亟需关键突破。军工行业的自主创新能力是我国军事竞争能力和国防综合实力的物质基础、根本保障和关键体现，从未来发展趋势看，也会成为我国科技、经济竞争力和综合国力的重要依托。聚焦到核工业进而到公司，后处理、三废治理等相关领域虽然已经处于国内领先水平，但在核心关键技术方面，与西方发达国家还存在较大的差距，对提高核军工自主创新能力的要求更加凸显。

二是核电产业发展面临诸多挑战。全国电力供需形势基本保持平衡。核电上网竞价和计划上网电量下调压力长期存在。我国能源结构向绿色低碳转型，核电面临其他能源种类的竞争。从世界三代核电发展状况看，经济性成为制约核电发展的主要因素，公众也对核工业安全发展提出更高要求。根据最新预测，中国核电行业将迎来规模化发展趋势，积极开拓新厂址，将是核电行业未来很长一段时间内的重大任务。

三是科技创新力度有待加强。核领域研发投入长期不足，技术储备不够，基础研究短板突出。美国在发起301调查基础上，又公布了《美国对中国民用核能合作政策框架》，对小型堆、先进反应堆、新核技术、“华龙一号”专用设备等出口作了严格限制，这些对我国核能领域自主创新提出了更高的要求。公司需要在“华龙”技术、先进反应堆、燃料及循环、核安全技术领域持续创新，小堆和供热堆等技术实现多用途利用，将核心技术牢牢掌握在自己手中，才能为公司赢得更大的发展空间。

四是公司改革发展任务依旧艰巨。科技创新政策和措施有待加强，创新热情仍需激发。市场化、国际化观念仍需提升。企业混合所有制改革、股权融合发挥资本功能支持产业发展等方面仍处于起步阶段。企业间战略协同效应发挥积极作用仍需进一步加强，要切实做到1+1>2。与国际国内科研机构、顶级高等院校合作有待提高。

三、下一步发展思路

放眼未来，公司将贯彻落实习近平总书记重要批示指示精神，坚持“以核为本、军民融合，创新引领、人才优先，安全高效、开放合作”的发展方针，按照高质量发展要求，有效应对外部环境变化，迎接新一轮科技革命和产业变革，加快技术升级和产业升级，形成新的竞争优势和发展引擎。

根据中核集团新时代发展战略安排，按照2020年、2035年、21世纪中叶三个阶段确定公司未来发展目标。到2020年，全面完成重点专项工程研发设计工作；确保“华龙一号”全球首堆按期投运；ACP1400确定总体技术方案，建成具有国际竞争力的核能工程公司。

到2035年，全面完成核军工、核能利用、核燃料循环等产业布局，加大科研投入和成果转化力度，形成产业集群，打造国际一流核能工程公司。

到2050年，在核能利用及核燃料循环领域和体系中实现由并跑向领跑的跨越，建成世界一流的，引领核能利用发展的工程公司，有力支撑集团公司跨越发展，助力核工业强国目标的实现。

为实现这些目标，公司会将发展的着力点瞄准以下几个方面：

一是集中优势资源，大力推动重点项目建设。建立以核军工优先、以应用为导向的新时代先进核科技体系，攻关突破核军工发展的关键技术，坚决完成好专项工程各项任务。针对重点专项工程建立有效联络机制，争取依托集团公司绿色通道，获得一揽子长期性、决定性、战略性政策支持。确保“华龙一号”按期投入商运，持续加强能力培养，为批量化建设做好技术与人才储备。加强重点项目的资源配置与组织协调力度，完善工资总额、考核激励等配套制度。

二是落实创新驱动，不断加大研发资源投入。瞄准前瞻性、基础性和颠覆性技术，持续加大科研自主投入力度。深入开展“华龙一号”优化研究，全力推动多用途小堆、超安微堆、池式低温供热堆前期工作，积极探索重水堆、浮动堆、高温气冷堆预研，有序推进核电制氢技术从科研转为生产。加大自主科研投入，实现卡脖子及薄弱环节关键技术突破，确保核心技术自主可控。深入推进与四大高校的合作共建，拓宽合作研发渠道。落实“创新 2030”工程，针对新理论、新概念、新方法、新材料、新工艺开展前沿探索。建立“以研带产、以产促研”的产学研用一体化核科技产业体系，推进技术与产业深度融合发展。

三是依托优势产品，持续强化市场开发能力。把握国内供给侧改革、高质量经济发展、能源结构调整机遇，发挥公司在设计、工程总承包、核设备供应链、技术服务等领域的优势，持续提升市场开拓能力，不断扩大市场范围。提升技术服务能力，拓展技术服务内容。着力推进地热发电和垃圾发电规模，支持能源结构转向低碳绿色环保。大力开拓海外市场，依托“一带一路”国家战略，发挥企业间协同效应，形成合力推进全产业链“走出去”。

四是把握发展机遇，深入开展体制机制改革。深化市场化经营机制改革，积极发展混合所有制经济，试点开展混合所有制改革。加强与国内外一流企业对标，完善“战略—规划—计划”一体化管理体系。严格控制成本，提高经营绩效，建立涵盖核工业全产业链的统一、标准的成本体系。加大干部人事制度改革力度，适当下放干部管理权限及范围。完善干部选拔任用方式，广开进贤之路、广纳天下英才。坚持和谐共享，处理好企业发展与员工发展的关系。

新时代是跨越的时代、转型的时代，核工业将注入新的发展动力。公司也将立足新起点，担当新使命，开创新局面，不断提升公司的市场竞争力、科技创新力、行业影响力、产业带动力，打造具有国际竞争力的核能工程公司，谱写新时代核工业发展的壮丽篇章。

第三部分 2019 年重点工作安排

2019 年是将公司建设成为具有国际竞争力的核能工程公司的攻坚之年，是公司开启新十年征程的起步之年，公司一定会以习近平新时代中国特色社会主义思想和党的十九大精神作为行动指南，坚决落实集团公司各项决策部署，坚持新发展理念，坚持高质量发展，加大力度推进专项工程及重点项目，牢固树立创新意识，着力强化能力建设，持续提升公司管理水平与经营活力，全面加强党建和党风廉政建设工作，为公司未来发展争取更大的空间与主动权。

一、勇于担当，确保专项工程研发设计任务顺利完成

略。

二、厚积薄发，保证经济指标与重点任务目标按期实现

（一）坚持增收节支，全面完成经济考核指标

2019 年公司预计实现主营业务收入 121.42 亿元，利润总额 4.3 亿元，EVA 2.9 亿元，成本费用比率 91%，集团外收入 1.8 亿元，完成集团下达的各项经济考核指标。

（二）加强资源保障，按计划推进重点项目建设

扎实推进科学高效的项目标准化管理模式，充分发挥公司在工程总承包建设领域的核心纽带作用，整合各参建单位力量，全面加大资源配置力度，完善总包项目分级协调决策机制，强化细化激励与考核措施，确保总

包项目“四大控制”平稳受控。

“华龙一号”首堆示范工程在 62 个月工期目标的基础上，加快推进项目建设工作，力争 5 号机组于 4 月开始冷试，12 月启动装料，为摸高实现 60 个月工期目标创造条件；6 号机组按照 7 月主管道焊接完成、8 月主控室可用开展工作。

田湾核电 5 号机组按照 60 个月总工期目标推进，确保 10 月底开始冷试；6 号机组 10 月主管道焊接完成。

漳州核电 1、2 号机组全面启动各项工作，按照 6 月 30 日具备 FCD 条件加速现场准备，坚决打好“华龙一号”批量化建设首场战役。

小堆项目按照 12 月实现 FCD 目标积极推进。

徐大堡核电 1、2 号机组，海南核电 3、4 号机组稳步开展项目开工前各项准备工作。

田湾核电 7、8 号机组，徐大堡核电 3、4 号机组分别按照 2020 年年底和 2021 年 5 月开工建设快速推进前期工作。

K2/K3 项目调试工作按计划进行，确保主控室可用、核回路冲洗等重大节点目标顺利实现。

821 玻璃固化项目力争 3 月底开始模拟料液调试，6 月底开始冷试，年底前完成热试方案。

龙瑞项目由管理准备阶段全面转入现场建设阶段，确保 11 月完成 121 子项筏基混凝土浇筑。

严格按照集团公司统筹部署，积极开展巴基斯坦、阿根廷、沙特等海外核电项目相关工作。

（三）落实创新驱动，持续提升公司核心竞争力

持续推进“三代核电技术升级”“严重事故特性预防缓解”等重点项目，完成“华龙一号”型号标准体系建设，全力推动“严重事故下安全壳系统性能研究”等项目在国家重点研发计划立项，并牵头承担核心研究工作。严格落实核电厂数字化设计顶层规划，大力推动“数字核电”工作。按计划开展小堆关键设备样机制造。

积极开展后处理科研专项，加快科研专项管理制度建设，充分发挥专

项总体牵头作用，研究制定后处理科研专项技术路线图。做好年度科研任务计划与预算对接工作，推动各单位严格按照任务书要求完成年度研究任务和经费考核目标。加速推进廊坊后处理研发中心建设，确保年底投入使用。

积极开展ACP1400型号研发工作，持续提升自主核电品牌的经济性和市场竞争力。加快超安微堆型号研发，力争年内完成实验堆堆芯的初步设计。依托目标项目，加速核设施退役治理、三废处理处置等领域的自主研发工作，逐步提升自身能力，为公司后续占领市场做好技术与人才储备。

三、乘势蓄力，推动经营活力与管理水平持续提升

一是优化管理模式，激发自主经营活力。做好华东分公司管理模式切换后续工作，实现平稳过渡。加快三个设计院模拟分公司模式运作进程，积极做好公司顶层制度保障，着力解决组织机构、权责界面、产值管理、考核激励等关键问题，确保2019年年底三个设计院全面具备模拟分公司模式运作条件。

二是创新体制机制，强化改革发展动力。持续优化公司经营结构，探索开展民用设计领域混合所有制改革。加强公司科技创新与成果转化能力，积极参股与公司科研方向相关的研发平台公司、并购可实现研产结合的企业。着力拓展公司研发设施与研发能力应用，依托研发中心组建实体化公司。

三是强化经验总结，提升公司竞争优势。完善总承包建设项目知识管理体系，推进项目管理从有序向高效的螺旋式提升。全面启动EPCS全领域、全周期、系统化的“华龙一号”首堆建设经验总结，形成具有公司特色的总承包经验数据库，为“华龙一号”批量化建设提供成熟的经验参考，不断巩固公司在总承包领域的优势地位。

四是加大激励力度，推动科技创新与设计优化。坚持科技成果转化奖励工作常态化，探索实施科研考核与工资总额直接挂钩的考核方式。持续开展“华龙一号”等重点项目优化工作，加强设计优化对经济性、安全性和工程质量的提升作用，确保优化方案落地应用。

五是拓宽业务范围，培育新的经济增长点。完成国内市场开发策划方

案，发布公司产品手册。深耕技术服务市场，着力推进乏燃料干法贮存等重点项目，积极开拓集团外业务，保证业绩持续高速增长。大力拓展海外市场，制定国际市场开发顶层设计方案，积极参与国际项目投标，力争签订 ITER 计划 TAC1 合同。实现民用设计与总包建设优势互补，积极承揽垃圾焚烧发电总包项目。

六是加强法治工作，优化公司管理体系。严格落实依法治企工作要求，加大推进力度，强化法律工作的组织领导与资源配置。着力打造结构合理、层级分明、领域完备、衔接自洽的管理体系，制定管理体系优化顶层设计方案与实施计划，建立统筹协调机制，逐步实施公司管理体系文件架构调整，确保调整过程平稳有序。

七是树立红线意识，保障公司高质高效发展。持续开展网格化管理，细化落实安全生产责任，推动特级项目部安全监督员机制落地。加快智慧工地建设，强化现场应急救护能力，定期通报曝光“三违”信息。加速信息质量提升，普及根本原因分析工具。深化多方合作，开展全领域、全过程经验反馈，不断提升全员质量意识。聚焦保密、定密等重点环节，强化制度建设与涉密人员管理，确保国家秘密安全。充分保障核二院、核五院离退休人员待遇，维护离退休队伍稳定。

四、坚定不移，开创党建与党风廉政建设新局面

一是强化政治担当。抓好中心组理论学习，用政治理论指导工作实践。紧盯尚未完成的整改措施，建立巡视整改常态化、长效化机制。持续推进深化整改，将巡视整改落实作为公司各单位的重要工作，坚决杜绝敷衍了事、前紧后松，确保“两个巡视”整改工作落实。

二是培育高素质核工业队伍。突出干部政治首关，大力培养选拔忠诚干净担当的好干部。继续优化干部队伍结构，持续推进干部队伍年轻化。着力强化干部奋斗精神、斗争精神，为推进公司改革发展注入新活力。加快高层次技术人才队伍建设，加大人才选拔力度，明确岗位职责与考核要求，推动技术人才多出快出。

三是加强党风廉政建设。将纠正形式主义、官僚主义问题摆在更加突出的位置。聚焦不担当、不作为、假作为等严重影响改革发展的问题，实

施重点任务督办机制。紧盯生产经营关键领域，强化监督执纪问责，督促各职能管理部门加强对关键业务环节的监管。综合运用巡察、审计等监督工具，加强执纪审查工作威慑作用，对违规违纪案件保持高压态势。

四是提升群团工作实效。始终心系职工群众对美好生活的向往，开展好涉及广大群众切身利益的工作。采取各种有效措施，持续帮扶工作，营造和谐良好的企业环境。加强离退休规范化管理，提升服务质量。坚持与党同向，与企业发展同步，与青年同心，打造“青”字号品牌和创新创效精品活动，为促进企业健康可持续发展贡献青年才智。

同志们，我们都在努力奔跑，我们都是追梦人。面对新时代赋予的使命任务，我们要以习近平新时代中国特色社会主义思想和党的十九大精神为指导，矢志不渝，携手并肩，蓄力行远，逐梦而行，以坚如磐石的信心、只争朝夕的劲头、坚忍不拔的毅力，一步一个脚印把国际一流工程公司的建设推向前进，用自身努力助推核工业强国建设，以优异的成绩庆祝新中国成立70周年！

以党的政治建设为统领
把握战略方向　融入发展中心
推动实现公司新时代高质量发展新目标

——在中国共产党中国核电工程有限公司
2019年党建工作会议上的报告

卢洪早

同志们：

这次党建工作会议，是在公司决战核化工研发设计、决胜“华龙一号”首堆建设、实现“十三五”战略规划目标攻坚阶段召开的十分重要的会议。

本次会议的主要任务是：坚持以习近平新时代中国特色社会主义思想为指引，深入学习贯彻党的十九大、十九届二中、三中全会、十九届中央纪委三次全会精神，以及集团公司第六次党建工作会议、年度工作会议、党风廉政建设和反腐败工作会议精神；以党的政治建设为统领，围绕中心工作，把党的建设和改革发展同步谋划、同步推进，研究部署公司2019年党的建设各项工作，团结带领全体干部员工，决战核化工研发设计、决胜“华龙一号”首堆建设，全面完成公司“十三五”战略规划，为实现公司新时代高质量发展目标而不懈奋斗。

下面，我代表公司党委作工作报告。

一、2018年公司党的建设主要工作

2018年，公司党委在集团公司党组的正确领导下，深入学习贯彻习近平新时代中国特色社会主义思想和党的十九大精神，坚定不移加强公司党的建设，不折不扣抓好巡视整改，不断提升党建工作质量和水平，持续推进公司改革发展取得实效，重点开展了以下七个方面的工作。

（一）加强政治理论武装，坚决贯彻党中央决策部署

公司党委坚持把政治建设放在首位，坚持用习近平新时代中国特色社

会主义思想武装头脑，指导工作。

一是深入开展理论学习。公司党委全年开展中心组学习 19 次，其中对习近平强军思想、习近平总书记有关科技创新重要论述等进行专题研讨 7 次，并研究制定了贯彻措施。公司党政领导带头宣贯，为基层讲授专题党课 18 次。举办两期党的十九大精神轮训班，对 287 名中层干部进行了封闭式培训。汇编中心组学习材料，购买发放学习书籍，组织基层党组织在中心组学习、“两学一做”中开展学习；在公司微信公众号建设“党建云平台”，推动党的十九大精神学习宣贯在日常。

二是建设坚强有力班子。优化中心组学习方式，制定加强和改进实施意见。修订《党委会议事规则》及配套制度，进一步厘清公司各决策主体边界。制定并实施依法治企工作方案，推动公司治理体系和治理能力建设。严肃党内政治生活，认真组织开好领导班子民主生活会，严格落实双重组织生活制度，公司领导班子参加基层支部组织生活 56 人次。

三是切实担当兴核强军使命。坚决贯彻落实习近平总书记对核工业重要指示批示精神。研究制定公司核化工专项规划；大力推进后处理科研项目，成立后处理科研专项办公室；加大核化工项目在一线工作协调和资源保障，在嘉峪关成立龙瑞项目部。以持续创新和优化设计为目标，大力推动“华龙一号”创新升级；制定先进核能技术发展路线，组建先进核能技术研究院；持续激发生产经营活力，绘制设计院、华东分公司模拟分公司运营时间表、路线图，积极研究民用设计板块体制改革。

（二）认真履行政治责任，不折不扣推进巡视整改

公司党委坚持把配合好中央延伸巡视、集团公司党组巡视、尤其是全力抓好“两个巡视”整改工作，作为公司履行政治责任、落实全面从严治党要求、推动持续发展的重要手段。

“两个巡视”期间，组织公司各单位认真按照巡视组工作要求开展配合工作，向中央巡视组、集团公司巡视组提交有关材料 600 余项，根据要求撰写报告 17 份。巡视反馈意见后，公司党委以真认账、真对照、真反思、真整改、真负责的态度，认真开展整改工作。按照集团公司统一部署，将中央巡视整改、深入剖析王晓林案件典型特征、集团公司巡视整改工作一体

推进，召开专题党委会，成立巡视整改工作领导小组，研究具体工作方案，制定了“两个巡视”整改措施的“四单一表”台账，大力推动各项工作落实。

集中整改期间，公司党委切实履行政治责任，召开党委会、中心组学习、整改领导小组会及各类整改工作推进会议30余次。公司党政领导先后主持召开巡视整改专题工作会议、调研、检查等60余人次。制定、修订制度57项；给予党纪处分3人，政纪处分3人，诫勉谈话5人，提醒谈话16人，约谈1人，批评教育3人；清退各类款项约130万元。目前，“两个巡视”已明确完成时间的整改项356项，按计划完成344项，完成率达96.7%；另有长期坚持项23项，均已达成阶段目标。

（三）提升党建工作质量，服务生产经营中心工作

公司党委带头履行党建工作主体责任，认真落实新时代党的建设总要求，不断夯实基础建设，党建工作体系逐步完善。

一是压实党建工作责任。发布《公司党建工作考核评价办法》，明确将考核结果按20%权重应用于单位综合考核成绩中，并完成了首次考核。建立基层党组织活动数据库，定期检查“三会一课”制度落实情况。实施党建工作督查，按计划对10个基层党组织开展了督查。

二是建设坚强有力组织。完善工作制度，优化各级党组织、党务工作机构和人员设置要求；修订《党费收缴、使用和管理规定》，推进党费管理更加规范、明晰、高效。建设中核集团首个“党建书苑”，打造党员学习教育“红色充电站”15个。严把党员发展入口关，加大党员发展材料审核力度，年内发展党员53人。推动完善“核聚党建”培训体系，组织培训班6期，覆盖党组织负责人、组织委员、党务工作者、普通党员等388人次，较2017年增加236人次；发布《党建工作指导手册》，加强党务工作人员实操指导。

三是推动党建生产相融合。对公司党建和生产经营制度进行清理，并列出制度清单和完善计划，推进党建和生产经营融合在制度、体制和工作中。引导党员在改革发展中建功立业，年内评选“两优”人员80名，并开展6场宣讲活动；在公司专项工程攻关、“华龙一号”设计优化、数字化核

电设计和R项目力学计算等重点领域成立党员突击队。建立涉密岗位党员群众联系机制，有效宣传党的保密政策。组织开展了“筑牢安全生产首道防线”党支部主题活动，推进安全生产各项工作落到实处。

（四）坚持选人用人标准，拓宽干部人才发展通道

公司党委坚持新时代组织路线，坚持党管干部、党管人才原则，不断优化干部、人才发展体制，为公司改革发展增强核心竞争力。

一是严把干部选拔任用关口。不断提升选拔任用的规范性、科学性，严格执行干部工作程序。编制《选人用人工作手册》，规范工作程序和成果模板化；发布《选人用人监督检查办法》，建立对基层党委选人用人工作指导和监督检查机制。发布《中层干部综合考核评价管理办法》，形成政治标准突出、考核维度全面、考核主体科学、结果运用明确的综合考核评价机制，并予以实施。全力抓好选人用人及薪酬管控专项整改，25项整改任务全面完成，1项为长期坚持项，已达成阶段目标。

二是提升干部队伍活力。加大年轻干部选拔培养力度，开展中层干部岗位公开竞聘；继续执行距退休年龄不满3年干部退出机制；建立后备干部库人员信息平台，实行动态化管理；发布《干部交流工作办法》，用好交流轮岗、派出挂职机制；发布《干部能上能下暂行办法》，推动形成能者上、庸者下、劣者汰的用人导向和干事创业环境。

三是加大人才培养力度。加强顶层设计，编制完成《人才管理大纲》，指导人才选育用留工作。全面完成具有公司特色的“1+N”岗位体系的建立，实现分板块差异化管理。畅通人才发展通道，增设科研技术线首席专家、学科带头人及工程型号线系统总师、分系统总师岗位，分3批聘任公司首席专家11人、系统总师21人。创新校园招聘形式，开展首批暑期实习生招募。

（五）压实管党治党责任，坚定不移正风肃纪反腐

公司党委严格落实全面从严治党主体责任，持续巩固拓展落实中央八项规定精神成果，下大气力整治“四风问题”，紧盯重点领域，严肃正风反腐。

制定了《党风廉政建设责任清单》，细化、量化各级组织、人员党风廉政建设责任 15 项，并定期组织报告履责情况。发布《改进工作作风密切联系群众实施细则》，改进调查研究、精简会议活动；组织召开专题讨论会，就减少生产单位非必要事务性工作研究具体减负措施；发布《领导调研工作管理办法》，推动领导干部深入基层调研、解决问题。发布《公文质量评价管理办法》，实施质量评价标准和错误定期通报机制，强化形成严谨工作作风。坚持聚焦重点领域，建立特级项目部专职党组织负责人制度，并做好专职纪检监察人员派驻准备工作。严肃监督执纪问责，对 2 家单位开展例行巡察，围绕“四风问题”、合同发包问题开展了专项巡察 13 次；开展“五项费用”大检查。组织合同发包问题专项清查，深入开展工程建设、物资采购与招投标专项治理。强化以案明纪，以支部为单位对上级单位、公司通报案件进行第一时间学习；实施纪委书记讲党课活动，结合典型案例形成强有力震慑。

（六）把牢意识形态阵地，讲好公司改革发展故事

公司党委坚持筑牢理想信念基础，坚持正确舆论导向，统筹抓好内外宣传，不断提升干部职工荣誉感、认同感。

一是强化理想信念教育。发布《意识形态工作责任制实施细则》，对公司意识形态工作进行定期研判。积极弘扬和传承“四个一切”核工业精神和“两弹一星”精神，在公司党支部书记培训班增设“四个一切”核工业精神学习课程；邀请集团公司原科技委副主任、核工业精神提炼者郑庆云到公司讲述“四个一切”核工业精神；举办公司成立十周年职工文艺汇演，创作了反映公司艰苦创业、专项攻关、“华龙一号”建设的文艺作品 3 篇，开展了“十年功勋奖”评选表彰，充分展现公司十年来奋斗历程和取得成就，达到了弘扬精神、提振士气、鼓舞信心的作用。

二是聚焦重点开展宣传。全年累计发布内网新闻 2 300 篇、官方微信推送新闻 280 条，在《核工业报》、中核网及主流媒体发布新闻 120 余篇。围绕改革开放四十周年开展系列宣传，着力展现公司历史性变革和显著性成就。聚焦发展重点，“华龙一号”纳入“CCTV 品牌计划”，展览模型亮相改革开放四十周年成就展等 5 项国家级展览。围绕公司荣获中国工业大奖，

在《核工业报》上发表整版通讯，公司总经理刘巍同志参加央视《对话》节目录制，讲述获奖背后的故事。

（七）关注员工美好诉求，大力促进青年成长成才

公司党委自觉践行党的宗旨，深入做好群众工作，着力加强对群团工作的领导和支持。

一是坚决打赢精准脱贫攻坚战。成立扶贫工作领导小组，制定专项工作方案，完善困难职工档案，建立帮扶基金，年内慰问困难职工 112 人次、购买慰问品 6 万余元。补助困难职工 34 人次，发放困难补助 10.5 万余元。帮扶特困职工 6 人，发放帮扶基金 53 万余元。

二是努力为员工办实事。努力改善办公、生活环境，办公室调整工作正按计划逐步实施，员工就餐环境大幅度改善，南楼宿舍居住条件得到全面提升。建立“入职一条龙”服务体系，优化新员工入职流程。打造劳保用品电子采购平台，满足员工劳保采购个性化需求。启动员工直系亲属医疗补助报销。开展首批次的职工疗休养。升版《职工代表大会提案管理办法》，明确要求提案承办部门应在限期内就办理情况予以答复。加强职工民主管理，发布《司务公开管理办法》，并通过职工代表大会等渠道开展司务公开工作。

三是大力激发青年员工干事热情。组织“不忘初心，相约团旗下”主题活动。围绕公司生产经营任务，创建青年突击队 45 个，青安岗 24 个，“高放废液处理设施工艺”队获集团公司强军突击队称号，“设备先锋”队获集团公司金牌突击队称号。积极开展青年创新创效，《华龙一号虚拟展示系统》获集团公司青年创新创效报告优秀奖。

一年来，公司全体干部职工团结一致，砥砺奋斗，防范风险，应对挑战，全面完成各项重点战略任务，超额完成经济考核指标，科研项目取得重大进展，经营活力不断提升；充分展现了中核工程的精气神，涌现出一批先进的组织和个人。核工程院党委荣获集团公司先进基层党组织称号，胡锡文、吴萍分别获得集团公司优秀党员、优秀党务工作者荣誉，赵庆南光荣当选为团十八大代表，王翔飞见义勇为事迹受到社会普遍好评，核工程院系统二室党支部代表公司在集团党建工作会上进行先进经验交流。

中组部、国资委、国防科工局、国家能源局、集团公司有关领导多次莅临公司指导工作，并在不同场合对公司的工作做出指示和肯定。以上成绩的取得，是党中央坚强领导的结果，是上级单位、集团公司指导、关怀的结果，是公司全体干部员工加强风险应对、坚持奋斗不息的结果。在此，我代表公司党委，向各级领导、向公司全体干部员工、向全板块离退休老领导、老同事表示由衷的敬意和诚挚的感谢！

同时，我们也十分清醒地认识到，公司党的建设工作还不满足公司新时代高质量发展的需要。一是学习贯彻习近平新时代中国特色社会主义思想和党的十九大精神有待进一步深化，落实习近平总书记关于核工业重要指示批示精神、履行“强军首责”、推进“华龙一号”创新升级的效果仍需提升。二是公司党建、生产相融合的机制仍待完善，围绕公司改革发展这一主题开展党建工作的具体措施不够多；三是形式主义、官僚主义等依然存在，抓作风建设的有效举措不够多，工作落实力度与职工诉求存在差距，“立即就办”的力度有待提高；四是制度意识、规矩意识不足，“制度执行不到位”和“以制度为阻碍”的问题并存，重点领域违规违纪问题依然存在，部分单位把制度当成拖延工作的借口。这些都是我们在推进公司高质量发展中亟待解决的问题。

二、深刻认识推进公司新时代高质量发展的使命责任

首先，推进公司新时代高质量发展，是党和国家事业发展赋予的时代使命。

核工业的创立和发展是党领导社会主义建设和改革发展事业的重大成就，在增强我国国防实力、科技实力和综合国力中发挥着重要的作用，始终与国家命运、民族命运血脉相连。从一次创业时，成功研制“两弹一艇”，打破西方大国的封锁和核讹诈；到二次创业期间，推进军民融合深度发展，肩负国防建设和国民经济建设与社会发展的双重使命；再到当前，核工业在全面建成社会主义现代化强国的征程中，实现由大到强的转变；无不证明了核工业作为高科技战略产业，国家安全重要基石，是党和国家战略发展的重要支撑。进入新时代，我国仍然处于并将长期处于发展战略机遇期，发展形势与安全环境深刻变化，危和机同生并存；经济运行稳中

有变、变中有忧；外部环境复杂严峻，中美经贸摩擦升温，国际核态势日益复杂，战略核力量依旧是大国竞争博弈的“压仓石”。公司作为核工业国家队，必须坚持党的全面领导，必须坚决贯彻落实习近平总书记对核工业的重要指示批示精神，必须在关键时刻和危急关头听指挥、拉得出、冲得上、打得赢；必须自觉服务于党和国家发展大局，积极落实“强军首责”，积极承担军民融合发展战略、创新驱动发展战略、美丽中国建设、“一带一路”倡议、能源生产与消费革命等重大领域的重要任务，以大力推进公司新时代高质量发展的使命担当，在建设核工业强国的征程中创造出无愧于时代的成绩。

其次，推进公司新时代高质量发展，是实现集团公司发展战略的具体行动。

集团公司高效推进重组整合，积极构建先进核科技工业体系，并在新的发展起点上研究制定了新时代发展战略。把坚持安全发展、创新发展、军民融合发展，全面提升核工业的核心竞争力，更好地推进战略核力量建设和核能开发利用作为集团公司在新时代的历史使命；明确了建设先进的核科技工业体系、打造具有全球竞争力的世界一流集团、推动我国建成核工业强国的“三位一体”奋斗目标，确定了“以核为本、军民融合，创新引领、人才优先，安全高效、开放合作”的24字新时代发展方针，提出了2020年前、2021—2035年、2035年到21世纪中叶的“三步走”发展目标，吹响了引领全球核工业发展的号角。公司作为集团公司的骨干成员单位，必须增强战略思维，适应新形势、紧跟新要求、把握新机遇、实现新发展；必须加强战略思考，在集团公司“三步走”发展目标中，全面对标对表，找准发展定位，明确发展方向；必须加强使命担当，主动承担集团发展重要任务，有力支撑、落实集团公司战略，助推实现核工业由大到强的转变，以大力推进公司新时代高质量发展的实际行动，在核工业新的辉煌篇章中画出浓墨重彩的一笔。

同时，推进公司新时代高质量发展，是公司在新的历史起点上的必然选择。

公司成立十年以来，不断自力更生、锐意进取、勇于担当、迎难而上，取得了丰硕的成果。党建工作质量大幅提升，落实全国国有企业党的建设工作会议精神的各项硬任务全面完成，适应新时代国有企业党建工作体系的“四梁八柱”基本建成；开创了兴核强军新局面，具备了完整的科研、设计、工程应用体系和能力，扭转了核化工科研生产任务推进困难的形势；掌握了世界先进的第三代核电技术，实现了从技术后援到自主品牌的“四级跳”；具备了覆盖国内所有核工程燃料元件生产线的核燃料科研设计能力；积累了丰富的项目管理经验，形成了工程总承包核心竞争能力，已有 10 台核电机组投入商运，成功实现了由工程设计向以设计为龙头的工程总承包的战略转型。通过 10 年的努力，公司实现了第一个阶段的快速发展，基本解决了“能不能”的问题。站在核工业第三个 30 年、公司第二个 10 年，这一新的历史起点上，我国经济已由高速增长阶段转为高质量发展阶段，核工业正处在由核工业大国向核工业强国转变的重要历史时期，如何立足于当前实际，牢牢抓住“强核强军”战略机遇，积极应对国内外核能市场格局调整，深刻把握技术创新、体制改革的内生需要，努力担当有为，成为骨干，全面提升公司的战斗力、改革力、执行力、发展力，全面解决“优不优”的问题、继而解决“强不强”的问题，这就需要我们以推进公司新时代高质量发展的具体举措，回应职工期望、不负历史重托、无愧时代选择。

三、坚持党建和生产经营同向发力，明确公司新时代高质量发展方向

推进公司发展，要紧跟全面建设社会主义现代化强国的新时代国家战略，紧跟集团公司新时代发展战略，按照 2020 年、2035 年，21 世纪中叶三个阶段确立发展目标。

到 2020 年，集团公司强基固本、进入世界五百强，是公司基础攻坚期。要决战核化工研发设计、决胜“华龙一号”首堆建设，全面完成公司“十三五”战略规划目标，建成“具有国际竞争力的核能工程公司”。

到 2035 年，集团公司成为管理卓越、安全高效、军民融合、具有全球竞争力的世界一流集团，是公司跨越发展期，对标国际一流要全面解决“优不优”的问题。要立足于科研院、总体院与工程总包定位，完成公司在核化工、核能利用、核燃料循环等产业布局，形成成果转化产业集群，实

现主营业务收入600亿元，年平均收入增长率8.8%，利润20亿元，建成“国际一流核能工程公司”。

到2050年，集团公司实现“三位一体”奋斗目标，是公司引领发展期，要全面解决“强不强”的问题。要实现科技人才、管理人才、科研试验室、前瞻成果、生产力、科研创新体系及标准，在核能和平利用、核燃料闭式循环以及军民融合等领域中由并跑转为领跑，建成“世界一流的，引领核能利用发展的科技型工程公司”。

当前，公司正处于实现“十三五”目标、从基础攻坚转为跨越发展，继而引领发展的关键时期，需要我们立足于科技型工程公司的发展定位，以“功成不必在我”的精神境界和“功成必定有我”的历史担当，既着眼于长远，一张蓝图绘到底，又着手于当下，一锤接着一锤敲。以集团公司24字发展方针为指引，一个目标一个目标地分解，一件任务一件任务地落实，一个时间节点一个时间节点地推进。

（一）提升战斗力，融入改革发展中心、发挥作用

党的十九大强调，必须牢牢扭住经济建设这个中心，坚定不移把发展作为党执政兴国的第一要务。党章也明确，国有企业中党的基层组织，围绕企业生产经营开展工作，这是我们的基本任务。要进一步明确工作定位，将党建工作全面融入改革发展这一中心，不断提升党的建设质量，全面开创党建工作新局面。要把政治建设摆在首位，团结带领广大党员干部职工更加坚定听党话、跟党走的政治本色，牢固树立“四个意识”、增强“四个自信”、做到“两个维护”，始终成为我们党长期执政、应对各种风险挑战可信赖的力量。要坚持服务生产经营不偏离，把提高企业效益、增强企业竞争实力、实现国有资产保值增值作为党组织工作的出发点和落脚点。要强化基层组织的政治功能，贯彻落实《中国共产党支部工作条例》，大力加强基层党支部建设，强化支部服务改革发展、凝聚职工群众、建设企业文化、创造一流业绩的能力；大力推进党建工作全覆盖，大力创新基层党建工作方式，不断夯实企业党的基层组织基础，打造忠诚干净担当的党员干部队伍，不断提升党组织的组织力和战斗力，逐步把党的组织力量转化为践行强军首责、推进先进核能发展的强大力量，把党的组织优势转化为公

司创新优势、竞争优势、发展优势。

（二）提升改革力，正确处理重大关系、优化机制

改革始终是实现发展的关键一招。站在公司发展新的历史起点上，面对新任务、新机遇、新挑战，还有很多“娄山关”“腊子口”等着我们去一一攻克，不改革、不求变，我们就不可能实现公司高质量发展。要放眼世界，充分学习借鉴先进经验、失败教训，坚持底线思维，提升忧患意识，用斗争精神来改革求变，强化求变的意识，提升应变的能力。要坚持“安全高效、开放合作”这一方向，坚持发展不停步、改革不止步。要牢牢守住安全这个生命线，深入开展网格化安全管理，加快推进智慧工地建设；大力提升核安全文化理念；坚决确保国家秘密安全。要进一步优化调整经营结构，积极推进业务板块模拟分公司运行；实现民用设计领域法人化混合所有制；参股与公司科研方向相关的研发平台公司；并购可实现研产结合的企业；完成研发中心法人化运营机制，推进混合所有制注册运营等工作。不断拓展公司经营机制、经营能力，激发经营活力。要拓宽发展视野，放眼集团外部、海外市场，加强市场开发的顶层设计，突出重点、整体推进，做好设计、采购、施工、调试和项目管理全范围输出；加大核能、技术服务在国内、国际市场开发的范围宽度；鼓励高质量的业务承揽；积极在“一带一路”建设中发挥作用。要深刻掌握改革发展面临的六个重大关系，坚持国家利益至上，正确处理好国家需求与市场运作的关系；坚持高质量发展，处理好做强做优与做大的关系；坚持自主发展，处理好以我为主与中外合作的关系；坚持突出主业，处理好产业升级与产业拓展的关系；坚持产融结合，处理好产业经营和资本经营的关系；坚持和谐共享，处理好企业发展与员工发展的关系。

（三）提升发展力，大力培育奋斗精神、斗争精神

创新是引领发展的第一动力，鼓励求变的斗争精神。要坚持“创新引领、人才优先”。扎实推进研发设计工作；强化核化工项目前瞻性和基础性技术研发，积极推进后处理科研专项实施，加速后处理研发中心等科研基地建设；深入开展“华龙一号”优化研究和创新升级，持续推进“华龙一

号”标准体系建设，加快数字核电专项建设；全面加快前沿技术预研，全力推动“华龙二号”研发设计，形成自主能力，掌握话语权。进一步完善科研体系建设，持续加大自主科研投入力度，建设一批与公司发展方向相适应的企业自主实验室，提高扩大科研成果转化规模。功以才成，业由才广，人才是驱动创新第一资源。深入实施创新驱动发展战略，以科技创新带动全面创新，绝不是轻轻松松、敲锣打鼓就能实现的，必然要攻克核心技术难关、突破体制机制瓶颈，迫切需要一批有能力、勇于自我革命、敢于攻克核心技术难关、自觉同国外技术封锁作坚决斗争的科技领军人才，需要一批能带兵、敢担当、善作为、勇于突破体制机制瓶颈，自觉同陈旧落后思想观念、工作作风作坚决斗争的帅才、将才。要进一步加强干部、人才的选育用留，拓宽发展通道、搭建事业平台，着力培养奋斗精神、斗争精神，勇于自我革命、自我创新，为公司创新发展提供核心竞争力。

（四）提升执行力，全面完成使命任务、塑造品牌

坚持“以核为本、军民融合”。公司是国防核科技事业的主力军，是核电事业发展的中坚力量，是后处理、放射性废物和核设施退役能力发展、核燃料元件与核材料生产线研发设计的骨干。要始终坚持“核”这一核心与根本，坚持执行好军民融合发展这一路线。要坚决落实“强军首责”，以军为要，确保军工项目高质量完成；加大后处理、退役治理、三废处理处置、乏燃料干法贮存等重点项目落实力度；大力推进示范快堆工程建设，以“一天都不能拖”的志气，按时完成使命任务。要积极打造优质的核设施工程总承包能力，坚持“一张蓝图绘完整、一体计划干到底”，充分发挥总承包枢纽作用，持续加强项目全过程、全领域管控，统筹计划、上下联动，高质量按期或提前交付“华龙一号”首堆，田湾核电 5、6 号，确保新项目 FCD 按时实现，展现能力、塑造品牌。

四、以党的政治建设为根本，融入改革发展中心，开创党建工作新局面

2019 年，是贯彻落实集团公司新时代发展战略的开局之年，是公司决战核化工研发设计、决胜“华龙一号”首堆建设，全面完成公司“十三五”

战略规划，推进公司高质量发展的关键一年。公司党委工作的总体思路是：深入贯彻落实习近平新时代中国特色社会主义思想和党的十九大、十九届二中、三中全会、十九届中纪委三次全会精神，深入贯彻落实习近平总书记关于国资国企、特别是核工业改革发展和党的建设的系列重要讲话和指示批示精神，以党的政治建设为统领，坚持和加强党的领导，坚持稳中求进工作总基调，坚持融入改革发展中心工作，以推进重大任务、重大项目、重大创新、重大改革的成效检验党的建设质量，以强化基础性、前瞻性工作为重点，全面加强党的政治建设、思想建设、组织建设、作风建设、纪律建设，把制度建设贯穿其中，深入推进反腐败斗争，以党的建设新局面引领和保障公司新时代高质量发展。

一是牢记初心使命，在保持良好精神状态上下功夫

不忘初心、牢记使命，是贯彻党的十九大精神的重要举措，是党保持先进性、纯洁性、战斗性的重要法宝，是党始终铭记历史的重要力量，也是党不断开创未来的重要基础。开展“不忘初心、牢记使命”主题教育，铭记“为中国人民谋幸福，为中华民族谋复兴”的“初心”和“使命”，是学习贯彻习近平新时代中国特色社会主义思想的重要举措，是激励我们不断前进的精神动力。要按照集团公司统一部署，深入开展主题教育，以学习贯彻习近平新时代中国特色社会主义思想为主要内容，武装头脑、指导实践，推动工作。要加强党性锤炼，坚持“革命理想高于天”，着力推动全体党员尤其是领导干部树牢“四个意识”，坚定“四个自信”，做到“两个维护”；要提升宗旨意识，密切与群众的血肉联系，切实改进工作作风，坚决反对形式主义、官僚主义；要着力强化担当作为，点燃心中那一团火，培养奋斗精神、斗争精神，增强斗争本领；不断激发公司全体党员、干部思想统一、意志统一、步调统一，践行习近平总书记对核工业重要指示批示精神、推动核工业大国向核工业强国转变、实现公司高质量发展的精气神。

二是做到“两个维护”，在提升思想行动自觉上下功夫

坚持把习近平新时代中国特色社会主义思想作为公司各级党委中心组学习、党支部“三会一课”的重中之重，坚持学思用贯通，知信行合一。要不断提升思想自觉，坚持用习近平新时代中国特色社会主义思想武装头

脑，要重点学习习近平强军思想、新时代经济思想，学习习近平总书记关于国资国企、特别是核工业改革发展和党的建设的系列重要讲话和指示批示精神。要做好学习统筹安排，既要把握学习的紧跟度、及时性，又要提升学习的针对性、有效性；要进一步改进中心组学习方式，把党委会及时学习、中心组专题学习有机结合起来，结合学习主题、扩大学习范围；把支部“三会一课”和党员日常学习教育结合起来。要用理论上的清醒促进政治上的坚定，提升维护党的核心的行动自觉。要不折不扣落实习近平总书记对核工业重要指示批示精神，在公司决战核化工研发设计、决胜“华龙一号”首堆建设征程中，真抓实干凸显政治担当。要进一步优化建立长效攻关机制，强化内外部资源调配与激励力度，优化组织管理和协调机制，形成资源聚焦、激励聚焦、人才聚焦，全力确保专项工程“一天都不能拖”，直至2021年上半年按期保质全面完成专项工程全部设计任务。要大力打造“华龙一号”首堆精品工程，在17个月决胜期内，进一步优化进度管理模式，拓展工作思路，加强各方协同，全力将工期压缩到60个月。

三是夯实组织基础，在发挥战斗堡垒作用上下功夫

基层党组织的组织力，既要在改革发展的实践中不断磨砺、不断提升，也要用改革发展的实际成效来检验、来评判，组织能力强不强，抓中心任务落实就是试金石，也是磨刀石。党建与生产经营的“四同步”“四对接”，就是要把党的组织力量转化为践行“强军首责”、推进先进核能发展的强大力量，把党组织的战斗力转化为公司的改革力、发展力、执行力。重视党支部、善抓党支部作为党员领导干部政治成熟的重要标志，要全面贯彻落实《中国共产党支部工作条例》，切实把抓好党支部作为党的组织体系建设的基本内容、管党治党的基本任务、检验党建工作成效的基本标准，制定具体工作细则，推进公司各党支部更好地完成重点任务，服务改革发展、凝聚职工群众、建设企业文化，创造一流业绩。要大力提升党组织负责人、党务工作人员工作水平，提高理论与实践相融合的能力，提高党建与生产相融合的能力，使党组织活动更好地融入中心工作、融入党员需求、融入群众关切，推进各级党组织党建工作与生产经营同频共振。要进一步强化基础建设，大力推进党建工作信息化，探索建立党建质量体系。要在专项攻关、工程一线、创新创效、安全、质量、保密等各个重点领域，深化党

员突击队、党员先锋岗、党员示范区建设，着浓全体党员和干部职工的“政治底色”和“行动标签”，引导广大党员发挥模范带头作用，展示攻坚克难的志气。要深化“双培养一输送”，把骨干培养成党员、把党员培养成骨干、把党员骨干输送到重要岗位。

四是优化队伍建设，在培育发展内生动力上下功夫

要坚持党管干部原则，全面贯彻落实新时代党的组织路线，坚持德才兼备、以德为先，坚持五湖四海、任人唯贤，坚持事业为上、公道正派，为公司改革发展事业大力选拔具备奋斗精神、斗争精神的帅才、将才。要着力完善干部选拔、任用工作体系，将干部担当作为要求贯彻到干部队伍建设的全过程、各方面。突出干部政治标准，重点把好政治忠诚关、政治定力关、政治能力关、政治自律关；树立支持干事创业的鲜明导向，让想干事、能干事、干成事的干部有机会、有舞台；进一步优化干部考核机制，推动干部能上能下，坚决把混日子、不作为、乱作为的干部调整下去。持续做好干部培训工作，着力提升干部政治能力、斗争精神、创新意识、制度意识、协同意识和廉洁意识，努力建设一支政治过硬、作风扎实、敢于负责、勇于担当、廉洁自律的干部队伍。进一步加强干部管理基础工作，升级干部信息库，完善干部工作档案。要持续提升公司人才队伍活力，推动完成公司工程型号线、科研技术线岗位设置和人员选聘工作，完善技术人才考核工作制度，发挥导向作用。进一步规范公司岗位与编制管理工作，推进实现公司管理与业务协同发展。

五是持续深化整改，在推进全面从严治党上下功夫

建立巡视整改常态化、长效化机制，紧盯尚未完成的整改措施，定期对巡视整改问题进行专门研究；推进深化整改，坚决杜绝敷衍了事、前紧后松，确保“两个巡视”整改工作落实。认真履行巡察工作主体责任，加大巡察力度，成立公司党委巡察工作领导小组。要在纠正“四风问题”上出实招；聚焦不担当、不作为、假作为，聚焦学风会风文风，下大力气整治工作作风。要对照中纪委办公厅《关于贯彻落实习近平总书记重要指示精神集中整治形式主义、官僚主义的工作意见》，深入研究，统筹制定公司具体贯彻落实方案，为公司纠正“四风”问题提供有力抓手。要实施重点任务督办机制，推进形成“马上就干”的工作作风；紧盯干部在公司重点

任务、重大项目、巡视整改、安全发展等重要领域工作作风，动真碰硬，坚决破除形式主义、官僚主义。相关职能部门要统筹做好考核、检查、调研工作安排，提升工作实效，坚决杜绝“文山会海”“大水漫灌”，让基层工作人员从重复性的报材料、编台账、搞汇报等任务中解脱出来。

六是传承红色基因，在提振干事创业激情上下功夫

今年，集团公司发布了新的企业文化理念体系。要深入理解新中核文化理念的丰富内涵、大力推进新中核文化理念落地。根据集团公司新的企业文化理念，全面梳理公司情况，进一步加强企业文化建设，规范企业VI标识，把企业文化体现在制度中、流程中，推动企业文化入脑、入心、入行，全面提高公司干部职工的归属感、认同感。要坚持守正创新，自觉担负举旗帜、聚民心、育新人、兴文化、展形象的使命任务；唱响主旋律，壮大正能量，大力弘扬和传承“两弹一星”精神和“四个一切”核工业精神，积极讲好中核工程故事，打响中核工程品牌；充分发挥榜样力量，深入挖掘基层一线勇于迎接挑战、善于攻坚克难的先进事迹，深入挖掘投身公司改革发展、推进创新创效的英雄人物；更好的强信心、聚民心、暖人心、筑同心。要加强正面宣传和舆论引导，围绕庆祝建国70周年开展系列主题宣传；同时各级党组织要提升政治敏感性，时刻绷紧意识形态责任制这根弦，切实维护好意识形态安全。

七是筑牢党群桥梁，在激发群团工作活力上下功夫

深入学习习近平总书记关于工人阶级和工会工作的重要论述，坚持党对工会工作领导，坚持弘扬劳模精神、劳动精神、工匠精神，坚持增强政治性、先进性、群众性的工会改革方向，不断完善基层工会建设。要坚持面向职工、服务职工、引领职工，推进广大职工在公司改革发展进程中，增强危机意识和风险意识，加强与公司的换位思考，主动建言献策，推进广大职工与公司一同奋斗、一起奔跑，用公司发展满足职工美好生活向往。要加大职工提案办理情况监督力度，探索实施职能部门满意度测评机制。加大劳动保护力度，制定《营养费保健费管理办法》。关爱离退休职工，提升服务质量，召开首次退休职工座谈会。深化精准扶贫，建立健全特困职工档案信息，加大帮扶力度。以“五四”运动100周年为契机，结合重大节点，推进青年工作上台阶。大力推动青年创新创效和岗位锻炼。积极发

挥青年员工在公司科研创新、管理创效方面的作用；积极拓展“核聚讲堂”成果，组织公司副总工程师结合专业领域讲授科技创新发展讲座；进一步拓宽青年员工研究成果发表渠道。积极向各个渠道推荐优秀青年挂职锻炼。

同志们！集团公司新时代发展战略开启了核工业人推动我国建成核工业强国的历史篇章。新时代需要新作为，新时代需要新担当。让我们更加紧密地团结在以习近平同志为核心的党中央周围，深入学习贯彻习近平新时代中国特色社会主义思想和党的十九大精神，不忘初心、牢记使命，攻坚克难、勇于奋斗、敢于斗争，全面提升党组织战斗力，推动全面取得决战核化工研发设计、决胜“华龙一号”首堆建设两个胜利，为实现公司新时代质量发展，建成世界一流的、引领核能利用发展的工程公司而不懈奋斗。

第二部分　股东会、董事会、监事会

一、公司股东、董事会、监事会成员

（一）股东方成员

中国核工业集团有限公司、中核第四研究设计工程有限公司。

（二）第三届董事会成员

董事长：卢洪早

董　事：刘　巍、石述澧、陈宗裕、章庆华、陈军利

职工董事：钱远华、陈学营

（三）第三届监事会成员

监事会主席：苏贵峰

监　　事：刘金波

职工监事：张胜利、虎全胜

二、中国核电工程有限公司股东会

（一）股东会第十九次会议（2018-05-11）

1. 审议并表决《中国核电工程有限公司 2017 年度董事会工作报告》；
2. 审议并表决《中国核电工程有限公司 2017 年度监事会工作报告》；
3. 审议并表决《中国核电工程有限公司 2017 年度财务决算方案》；
4. 审议并表决《中国核电工程有限公司 2017 年度利润分配方案》；
5. 审议并表决《中国核电工程有限公司 2018 年度财务预算报告》；

6. 审议并表决《中国核电工程有限公司 2018 年基建项目投资计划的议案》；

7. 审议并表决《关于中国核电工程有限公司〈公司章程〉修改议案》；

8. 审议并表决《关于审议工程公司持有的监理公司股权无偿划转至集团公司的议案》；

9. 审议并表决《关于审议集团公司持有的中核控制股权无偿划转至工程公司的议案》。

（二）股东会第二十次会议（2018-05-11）

1. 审议并表决《关于提请邱强不再担任中国核电工程有限公司第三届董事的议案》；

2. 审议并表决《关于提请古德军不再担任中国核电工程有限公司第三届董事的议案》；

3. 审议并表决《关于提请谢方苏不再担任中国核电工程有限公司第三届监事的议案》；

4. 审议并表决《关于提请卢洪龙不再担任中国核电工程有限公司第三届监事的议案》。

（三）股东会第二十一次会议（2018-12-13）

1. 审议并表决《关于提请免去刘滨、肖丰中国核电工程有限公司第三届董事会董事的议案》；

2. 审议并表决《关于提请免去李超英中国核电工程有限公司第三届监事会监事的议案》；

3. 审议并表决《关于提请聘任陈宗裕、章庆华担任中国核电工程有限公司第三届董事会董事的议案》；

4. 审议并表决《关于提请聘任苏贵峰担任中国核电工程有限公司第三届监事会监事的议案》。

三、中国核电工程有限公司第三届董事会

（一）第三届董事会第二次会议（2018-05-11）

1. 审议并提请股东会表决《中国核电工程有限公司2017年度董事会工作报告的议案》；

2. 审议并表决《中国核电工程有限公司2017年度总经理工作报告的议案》；

3. 审议并提请股东会表决《中国核电工程有限公司2017年度财务决算报告的议案》；

4. 审议并提请股东会表决《中国核电工程有限公司2017年度利润分配方案的议案》；

5. 审议并提请股东会表决《中国核电工程有限公司2018年度财务预算方案的议案》；

6. 审议并提请股东会表决《中国核电工程有限公司2018年基建项目投资计划的议案》；

7. 审议并表决《中国核电工程有限公司2017年度内部控制评价报告的议案》；

8. 审议并提请股东会表决《关于中国核电工程有限公司〈公司章程〉修改议案》；

9. 审议并提请股东会表决《关于审议工程公司持有的监理公司股权无偿划转至集团公司的议案》；

10. 审议并提请股东会表决《关于审议集团公司持有的中核控制股权无偿划转至工程公司的议案》；

11. 审议并表决《关于提请姜宏不再担任中国核电工程有限公司副总经理的议案》；

12. 审议并表决《中国核电工程有限公司贯彻落实“三重一大”决策制度实施办法（版次：2）的议案》；

13. 审议并表决《中国核电工程有限公司治理授权规定（版次：2）的议案》。

（二）第三届董事会第三次会议（2018-05-11）

1. 审议并提请股东会表决《关于提请邱强不再担任中国核电工程有限公司第三届董事的议案》；

2. 审议并提请股东会表决《关于提请古德军不再担任中国核电工程有限公司第三届董事的议案》。

（三）第三届董事会第一次临时会议（2018-10-26）

1. 审议并表决《关于签署龙瑞项目两份合同的请示》；

2. 审议并表决《关于2018年基建项目投资计划调整的请示》。

（四）第三届董事会第四次会议（2018-12-13）

1. 审议并表决《中国核电工程有限公司2018年1—9月工作总结及2019年工作计划》；

2. 审议并表决《中国核电工程有限公司2018年1—9月财务情况分析及2019年财务计划报告》；

3. 审议并表决《中国核电工程有限公司在巴基斯坦开立银行账户的方案》；

4. 审议并提请股东会表决《中国核电工程有限公司资本公积及留存收益转增注册资本的方案》；

5. 审议并表决《中国核电工程有限公司贯彻落实“三重一大”决策制度实施办法（版次：3）》；

6. 审议并提请股东会表决《中国核电工程有限公司〈公司章程〉修改方案》；

7. 审议并表决《关于提请钟华不再担任中国核电工程有限公司副总经理的议案》；

8. 审议并表决《关于提请温新利不再担任中国核电工程有限公司总会计师兼总法律顾问的议案》；

9. 审议并表决《关于提请聘任中国核电工程有限公司总会计师的议案》；

10. 审议并表决《关于提请聘任中国核电工程有限公司总法律顾问的议案》。

四、中国核电工程有限公司第三届监事会

（一）第三届监事会第二次会议（2018-05-11）

1. 审议并提请股东会表决《中国核电工程有限公司 2017 年度监事会工作报告》的议案。

（二）第三届监事会第三次会议（2018-05-11）

1. 审议并提请股东会表决《关于提请谢方苏不再担任中国核电工程有限公司第三届监事的议案》；

2. 审议并提请股东会表决《关于提请卢洪龙不再担任中国核电工程有限公司第三届监事的议案》。

（三）第三届监事会第四次会议（2018-12-13）

1. 审议并表决《关于选举中国核电工程有限公司第三届监事会主席的议案》。

（供稿人：王陆廷）

第三部分　组织机构及负责人名录

一、组织机构概述

公司组织机构设置有 5 个业务板块、9 个特级项目部、2 个甲级项目部，16 个职能管理部门，2 个成员单位。

二、组织机构图

2018 年中国核电工程有限公司组织机构如图 3-1 所示。

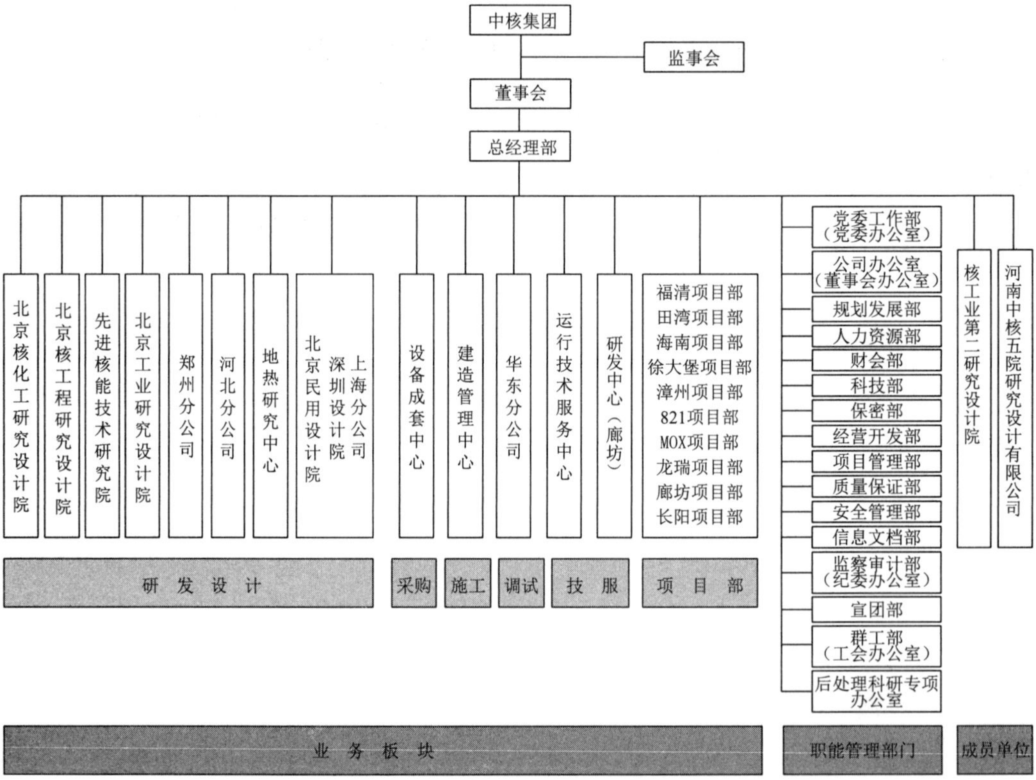

图 3-1　中国核电工程有限公司组织机构图

三、公司领导班子及各部门负责人名录

（一）公司领导班子及各部门负责人名录（见表 3-1）

表 3-1　公司领导班子及各部门负责人名录

序　号	部　门	职　务	姓　名	备　注
公司领导				
1	公司领导	董事长、党委书记	卢洪早	
2		总经理	刘　巍	
3		党委副书记、纪委书记	钱远华	2018-12-03 不再担任纪委书记，任专职党委副书记
4		副总经理、工会主席	李　强	
5		党委委员、总工程师	邢　继	
6		纪委书记	孙根利	2018-12-03 起
7		总会计师	温新利	2018-09-28 止
8		总会计师	刘银亮	2018-09-28 起
9		党委委员、副总经理	袁　旭	
10		党委委员、副总经理	荆春宁	2018-12-14 起
公司副总工程师				
11	公司副总工	常务副总工程师	王长东	
12		副总工程师	吕冬宝	
13		副总工程师	朱大忠	
14		副总工程师	欧阳立华	
15		副总工程师	赵　侠	
16		副总工程师	张超琦	
17		副总工程师	李思凡	
18		副总工程师	薛海宁	
19		副总工程师	赵　博	
20		副总工程师	马卫民	
21		副总工程师	郃　江	
22		副总工程师	王献庭	
23		副总工程师	堵树红	
24		副总工程师	霍建明	
25		副总工程师	吴　明	2018-05-23 起

续表

序 号	部 门	职 务	姓 名	备 注
26	公司副总工	副总经济师	张胜利	
职能部门				
27	党委工作部	主 任	李正华	
28	公司办公室	主 任	贺旭霞	2018-05-14 止
29		副主任	郑忠伟	
30	规划发展部	主 任	陈学营	2018-05-02 止
31		主 任	贺旭霞	2018-05-14 起
32		副主任	余 佳	
33		副主任	苏 罡	
34	人力资源部	主 任	王秋林	2018-04-25 止
35		副主任（主持工作）	罗 军	2018-05-09 起
36	财会部	副主任（主持工作）	虎全胜	
37	科技部	主 任	袁 坤	
38		副主任	刘立平	
39		副主任	王 蔚	
40	保密部	副主任（主持工作）	曹永刚	
41	经营开发部	主 任	张胜利	
42		副主任（主任级）	张翔宇	2018-06-01 止
43	项目管理部	主 任	陈建民	2018-08-28 起
44		副主任	葛育勤	
45		副主任	徐春富	2018-01-09 至 2018-10-08 主持工作
46		副主任	李文伟	2018-01-31 止
47	质量保证部	主 任	王东海	
48		副主任	惠宏彦	2018-11-15 止
49	安全管理部	主 任	杨 宇	
50	监察审计部	主 任	李 芳	
51		副主任	崔一兰	
52		副主任	田 雷	2018-01-09 起
53	信息文档部	主 任	高福春	
54		副主任	王冬梅	
55	宣团部	主 任	杨景龙	2018-05-07 止
56		主任助理（主持工作）	王丽丽	2018-05-09 起
57	群工部	副主任（主持工作）	齐安生	

续表

序　号	部　门	职　务	姓　名	备　注
58	后处理专项办公室（2018-09-05 成立）	主　任	袁　坤（兼）	2018-09-12 起
59		副主任	陈　勇（兼）	2018-09-12 起
北京民用设计院				
60	北京民用设计院	院　长	朱大忠（兼）	2018-12-21 止
61		副院长	刘永鹏	
62		总工程师	刘　晨	
63		总建筑师	黄　珂	
业务板块				
1—北京核工程研究设计院				
64	北京核工程研究设计院领导	院长、书记	荆春宁	2018-12-25 止
65		党委副书记兼纪委书记	于　勇	
66		院总工程师	堵树宏（兼）	
67		副院长	霍建明（兼）	
68		副院长	宋代勇	2018-05-07 止
69		副院长	毛亚蔚	2018-12-25 起主持工作
70	综合管理部/党群工作部（兼）	副主任（主持工作）	张国强	
71	科研设计管理部	主　任	张　利	
72		副主任	刘诗华	
73		副主任	毛喜道	
74	总体所	副所长（主持工作）	孙　涛	
75		副所长	孙金龙	
76		总工程师	袁　霞	
77	反应堆工艺研究所	所　长	霍小东	
78		副所长	王世民	
79		副所长	米爱军	
80		总工程师	邱　林	
81	核设备所	所　长	张耀春	2018-08-10 起
82		副所长	张耀春	2018-08-10 止
83		副所长	刘天斌	
84		总工程师	高明清	
85		副总工程师	谢　亮	

续表

序　号	部　门	职　务	姓　名	备　注
86	系统与布置设计所	所　长	吴　明	2018-05-23 止
87		所　长	王晓江	2018-05-23 起
88		副所长	王宏杰	2018-01-19 止
89		副所长	刘诗华（兼）	2018-05-23 起
90		总工程师	曲昌明	2018-06-11 起
91		所副总工程师	戴一辉	
92	核电安全研究中心	主　任	马卫民（兼）	
93		副主任	元一单	
94	核电工程检测中心（2018-04-10 整体划入研发中心）	主　任	战仕全	2018-06-04 止
95	软件与三维中心（2018-06-26 组织机构调整并更名为数字化设计研发中心）	主　任	蔡正皓	
96	核安全审评中心	主　任	毛亚蔚（兼）	
97		总工程师	赵树峰	2018-03-06 起
98	仪控所	所　长	王彦君	
99		副所长	陈日罡	
100		副所长	陈铁军	2018-04-25 起
2—北京核化工研究设计院				
101	北京核化工研究设计院领导	院　长	于利祥	
102		副书记兼纪委书记	才宝利	2018-01-09 止
103		纪委副书记（主持工作）	王宏立	2018-01-09 起 2018-12-14 止
104		纪委副书记（正处级，主持工作）	王宏立	2018-12-14 起
105		副院长	段　宏	
106		副院长	马　敬	
107		副院长	赵华松	
108		总工程师	陈　勇	
109		副总工程师	李忠镝	
110	党群工作部	主　任	于利祥（兼）	2018-01-09 止
111		主任助理（主持工作）	张妍妍	2018-01-12 起
112	综合管理部	主　任	于利祥（兼）	2018-01-09 止
113		主任助理（主持工作）	易全伟	2018-01-12 起

续表

序号	部门	职务	姓名	备注
114	后处理工程所	所长	陈勇（兼）	
115		副所长	李鑫	
116	核化工设备所	所长	段宏（兼）	
117		副所长	赵庆彬	
118		副所长	王广开	
119	核设施退役工程所	所长	赵华松（兼）	
120		副所长	鲍芳	
121	放射性废物工程所	副所长（主持工作）	张志银	
122		总工程师	张威	
123	核化工仪控所	所长	李晓薇	
124	科研设计管理部	主任	韩国庆	
125	首端重大设备专业	带头人（副所级）	吴华	
126	设备成套部（2018-06-06 成立）	主任	郭计增	2018-07-18 起
3—北京工业研究设计院				
127	北京工业研究设计院领导	院长	王宝树	
128		党委书记/纪委书记（兼）	施红	
129		总工程师	张超琦（兼）	
130		副院长	杜建军	
131		副院长	宋建军	
132		副总工程师	窦慧元	
133		副总工程师	杨利荣	
134	综合管理部/党群工作部（兼）	副主任（主持工作）	陈兵	
135	科研设计管理部	副主任	安晓东	
136		副主任	吴世哲	2018-04-13 起
137	公用系统所	副所长（主持工作）	白玮	
138		副所长	李京	
139		副所长兼总工程师	汪朝晖	
140		副所长	孙智华	
141	电气设计所	所长	周晓斌	
142		所长	郭璇	
143		副所长兼总工程师	曾敬梅	2018-01-31 起
144		副所长	范君龙	

续表

序　号	部　门	职　务	姓　名	备　注
145	总图地质所	所　长	王旭宏	
146		副所长	吴德成	2018-06-04 止
147		总工程师	郑权利	
148	建筑结构所	所　长	李玉民	
149		副所长	隋春光	2018-01-25 起
150		副所长兼总工程师	杨建华	
151	前期工作部	主　任	管永涛	2018-08-28 起
152		副主任	管永涛	2018-08-28 止
153	工程经济所	所　长	胡　江	2018-08-28 起
154		副所长（主持工作）	胡　江	2018-08-28 止
155		副所长	荣　梅	2018-04-13 起
156		总工程师	张　弘	
4—设备成套中心				
157	设备成套中心（2018-11-15 采购中心更名为设备成套中心）	党委书记	李　明	2018-01-09 止
158		总经理、党委书记	陈学营	2018-05-02 起
159		副书记（主持工作）	张国伟	2018-01-09 起 2018-05-02 止
160		总经理	张国伟	2018-05-02 止
161		委员会副书记、 纪律检查委员会书记（兼）	周永强	
162		副总经理	陈铁军	2018-04-25 止
163		副总经理	宗岳良	
164		副总经理兼总工程师	迟照华	
165		采购执行部主任	施　旭	
166		质量保证与监造部主任	张增强	
5—招标中心（2018-01-25 撤销）				
167	招标中心（2018-01-25 撤销）	总经理、党委书记	李　明	2018-01-18 止
168		委员会副书记	张国伟	2018-01-25 止
169		副总经理	王宏立	2018-01-09 止
170		委员会副书记、 纪律检查委员会书记（兼）	周永强	2018-01-25 止

续表

序号	部门	职务	姓名	备注
6—建造管理中心				
171	建造管理中心（2018-12-21 由施工中心更名）	总经理	马　瀛	2018-04-03 起
172		副书记兼纪委书记	楚建伟	2018-06-08 起
173		总工程师	张璟春	2018-04-25 起
174		副总经理	许　明	2018-04-25 起
7—运行技术服务中心				
175	运行技术服务中心	主　任	唐　涛	
176		副主任（主任级）	于　涛	
177		副主任	凌　星	
8—华东分公司				
178	华东分公司	总经理	钟小华	
179		党委书记	钟小华	2018-12-27 起
180		总工程师	梁振旸	
181		临时委员会副书记、纪委书记	周　海	2018-03-13 起 2018-12-27 止
182		党委副书记、纪委书记	周　海	2018-12-27 起
183		副总经理兼调试部主任	刘文杰	
184		副总经理	刘建伟	
185		副总经理（正处级）	李泽斌	2018-12-17 起
9—研发中心				
186	研发中心	总经理	战仕全	2018-06-04 起
187		副总经理（部门正职级）	张翔宇	2018-06-01 起 2018-09-21 止
188		副总经理	张翔宇	2018-09-21 起
189		副总经理兼总工程师	娄泰山	2018-06-20 起
10—项目部				
190	福清项目部	总经理	袁　旭（兼）	2018-05-14 止
191		总经理、党总支书记	赵加雪	2018-05-14 起 2018-12-14 起
192		党总支书记	王小明	2018-12-14 止
193		党总支专职副书记	刘　伟	2018-12-17 起
194		专职总工程师	郃　江（兼）	
195		副总经理（兼）	刘文杰	2018-03-13 起
196		副总经理	赵宝贵	2018-01-29 起
197		副总经理	马　瀛	2018-04-03 止

续表

序　号	部　门	职　务	姓　名	备　注
198	福清项目部	副总经理	李魁选	2018-04-16 起
199		副总经理	苏郑昌	2018-04-16 起
200		副总经理	刘连喜	2018-04-25 止
201		副总经理	张继心	
202	方家山项目部（2018-07-18 撤销）	总经理	陈建民（兼）	2018-07-18 止
203	海南项目部	总工程师	马丙增	
204		副总经理（主持工作）	陈秋良	
205		副总经理	田　雷	2018-01-09 止
206	田湾项目部	总经理	陈建民	2018-08-28 止
207		党总支书记	楚建伟	2018-06-08 止
208		党总支书记	陈建民	2018-06-25 起 2018-08-28 止
209		总经理	田利民	2018-11-13 起
210		副总经理（主持工作）	田利民	2018-08-28 起 2018-11-13 止
211		总工程师	李文雎	
212		副总经理	郭雷钢	
213		副总经理	郭计增	2018-07-18 止
214		副总经理	李现军	
215		副总经理	彭耀会	
216		副总经理	马新朝	2018-12-17 起
217	徐大堡项目部	副总经理（主持工作） 支部副书记（主持工作）	孟英辉	
218		总工程师	齐增辉	
219	821 项目部	总经理、支部书记	郝文江	2018-05-28 起
220		总工程师	张　威（兼）	
221		副总经理	陈应明	2018-04-03 起
222		副总经理	路双立	
223	漳州项目部	副总经理（主持工作）	田利民	2018-08-28 止
224		副总经理（主持工作）	马铁刚	2018-08-28 起
225		党总支书记	刘战勇	
226		副总经理（正处级）	祁昌明	2018-12-24 起
227		总工程师	闫广义	
228		副总经理	赵宝贵	2018-01-31 止

续表

序号	部门	职务	姓名	备注
229	漳州项目部	副总经理	高建占	
230		总经理助理	汤建秋	2018-12-24 起
231		总经理助理	王曰培	2018-12-24 起
232	海兴项目部	总经理	赵加雪（兼）	
233	廊坊项目部	总经理	曹旭光	
234		副总经理	江传方	
235	蓟州项目部（2018-11-15 撤销）	总经理	张鹏飞	
236	长阳项目部	总经理	李文伟（兼）	2018-01-03 止
237		总经理、党支部书记	张鹏飞（兼）	2018-01-03 起 2018-01-09 起
238	龙瑞项目部（2018-09-08 成立）	副总经理（主持工作）	惠宏彦	2018-11-13 起
239		副总经理	郑顺耀	2018-12-17 起
11—先进核能技术研究院（2018-10-26 成立）				
分公司				
1—河北分公司				
240	河北分公司领导	总经理、党委书记	王献庭（兼）	2018-01-12 起
241		党委副书记、纪委书记	陈士良	
242		副总经理	赵 荣	
243		副总经理	李舒平	
244		副总经理	方 琳	
245	综合办公室	主任助理（主持工作）	梁鹏虎	
246	党群工作部（2018-01-03 成立）	主 任	张 鹏	2018-03-30 起
247	人力资源部	主任助理（主持工作）	刘 剑	2018-05-18 起
248	监察审计部	副主任（主持工作）	徐志茹	
249	财务部	负责人（挂职）	李治国	
250	设计管理部	副主任（主持工作）	高俊芳	
251		副主任	王书峰	
252	技术质量部	主 任	任建平	2018-06-29 止
253		主 任	解险峰	2018-06-29 起
254	工程部（2018-06-06 成立）	主 任	任建平	2018-06-29 起
255	档案信息中心	主 任	余自力	2018-12-27 止，担任部门管理顾问

续表

序号	部门	职务	姓名	备注
256	核电工艺所	所长	程　中	
257		总工程师	武文广	2018-05-23 止
258		副所长	苏新艳	
259	电气自动化所	所　长	康　乐	
260		副所长、总工程师	吕晓婷	
261	建筑结构所	所长	陈庆国	
262		副所长、总工程师	刘建辉	
263	核工程研究设计所	所　长	方　琳（兼）	2018-05-23 止
264		所　长	武文广	2018-05-23 起
265		总工程师	尹增广	
266		副所长	李建敏	2018-12-27 止，担任核工程专业带头人
267		副所长	高　鹏	2018-12-24 起
268	电力工程研究设计所（2018-01-03 组织机构调整成立，撤销原常规岛研究设计所及民用工程研究设计所）	所　长	李舒平（兼）	2018-05-23 止兼任原常规岛研究设计所所长
269		副所长兼总工程师	谭李师	2018-06-29 起原常规岛研究设计所副所长
270		所　长	解险峰	2018-06-29 止原民用工程研究设计所所长
271		所　长	卢春田	2018-05-23 起原民用工程研究设计所总工程师
272		副所长	成　军	2018-06-29 起原民用工程研究设计所副所长
273	工程经济所	所　长	兰彦超	2018-11-26 起
2—郑州分公司				
274	郑州分公司领导	总经理、党委书记	陈力得	
275		党委副书记、纪委书记	王　刚	
276		总工程师	薛海宁（兼）	
277		副总经理	李　磊	
278		副总经理	李志刚	
279		副总经理	李芳林	
280		副总经理	杨德刚	2018-10-16 起

续表

序 号	部 门	职 务	姓 名	备 注
281	郑州分公司副总工	副总工程师	汪建峰	
282		副总工程师	李 缨	
283		副总工程师	尚改彬	
284		副总工程师	王向东	
285		副总工程师	伍四清	
286	综合办公室	主 任	黄渝飞	
287		副主任	秦 峰	
288	人力资源部	主 任	王雪芹	
289		副主任	陈军伟	
290	财会部	副主任（主持工作）	汪徐根	
291	党群工作部	副主任（主持工作）	王远航	
292	监察审计部	主 任	武文斌	
293	经营合同部	主 任	王洪普	
294		副主任	徐会业	
295	技术质量部	主 任	孙瑞平	
296		副主任	周燕林	2018-12-27 止，担任部门顾问
297	设计管理部	主 任	王奕玖	
298		副主任	刘彤	
299	三维信息档案中心	副主任（主持工作）	周广超	
300		副主任	田 沁	
301	核电工艺设计所	所 长	杨德刚	2018-10-16 止
302		总工程师	李海成	
303		所 长	张步岭	2018-12-17 起
304	电气仪控设计所	所 长	王德军	
305		总工程师	秦志伟	
306		副所长	云效国	
307	土建设计所	所 长	李 昊	
308		总工程师	叶 波	
309		副所长	同浩强	
310	核工程研究设计所	所 长	李芳林（兼）	2018-12-17 止
311		所 长	翟家海	2018-12-17 起
312	民用建筑设计研究所	所 长	李志刚	
313		总工程师	雷红岩	
314		副所长	王景常	
315		副所长	史宏伟	
316		副所长	林元庆	

续表

序号	部门	职务	姓名	备注
317	实物保护技术研究所	所长	朱彦伟	
318	技术经济所	所长	巫利兵	
319	岩土工程所	所长	陈恺昱	
320		总工程师	顾斌	
321	核技术应用研究所	所长	刘明	
322	工程管理部	主任	王新顺	
323		副主任	齐国春（兼）	
324	MOX 项目部（2018-04-11 组织机构调整成立）	总经理	齐国春	2018-07-09 起
325		副总经理	严浩	2018-08-01 起
分院				
1—上海分院				
326	上海分院	院长	李泽斌	2018-12-21 止
327		副院长（主持工作）	孙忠贤	2018-12-21 起
328		副院长	孙忠贤	2018-12-21 止
2—深圳分院				
329	深圳分院	院长	魏嵘	2018-12-21 止
330		副院长兼总工程师（正处级）	魏嵘	2018-12-21 起
331		副院长	方成贤	
332		总工程师	方成贤（兼）	2018-12-21 止
333		副院长（主持工作）	钟拥政	2018-12-17 起
334		副院长	钟拥政	2018-12-17 止
成员单位				
1—核工业第二研究设计院				
335	核工业第二研究设计院	院长、党委书记	肖峰	2018-09-10 退休
336		副院长、副书记	邱强	2018-09-10 退休
337		副院长、纪委书记	胡勤芳	2018-09-10 退休
2—核工业第五研究设计院				
338	核工业第五研究设计院	院长、党委副书记	古德军	
339		副院长、党委书记	卢洪龙	
340		党委副书记、纪委书记	罗宏	
341		副院长	路树生	

（供稿人：王明生）

四、公司党委、纪委

（一）公司党委

党委书记：卢洪早

专职党委副书记：钱远华

党委委员：邢　继

党委委员：张宝钢

党委委员：袁　旭

党委委员：荆春宁

党委委员：于利祥

党委委员：李正华

（二）公司纪委

第三届纪委会成员（共 9 人）

书　记：钱远华

副书记：李　芳

成　员：于　勇、王　刚、王东海、杨景龙、陈士良、陈学营、周永强

五、公司工会、团委

（一）公司工会

工会委员会主席：李　强

工会委员会办公室主任：齐安生

1. 工会委员会委员

工会委员会委员名录见表 3-2。

表 3-2　工会委员会委员名录

序　号	单　位	姓　名	备　注
1	公司办公室	李　强	
2	规划发展部	陈学营	
3	人力资源部	罗　军	
4	安全管理部	杨　宇	
5	监察审计部	崔一兰	
6	宣团部	田益凡	
7	北京核化工研究设计院	段　宏	
8	北京核工程研究设计院	于　勇	
9	北京工业研究设计院	施　红	
10	北京民用设计院	刘永鹏	
11	设备成套中心	周永强	
12	华东分公司	周　海	
13	运行技术服务中心	王　强	
14	建造管理中心	张海洋	
15	建造管理中心	楚建伟	
16	河北分公司	陈士良	
17	郑州分公司	黄渝飞	

2. 工会经费审查委员会

工会经费审查委员会主任：崔一兰

工会经费审查委员会副主任：田永芹

工会经费审查委员会委员名录见表表 3-3。

表 3-3　工会经费审查委员会委员名录

序　号	单　位	姓　名	备　注
1	财会部	田永芹	
2	经营开发部	杨　冰	
3	项目管理部	李国英	
4	监察审计部	崔一兰	
5	北京工业研究设计院	陈　兵	

3. 工会女工委员会

工会女工委员会主任：施　红

工会女工委员会委员名录见表3-4。

表3-4　工会女工委员会委员名录

序　号	单　位	姓　名	备　注
1	群工部	郑尤淇	
2	北京核化工研究设计院	武　婧	
3	北京核工程研究设计院	高娟娟	
4	北京工业研究设计院	施　红	
5	设备成套中心	戴芳芳	
6	河北分公司	梁　芸	
7	郑州分公司	刘　彤	

4. 司属各单位基层（分）工会主席名录

司属各单位基层（分）工会主席名录见表3-5。

表3-5　司属各单位基层（分）工会主席名录

序　号	单　位	主　席	副主席	备　注
1	公司办公室	陈宇鹏		
2	规划发展部	苏　罡		
3	人力资源部	罗　军		
4	财会部	金　笛		
5	科技部	杨晓卿		
6	经营开发部	任晓煜	盛朕业	
7	项目管理部	张亚男		
8	质量保证部	周文辉		
9	安全管理部	赵艳华		
10	监察审计部	崔一兰		
11	党委工作部	李　阳		
12	宣团部	田益凡		
13	群工部	宋　鹏		
14	信息文档部	刘靖媛		

续表

序　号	单　位	主　席	副主席	备　注
15	北京核化工研究设计院	段　宏	张　威	
16	北京核工程研究设计院	于　勇	张国强	
17	北京工业研究设计院	施　红	窦慧元	
18	设备成套中心	周永强	李　嘉	
19	施工中心	张璟春		
20	运行技术服务中心	卢华建		
21	研发中心	戴　青		
22	福清项目部	王小明	刘亚茹	
23	海南项目部	温　康		
24	田湾项目部	楚建伟	霍殿欣	
25	徐大堡项目部		朱晓林	
26	漳州项目部	霍志磊		
27	821 项目部	顾　琼		
28	长阳项目部	于　森		
29	廊坊项目部	苏绍坚		
30	华东分公司	周　海		
31	北京民用设计院	刘永鹏		
32	河北分公司	陈士良		
33	郑州分公司	黄渝飞		
34	上海分公司	由会灵		
35	深圳分院	刘红梅		

5. 公司膳食委员会

主任：李　强

副主任：齐安生

公司膳食委员会委员名录见表 3-6。

表 3-6　公司膳食委员会委员名录

序　号	单　位	姓　名	备　注
1	公司办公室	李　强	
2	群工部	齐安生	

续表

序　号	单　位	姓　名	备　注
3	公司办公室	陈宇鹏	
4	监察审计部	焦南南	
5	宣团部	汪　鹏	
6	群工部	马可腾	
7	北京核化工研究设计院	武　婧	
8	北京核工程研究设计院	石　琳	
9	北京工业研究设计院	王志远	
10	北京民用设计院	刘永鹏	
11	设备成套中心	李　嘉	

（二）公司团委

团委副书记（主持工作）：田益凡

团委副书记：陈洪涛、王明生、陈　晨

团委委员：杨毓琼、姜冬雪、马佳珍、李　奇、王胜坤

公司所属各基层团组织名录见表 3-7。

表 3-7　公司所属各基层团组织名录

序　号	单　位	负责人	备　注
1	河北分公司团委	王明生	
2	郑州分公司团委	李秋锋	
3	北京核工程研究设计院团委	张　博	
4	北京核化工研究设计院团委	杨丹丹	
5	北京工业研究设计院团委	贺　萌	
6	设备成套中心团委	王　超	
7	华东分公司团总支	杨　果	
8	田湾项目部团总支	谭晶文	
9	公司办公室（联合保密部）团支部	张秋佳	
10	规划发展部团支部	尹伊人	
11	人力资源部团支部	李　浩	
12	财会部团支部	曹　镠	

续表

序　号	单　位	负责人	备　注
13	科技部团支部	王大赛	
14	经营开发部团支部	李　科	
15	项目管理部团支部	王嘉莫	
16	质量保证部团支部	陈荟萃	
17	安全管理部团支部	陈聪毅	
18	监察审计部团支部	李　阳	
19	党委工作部团支部	曾庆珠	
20	群宣联合团支部	李曼莉	
21	信息文档部团支部	魏马兰馨	
22	运行技术服务中心团支部	李　昊	
23	北京民用设计院团支部	蔡　澍	
24	施工中心团支部	郭雯雯	
25	福清项目部团支部	杨毓琼	
26	海南项目部团支部	姚　超	
27	徐大堡项目部团支部	张灵杰	
28	821 项目部团支部	杨　枫	
29	漳州项目部团支部	李　响	
30	长阳项目部	徐雅平	

（供稿人：田益凡）

第四部分　生产经营和科研工作

一、核工程总承包项目

（一）工程进展

1. 福清核电工程项目 1、2 号机组

（1）概述

福清核电工程项目 1 号机组于 2016 年 2 月完成最终验收，标志着公司全面完成福清核电 1 号机组总承包工作。

福清核电工程项目 2 号机组于 2017 年 7 月完成最终验收，标志着公司全面完成福清核电 2 号机组总承包工作。

（供稿人：刘　艾）

2. 福清核电工程项目 3、4 号机组

（1）概述

福清核电工程项目 3 号机组于 2017 年 9 月完成最终验收，标志着公司全面完成福清核电 3 号机组总承包工作。

福清核电工程项目 4 号机组于 2018 年 8 月完成最终验收，标志着公司全面完成福清核电 4 号机组总承包工作。

（供稿人：刘　艾）

3. 福清核电工程项目 5、6 号机组

（1）概述

福清核电工程项目 5、6 号机组目标总工期为 62 个月。

福清核电5号机组处于安装阶段，于2018年9月11日完成泵房进水节点。福清核电6号机组于2018年8月21日完成环吊可用节点，进入安装阶段，2018年12月20日压力容器安装完成。

（供稿人：刘　艾）

（2）设计

福清核电5、6号机组施工图设计工作进入收尾冲刺阶段。2018年共完成设计图纸文件30 883份，按期完成30 874份，按期完成率99.99%。年度计划内FOR USE的图纸全部完成。

（供稿人：魏　峰）

（3）采购

1）发标及合同签署情况

福清核电5、6号机组，总计389个采购包，截至2018年年末，已完成383个合同的签订工作，剩余6个未完成，完成率为98.5%。

2）主设备制造情况

福清核电5号机组主设备均已到货，6号机组交货进度能够满足现场需求。

3）到货情况

福清核电5、6号机组2018年内计划按期到货率为75.86%，累计到货率为90.76%。

4）费用支付情况

2018年度，福清核电5、6号机组共计完成支付784笔，其中人民币部分706笔，金额180 854.68万元；外币部分78笔，折合人民币金额31 615.86万元。

（供稿人：王一满）

（4）施工

2018年，福清核电5号机组处于由安装逐步转向调试的施工阶段，实现了220 kV倒送电、6.6 kV倒送电、主控室可用、泵房进水、预应力施工完成等节点。6号机组处于建安施工阶段，实现了220 kV倒送电、安全壳内穹顶吊装、环吊可用、压力容器安装完成等节点。

（供稿人：杨天明）

（5）调试

1）概况

2018 年，福清核电 5、6 号机组调试工作处于准备阶段。福清项目调试部于 2018 年 1 月 25 日成立，现场开始各项调试准备工作，包括首堆试验专项、5 号机组电气厂房送冷风专项组、科研、调试风险管理等专项工作均按计划持续推进。

2）调试准备进展

2018 年 1 月 12 日，7WDP 调试开始；

2018 年 3 月 2 日，7ESR 可用；

2018 年 3 月 28 日，7WDP 可用；

2018 年 6 月 11 日，5DCS 调试开始；

2018 年 6 月 12 日，7WAP 可用；

2018 年 6 月 25 日，5NI 中压配电可用；

2018 年 8 月 4 日，主控室部分可用；

2018 年 9 月 11 日，5 号机组泵站进水；

2018 年 10 月 25 日，5FWP 可用；

2018 年 11 月 10 日，5 号机组电气厂房送冷风。

（供稿人：金　林）

4. 方家山核电工程项目

（1）概述

方家山核电工程项目于 2016 年 4 月完成最终验收，标志着公司全面完成方家山核电工程总承包工作。

（供稿人：刘　艾）

5. 海南核电工程项目 1、2 号机组

（1）概述

海南核电工程项目 1、2 号机组于 2018 年 11 月完成最终验收，标志着公司全面完成海南核电 1、2 号机组总承包工作。

（供稿人：刘　艾）

6. 海南核电工程项目 3、4 号机组

（1）概述

海南核电 3、4 号机组采用“华龙一号”融合技术方案，已列入国家核电规划，作为“十三五”期间开工备选厂址。2018 年 12 月 10 日，《海南昌江核电厂 3、4 号机组 FCD 前综合进度计划（华龙一号）内控版》发布。

（供稿人：刘　艾）

（2）设计

2018 年，完成了海南核电 3、4 号机组可行性研究报告并通过审查；总体设计工作全面完成；升版、发布了海南核电 3、4 号机组初步设计和 PSAR 工作大纲。

（供稿人：伍旻虹）

（3）采购

1）发标及合同签署情况

2018 年，计划发标 29 个采购包，实际发标 29 个（含 NPIC 5 项），完成率为 100%；计划签订 28 个采购包，实际签订 28 个，完成率为 100%。

2）主设备制造情况

无工作内容。

3）到货情况

无工作内容。

4）费用支付情况

无工作内容。

（供稿人：王一满）

（4）施工

2018 年，海南核电 3、4 号机组核电项目论证会顺利召开，项目进入 FCD 前准备阶段并开展实质性工作。

（供稿人：王其龙）

（5）调试

2018 年，海南核电 3、4 号机组处于总承包合同谈判准备阶段。项目总承包实施大纲（调试部分）于 3 月编制完成，12 月开展海南核电 3、4 号机

组合同文本准备工作，相关准备工作按计划开展。

（供稿人：金　林）

7. 海南昌江多用途模块式小型堆示范工程

（1）概述

海南昌江多用途模块式小型堆科技示范工程规划建设一台 ACP100 核电机组及其配套辅助设施，规划容量 125 MW。2018 年，海南核电正式来函，以 2019 年具备 FCD 条件为目标全面启动小堆工作。

（供稿人：刘　艾）

（2）设计

1）2018 年 2 月，通过核岛及常规岛初步设计文件集团内部评审；

2）2018 年 5 月，完成 BOP 部分的初步设计文件编制；

3）2018 年 12 月，开始初步设计优化升版、“两评”报告及可研报告的修编，完成厂址变更后的总平面方案及子项共用方案。

（供稿人：李云屹）

（3）采购

1）费用支付情况

2018 年，海南小堆示范工程共计完成支付 2 笔，其中人民币部分 2 笔，金额 1 630.74 万元，外币部分 0 笔，折人民币金额 0 万元。

（供稿人：王一满）

（4）施工

无工作内容。

（供稿人：王其龙）

（5）调试

2018 年，海南小堆示范工程已完成总承包合同的签订，以及合同相关附录的页签，完成总承包相关附录 F、附录 R 争议事项确认。海南小堆调试二级进度计划处在编制阶段，准备工作按计划开展。

（供稿人：金　林）

8. 田湾核电工程项目 3、4 号机组

（1）概述

田湾核电工程项目 3 号机组于 2018 年 2 月完成临时验收，我司已基本完成田湾核电3号机组的总承包工作。

田湾核电工程项目4号机组于2018年12月完成临时验收，我司已基本完成田湾核电4号机组的总承包工作。

（供稿人：刘　艾）

（2）设计

工作内容已完成。

（供稿人：李雪明）

（3）采购

1）发标及合同签署情况

工作内容已完成。

2）主设备制造情况

2018年，共计到货760项。

4）费用支付情况

2018年度田湾核电3、4号机组项目共计完成支付222笔，其中人民币部分206笔，金额41 819.56万元，外币部分16笔，折合人民币金额3 176万元。

（供稿人：王一满）

（4）施工

工作内容已完成。

（供稿人：王其龙）

（5）调试

非承调项目。

9. 田湾核电工程项目5、6号机组

（1）概述

田湾核电工程项目5、6号机组目标工期为60个月。

2018年，田湾核电5号机组处于安装阶段，于2018年7月27日开始主管道焊接。6号机组于2018年5月5日完成穹顶吊装，进入安装阶段，于2018年11月30日实现环吊可用。

（供稿人：刘　艾）

（2）设计

2018 年，田湾核电 5、6 号机组处于施工图设计高峰期，按设计三级计划完成核岛土建施工图 453 份，核岛安装施工图 7 569 份，设备规格书 21 份；出版系统设计文件 1 525 份，设备规格书 21 份；完成 BOP 子项施工图设计图纸文件 2 145 份；完成非标设备设计计划完成 436 份；完成 FSAR 初稿编制。

（供稿人：李文雎）

（3）采购

1）发标及合同签署情况

2018 年，田湾核电 5、6 号机组计划发标 245 项，实际发标 240 项，完成率为 97.9%；计划签署合同 366 项，实际签署合同 364 项，完成率为 99.5%。

2）到货情况

截至 2018 年，田湾核电 5、6 号机组累计计划到货 40 576 台套，累计实际到货 32 005 台套，累计到货完成率为 79%。

3）主设备制造情况

截至 2018 年，5 号机组主设备除了主泵电机、第 3 台水力部件，其他均已到货；6 号机组主设备进度可控，可按照现场需求到货。

4）费用支付情况

2018 年，田湾核电 5、6 号机组共计完成支付 613 笔，其中人民币部分 555 笔，金额 191 476.80 万元，外币部分 58 笔，折人民币金额 33 438.37 万元。

（供稿人：王一满）

（4）施工

无工作内容。

（供稿人：王其龙）

（5）调试

非承调项目。

10. 田湾核电工程项目 7、8 号机组

（1）概述

2018 年，公司签署了《田湾核电站 7、8 号机组工程建设合作协议》。

根据合作协议要求，7号机组计划2021年5月8日实现FCD，单台机组建设工期65个月，两台机组建设间隔10个月。

（供稿人：刘　艾）

（2）设计

1）2018年4月，《田湾核电站7、8号机组项目建议书》编制完成，并取得电规院对项目建议书的评审意见；

2）2018年9月，开展可研专题研究。截至9月，共计编制技术任务书22份；

3）2018年12月，《田湾核电站7、8号机组总体设计工作大纲》发布，开始总体设计工作。截至12月，公司按技术设计合同要求完成《厂用水系统海水水质及水温的报告》《固体放射性废物桶、固化液体放射性废物桶及夹具的初始数据》《核电站现场初步总平面图》等3份俄方设计输入文件。

（供稿人：李雪明）

（3）采购

无工作内容。

（供稿人：王一满）

（4）施工

无工作内容。

（供稿人：王其龙）

（5）调试

非承调项目。

11. 徐大堡核电工程项目1、2号机组

（1）概述

徐大堡核电工程项目1、2号机组尚未核准批复。

（供稿人：刘　艾）

（2）设计

2018年，共计出版6份专项计划并有效推进设计工作开展，包括《2018年核岛设备改单落实及升版工作专项进度计划》《2018年改进项专项计划》《核岛设计图册2018年改单落实计划》《2018年DCS接口规格书文件出版计划》《徐大堡项目 PSA 专项进度计划》。

（供稿人：屈大韵）

（3）采购

1）发标及合同签署情况

徐大堡核电 1、2 号机组累计发标 162 个，累计签订合同 153 项（不含服务合同）。

2）主设备制造情况

长周期主设备除 DCS 外均已完成合同签订工作，大部分设备已在制造中。

3）到货情况

2018 年，累计到货 3 631 项。其中，包括部分 1 号机组 CV 及 CA 模块。

4）费用支付情况

2018 年，徐大堡核电 1、2 号机组共计完成支付 20 笔，其中人民币部分 20 笔，金额 13 421.02 万元，外币部分 0 笔，折人民币金额 0 万元。

（供稿人：王一满）

（4）施工

无工作内容。

（供稿人：王其龙）

（5）调试

总承包合同中调试章节及相关附件完成页签。《调试准备工作大纲》、《调试准备工作计划》按计划开展升版工作。

（供稿人：金　林）

12. 徐大堡核电工程项目 3、4 号机组

（1）概述

2018 年，公司签订了《辽宁徐大堡核电站 3、4 号机组工程建设合作协议》，并据此开展前期工作，FCD 暂定为 2021 年 5 月 16 日。

（供稿人：刘　艾）

（2）设计

1）2018 年，《辽宁徐大堡核电厂 3、4 号机组可行性研究阶段技术服务合同》签订，前期工作全面开启；

2）共计完成 25 项外委专题任务书编制工作，13 项专题委托工作。

（供稿人：屈大韵）

（3）采购

无工作内容。

（供稿人：王一满）

（4）施工

2018 年处于项目前期准备阶段，准备工作按计划开展。

（供稿人：闫中华）

（5）调试

2018 年处于项目前期准备阶段，已收到 FCD 前工作任务通知单，准备工作按计划开展。

（供稿人：金　林）

13. 漳州核电工程项目 1、2 号机组

（1）概述

漳州核电工程项目 1、2 号机组“两评”报告复核审查意见、用海预审意见已正式批复。《漳州核电一期工程核准评估报告》已发布，项目已完全具备核准条件。

（供稿人：刘　艾）

（2）设计

2018 年，漳州核电 1、2 号机组的选址阶段和可研究阶段工作全部完成，电规院完成对可研报告的审查并出具了收口意见。全年主要设计工作进展如下：

1）2018 年 4 月，1 号核岛筏基施工图、初步安全分析报告 PSAR 出版；同月，安全设施设计（职业安全专篇）、职业病危害专篇出版；

2）2018 年 5 月，按照“华龙一号”融合技术方案完成初步设计（技术部分）修编；

2018 年 10 月，出版漳州核电 1、2 号机组《核电厂安全功能和设备分级》文件；

2018 年 11 月，《漳州核电厂一期工程（华龙一号）环境影响复核报告（选址阶段）》获批；

2018 年 12 月，中国国际工程咨询有限公司审议通过并出具了《漳州核电厂一期工程项目（申请报告）的核准评估报告》；同月，电力规划设计总院出具了《福建漳州核电厂 1、2 号机组工程可行性研究报告的审查意见》。

（供稿人：余 淼）

（3）采购

1）发标及合同签署情况

2018 年，漳州核电 1、2 号机组计划发标 36 项，实际发标 27 项，完成率为 75%。计划合同签订 10 项，实际合同签订 9 项，完成率为 90%。

2）主设备制造情况

11 项关键设备中，除 DCS 外，其他均已完成合同签订并生效执行。

3）到货情况

无设备到货。

4）费用支付情况

2018 年，漳州核电 1、2 号机组共计完成支付 54 笔，其中人民币部分 54 笔，金额 51 227.04 万元，外币部分 0 笔，折合人民币金额 0 万元。

（供稿人：王一满）

（4）施工

按《漳州核电工程项目 1、2 号机组 FCD 前进度计划》依序开展相关工作，主要开展现场正挖及负挖施工，海工工程及小四通工程施工。

正挖：开挖 1 388.1 万立方米。

负挖：1 号核岛负挖完成 17.11 万立方米，1 号常规岛负挖完成 8.7 万立方米，循环冷却水排水管沟完成 0.7 万立方米。

海工工程：北护岸一、二段堤心石推填完成，扭王字块安装完成 91%；CC 井陆域防渗墙开挖已完成，取水北堤扭王字块预制完成 6 240 块。

小四通：已完成东南护岸施工用水管道及施工用电廊道施工，虹吸井西侧路面施工完成。

安培中心：除桌面虚拟考试系统作为甩项外，其他尾项处理基本完成。

（供稿人：卜士江）

（5）调试

2018 年，总承包合同调试章节及相关附件完成页签，审查完成漳州核电 1 号机组二级进度计划（A 版 PRE）。

（供稿人：金　林）

14. 海兴核电工程项目 1、2 号机组

（1）概述

海兴核电工程项目 1、2 号机组处于项目前期阶段。2018 年，公司主要开展地基处理相关工作，完成《地基换填方案咨询报告》《地基液化处理咨询报告》《地基桩基处理咨询报告》及《桩基补充实验任务书》等前期工作内容。

（供稿人：刘　艾）

（2）设计

2018 年，设计工作主要集中于厂址基础处理的研究与分析，已完成核岛基础研究和比选报告。

（供稿人：屈大韵）

（3）采购

无工作内容。

（4）施工

无工作内容。

（5）调试

无工作内容。

15. 821 核废物处理总承包工程项目

（1）概述

821 核废物处理总承包工程项目由 4 个总承包工程组成，即高放废液玻璃固化工程、中低放废液综合治理工程、堆工区低放废水处理设施新址新建工程、低放有机废液处理工程。

（供稿人：刘　艾）

（2）设计

项目的设计任务已经完成，2018 年主要为项目提供技术服务。包括完成 TBP 焚烧项目冷试工作、有机废液热解炉改造设计方案、玻璃固化冷试方案、热试方案、玻璃固化工程最终安全分析报告及开展玻璃固化安装向调试移交的技术服务。

（供稿人：张　威）

（3）采购

1）发标及合同签署情况

根据 821 玻璃固化项目设备采购三级计划，截至 2018 年，全项目共计 48 个采购包，全项目计划发标 39 项，实际完成 39 项，完成率为 100%；计划合同签署共 46 项，实际签署 46 项，完成率为 100%。

2）主设备制造情况

主设备均已完成制造，并交付 821 项目现场。

3）到货情况

2018 年累计计划到货 441 台/套，实际到货 405 台/套，完成率为 92%；截至 2018 年年底，项目累计计划到货 10 237 台/套，累计实际到货 10 230 台/套，完成率为 99%。

4）费用支付情况

2018 年，821 项目共计完成支付 40 笔，其中人民币部分 40 笔，金额 3 324. 29 万元，外币部分 0 笔，折人民币金额 0 万元。

（供稿人：王一满）

（4）施工

TBP 项目：冷调试缺陷整改完成。

VPC 项目：完成玻璃固化项目工艺区厂房墙面、地面处理，剩余各系统收尾并移交调试；分析实验区精装修施工，墙面、地面处理，剩余各系统收尾并移交调试；暂存库精装修施工，墙面、地面处理，各系统收尾并移交调试。室外 00 子项实物保护、烟囱、道路等施工基本完成，油库、门卫室装修施工完成。

（供稿人：杨维波）

（5）调试

TBP 项目：完成冷调试资料组卷移交工作；配合业主完成 TBP 项目热试前整改工作。

VPC 项目：正式启动 82210 项目阶段Ⅰ冷调试工；Ⅰ阶段试验项目全部完成；去离子水系统调试完成；中频电源功能试验和熔炉供电功能（部分）试验完成；熔炉电控系统功能试验部完成。

（供稿人：金　林）

（二）质量管理

1. 顺利完成公司质量管理体系换版认证工作

2018 年，公司继续推进《质量、环境和职业健康安全管理体系标准换版实施方案》的实施，组织各单位完成了公司各级程序文件的系统性评审及修编工作，开展了新版标准内审员实务培训和体系文件的宣贯。同时，公司首次使用新版管理体系标准开展了管理评审工作。

前期开展的大量基础性工作取得了良好的成效，公司于 2018 年 7 月顺利通过北京中设认证服务有限公司认证换版审核，并取得了新版标准下的认证证书。

2. 持续完善公司管理体系

公司在完善质量管理体系方面更加注重新版标准（GB/T 19001-2016—ISO 9001:2015）中所提出的“基于风险的思维”的管理模式。通过对各单位管理评审输入信息独立评价，梳理出潜在的风险并提出针对性的整改措施。经过 2018 年的整改取得了阶段性成果，管理体系进一步得到完善。

为进一步提升公司管理体系运行的实效，公司通过质量领导小组例会，深刻分析公司 QHSE 体系文件架构存在的若干问题，审议并原则通过《公司管理体系文件架构调整方案》并开展了后续细化工作，完成了管理领域的分类及各层级出版审签流程的制定。为全面提升公司治理能力，实现“依法治企”提供了重要保证。

3. 群众性质量活动硕果累累

公司2018年共获得部级以上QC小组成果奖37项，其中2项QC小组成果获得全国优秀QC小组奖项，1项获得国际质量管理小组大会（ICQCC）金奖；同时，公司还荣获了2018年度国家工程建设（勘察设计）质量管理小组活动优秀企业称号。

此外，公司组织开展了以“加强监督管理，建设质量强国”为主题的2018年质量月活动，在全公司范围内形成了“人人重视质量、人人创造质量、人人享受质量”的浓厚氛围，有效提高了公司全员的质量意识。

4. 加强质量事故（事件）管理与警示教育

公司组织各业务板块开展了质量问题自查和整改工作，选取典型问题进行深入分析和调查，并完成大量经验反馈与警示教育工作。设计、采购、施工、调试四大业务板块梳理了各自业务范围内强制性标准及条文清单，开展了工程建设强制性标准条款的系列培训，制定了检查工作方案并予以实施。

5. 推进经验反馈质量和有效性提升

2018年，公司加速推动经验反馈的质量提升和有效应用工作。对经验反馈系统平台进行持续完善，梳理现有平台数据，形成大量经验反馈数据包；针对37篇重点案例开展根本原因分析工作；建立与外部单位经验反馈信息获取渠道，探索实践外部经验信息为我所用的方法，研究制定相应规章制度落实应用；定期参加国家核安全局组织的核电厂经验反馈季度例会；不定期开展与华北监督站核安全管理工作交流。

6. 全面加强核安全文化培育与建设

公司按照《2018年核安全文化建设实施总方案》全面开展核安全文化建设工作。公司内网开设“核安全”专栏，推送相关专题文章；大力开展“地毯式”宣传，展出中国核安全观、核安全文化八大特征、核安全法等系列展板；开发《核安全法》解读教材，组织开展《核安全法》知识答题活动，举办核安全文化大讲堂系列培训。2018 年，公司核安全文化培训次数较 2017 年增加 50%，有效提升了公司全员核安全文化意识水平。

7. 促进设计和科研质量管理提升

公司持续推动设计和科研质量管理提升工作。落实设计校审清单制度，完善公司设计文件质量等级评价标准及军工、民用核安全设备设计文件的质保核查工作。完成公司科研项目类型梳理、科研产品实现流程梳理、科研项目管理办法以及相应二层次程序的编修等工作。

（供稿人：刘小会）

（三）安全管理

1. 目标与职责

公司年初制定发布 2018 年度安全和环境目标，提出建立和完善区域网格管理机制、TOP5 隐患治理、健全施工方案审核机制等重点要求，组织司属各单位对目标进行了分解，并于 7 月、12 月组织各单位对目标落实情况进行中期自查和年终检查，各单位均按计划落实了目标任务。

公司与 6 个总包项目部、2 个基建项目部签订了 2018 年度 HSE 责任书。公司各单位层层落实安全责任，逐级签订了全员年度安全责任书。2018 年，完成了《CNPE 各职能部门及三大板块典型岗位 HSE 职责说明书》和《核工程总承包项目部基本岗位 HSE 职责说明书》修订发布工作，明确了各级岗位安全生产职责、关键绩效考核指标及能力要求。

2. 程序制度

公司对 HSE 管理制度进行了全面的评审和讨论，先后修订了 18 个公司级管理程序、36 个项目 HSE 管理标准化程序，涵盖工业安全、职业健康、环境保护、危化品、放射源管理等各项内容。

3. 安全培训

2018 年，公司组织开展了中高层管理人员安全培训、公司领导专题安全授课、工程管理和安全管理人员专项技能培训、兼职安全员培训等多个培训活动。与此同时，以安全生产月为契机，组织全员开展安全知识竞赛，普及安全知识。

为有效提升安全培训授课效果，公司不断完善标准化课程体系，梳理标准化教材框架及内容，将标准化教材调整为 11 个模块 43 个课程，并结合实际，新编 4 个课件，升版 25 个课件。

4. 风险管控

发布《中国核电工程有限公司安全环保主要风险点名录（2018 年）》，明确风险重点单位、位置及管控要求，强调各级风险管控责任。公司建立了安全环保风险定期分析机制，每月对安全环保风险管控情况进行动态跟踪分析，每半年组织开展综合评估。

发布《2018 年度公司 HSE 监督检查计划》，结合各项目、分公司业务和施工特点，明确了各单位的检查时间、检查重点。2018 年，公司完成对田湾核电工程项目部、福清核电工程项目部、徐大堡核电工程项目部、漳州核电工程项目部、821 核废物处理总承包工程项目部、河北分公司、郑州分公司、长阳项目部、廊坊项目部的 HSE 综合/专项监督检查共计 13 次，发现问题已全部按期完成整改。

5. 标准化达标建设

在 2017 年公司接受评审机构正式评审后，2018 年公司正式收到《国防科工局关于公告航天长征火箭技术有限公司等军工系统安全生产标准化一级达标单位的通知》，确定我司为军工系统安全生产标准化一级单位。按照公司安全生产标准化自评审计划，公司组织对田湾核电工程项目部、福清核电工程项目部、821 核废物处理总承包工程项目部、郑州分公司进行了自评审。

6. 承包商管控

公司组织各承包商对安全生产责任进行梳理，对承包商职责履行情况、“一岗双责”考核机制和安全生产“一票否决”制执行情况等进行监督检查，开展月度/季度考核评价，督促承包商加强管理，落实安全责任。同时，通过承包商人员培训效果验证、标杆班组建设、高风险作业监督见证、隐患排查反差率考核评比等工作，促进承包商自我管理能力提升。

公司每季度与各主要建安承包商召开安全生产协调会，反馈内外部生产安全事件，对其项目部安全绩效进行考评。

7. 经验反馈

2018 年，公司采用多种形式开展经验反馈，发布安全之窗 4 期、制作典型案例视频 2 个、在经验反馈平台发布经验反馈信息 600 余条、同时利用安委会例会、文函、邮件、微信等渠道及时反馈集团公司其他单位发生的生产安全事故及公司发生的生产安全事件，确保经验反馈能够及时有效落地，促进安全管理工作进一步提升。针对承包商发生的“4 · 8”物体打击事件，公司编发了事故预警，组织开展了专项安全检查及高风险作业方案排查、事故警示教育及内部自查自纠等工作。

2018 年 11 月，公司组织召开了以“完善风险管控，加强事故预防”为主题的第七届 HSE 交流研讨会。会上优秀论文作者结合工作实际，在“双重预防体系”运行、人员违章控制、“零容忍”管理等方面的经验进行了交流，邀请中国核工业华兴建设有限公司和中国核工业二三建设有限公司分享了项目安全管理的良好经验。

8. 安全活动

公司结合实际情况和安全生产工作特点，组织开展了以“认真履职，强化管理”为主题的“百日安全无事故”暨“典型问题专项治理”活动、以“汲取教训，防范事故，确保安全”为主题的安全生产警示月活动以及“4 · 6”安全生产日、安全生产月、电力安全大检查、危化品专项治理、《职业病防治法》宣传周等多个安全活动。

9. 事故事件

2018 年公司各项目部承包商共计发生 6 起生产安全事件。

10. 考核评优

公司组织开展了总包项目现场2017年安全生产评优活动，评选出8个“安全先进班组”、85个“安全先进个人”。

（供稿人：赵艳华）

（四）费用控制

截至2018年年底，公司各核电工程总承包项目的费用计划—实际累计完成情况参见表4-1。

表4-1　核电工程总承包项目费用计划—实际累计完成情况表　（万元）

项目名称	计划/完成	福清核电5、6号机组	海南核电1、2号机组	田湾核电3、4号机组	田湾核电5、6号机组	徐大堡核电项目
前期	计划额	—	53 571	9 457	4 264	27 216
	完成额	—	59 544	11 323	—	16 837
设计技服	计划额	192 594	74 563	87 991	112 533	38 285
	完成额	193 326	63 171	74 957	118 078	37 733
项目管理	计划额	91 099	69 196	107 650	105 370	11 999
	完成额	90 405	65 609	94 753	98 424	11 999
土建	计划额	396 382	295 414	392 389	272 619	74 279
	完成额	394 907	363 097	514 152	271 885	72 536
安装	计划额	132 042	231 361	296 394	125 037	10 790
	完成额	108 171	208 653	305 398	125 012	11 398
设备材料	计划额	830 229	526 661	553 619	614 421	157 519
	完成额	779 714	556 430	560 639	584 851	154 159
调试	计划额	24 100	26 253	—	—	—
	完成额	26 391	24 536	—	—	—
总计	计划额	1 666 445	1 315 065	1 447 499	1 234 244	320 087
	完成额	1 592 914	1 397 235	1 561 221	1 198 250	304 662
费用计划完成率	完成额/计划额	95.59%	106.25%	107.86%	97.08%	95.18%

（供稿人：张　静）

二、工程设计

（一）核电工程设计研发与评审

1. 华龙一号

（1）海外工程项目（K2/K3）

高质量设计工作为项目进展保驾护航。2018 年，卡拉奇核电 2、3 号机组项目设计图纸文件继续保持较高的按期完成率，全年共计完成设计图纸文件 35 529 份、设计验证计划 274 项、试验验证计划 28 项，按期完成率为 100%。为核岛环吊可用、核岛 450T 龙门吊可用、凝汽器安装、预应力张拉、PS 泵房具备进水条件等里程碑节点按期实现提供了有力保障。

设计风险管控工作持续提升。公司继续推行设计风险管控 TOP10 管理模式，进一步实现专业化、常规化、规范化管理。全年关闭风险项 4 个，未关闭风险项由专人继续定期跟踪管控，确保风险可控并推进尽快关闭。

继续推进国际交流，贯彻设计参与工作。2018 年，公司与巴方设置联合公司办公室，对巴方设计参与人员工作、生活进行统筹安排，圆满完成巴方设计人员第 5 至第 7 批设计参与工作。截至 2018 年年末，累计完成 7 批设计参与工作，达 407. 5 人 · 月。公司年内收到巴基斯坦院子能委员会（PAEC）2 封感谢信，对公司周到的工作安排和支持表示诚挚感谢。

（2）试验研发

2018 年 3 月，完成 PCS 台架建设；

2018 年 12 月，完成非能动安全壳热量导出系统综合性能试验。

（3）标准制定

2018 年 3 月，编制完成“华龙一号”集团标准大纲；

2018 年 9 月，完成集团“华龙一号”企标征求意见稿；

2018 年 11 月，配合配合标准化所完成标准送审稿审查、报批稿编制和标准报批工作。

（供稿人：魏　峰　李广慧　李鹏飞）

2. AP1000

AP1000 技术转让工作基本完成，公司 AP1000 消化吸收工作除堆工、PSA 专业外，其他专业计划推延执行。

（供稿人：屈大韵 姜青和）

3. 模块式多用途小型压水堆（ACP100）

2018 年，公司完成模块式多用途小堆的档案归档和整改工作。

（供稿人：李云屹 李鹏飞）

4. ACP600

2018 年，完成 ACP600 总体技术方案报告 1 份，专题研究分析报告 12 份（其中 4 份由核动力院完成），经济分析报告 1 份。

2018 年 4 月，召开了“集团龙腾 2020”中的“ACP600 总体设计研究”成果评审会，与会专家就 ACP600 总体设计的研究目标，ACP600 总体技术方案、形成的成果文件等进行了充分讨论，同意 ACP600 总体设计研究的科研课题通过公司内部评审。同月，完成了 ACP600 总体设计研究科研项目实施过程全部研究与档案归档；

2018 年 8 月，ACP600 总体设计研究科研项目具备验收条件。

（供稿人：李鹏飞 刘 虎）

5. WWER

无工作内容。

（供稿人：李雪明）

6. M310

无工作内容。

7. 快堆

（1）2018 年 1 月，快堆仪控系统总体设计科研工作按计划推进；

（2）2018 年 2 月，完成循环水供水廊道、循环水排水廊道土建施工图出版；

（3）2018 年 3 月，快堆通风系统科研工作按计划完成节点任务；

（4）2018 年 5 月，完成快堆涂料科研总结报告，同月完成快堆通风系统研究课题中防火隔离阀/排烟隔离阀研发；

（5）2018 年 6 月，启动主厂房提资固化和土建图设计攻关；

（6）2018 年 8 月，完成联合泵房筏基结构施工图出版的考核点，同月快速隔离阀研制项目完成阀门样机制造，并于 10 月完成了样机的性能试验；

（7）2018 年 9 月，完成反应堆厂房 9.5 m 板模板图、配筋图的出版；

（8）2018 年 10 月，启动总体及系统设计攻关，开展系统固化和向 DCS 供货商提资工作；

（9）2018 年 12 月，完成反应堆厂房 20 m 以下墙体模板图、配筋图的出版的考核点，初步设计文件升版后上报集团，完成示范快堆消防总体设计原则，及核岛厂房防火分区和人员安全疏散路线设计方法的技术研究。

（供稿人：李占全　李鹏飞）

8. 钍基熔岩堆

（1）2018 年 3 月，完成实验平台项目可行性研究报告，含 LF1、02、实物保护系统，并配合上海应用研究所完成评审；

（2）2018 年 4 月，完成配套项目（含 00、03、04、05、06、07、10、11）可行性研究报告，并配合上海应用研究所完成评审获得项目立项；

（3）2018 年 4 月，完成配套项目规划设计文本，配合业主单位获得项目规划许可证；

（4）2018 年 8 月，完成配套项目初步设计，并通过审管部门的评审，完成配套项目《建设工程设计合同》与《建设工程勘察合同》的签订工作；

（5）2018 年 9 月，完成配套项目（含 03、04、05、06、07、10、11）详勘，完成配套项目标段Ⅰ（03、07 子项）施工图并通过审查，获得施工许可证并开工建造；

（6）2018 年 11 月，完成实验平台项目（LF1、02、实保）初步设计；

（7）2018 年 12 月，完成配套项目标段Ⅱ（04、05、06、10、11 子项）施工图。

（供稿人：刘诗华）

9. 气冷堆

（1）2018 年 3 月，公司与 USNC 公司签订联合开发超安微堆框架协议；

（2）2018 年 6 月，公司参与赴美对 USNC 公司进行现场尽职技术调查，获得了积极的调查结果；

（3）2018 年 9 月，美政府全面禁止对华在小堆与先进堆型方面的技术交流与合作，与 USNC 公司合作全面中止；

（4）2018 年 10 月，公司进行气冷微堆自主研发工作，正式型号名称为气冷微堆（GR-DT）；

（供稿人：汪 俊）

10. 核工程前期项目

（1）田湾核电 7、8 号机组，完成可行性研究阶段 19 个外委专题的任务书编制、立项工作，组织策划完成共用子项研究及工程总平面图规划布置工作；

（2）徐大堡核电 3、4 号机组，完成项目建议书编制，取得政策咨询函，完成可行性研究阶段 20 个外委专题的任务书编制、立项工作，组织参加与厂址参数相关的对俄谈判，参与完成可行性研究合同谈判；

（3）海南昌江核电 3、4 号机组，完成可行性研究报告审查会，完成“两评报告”专家咨询会，2018 年 6 月提交环境影响报告书（选址阶段）报告（C 版）；

（4）海南昌江核电 5、6 号机组，完成浮动堆及军民融合维保基地项目建议书（能源局版及科工局版）报告的编制，完成海南昌江核电 5、6 号机组项目建议书和海南昌江核电“华龙一号”融合机组及多用途模块式小型堆（ACP100）项目建议书（B 版）的编制工作；

（5）完成中核台海浮动式核能示范项目工程技术方案报告、初可研报告（A、B 版）编制工作，完成中咨公司组织的工程技术方案报告专家咨询会、初可研报告（B 版）专家评审会，并完成初可研报告收口工作，完成项目建议书编制（A、B 版）编制工作；

（6）浙江金七门先进重水堆项目，完成项目建议书编制，完成概念设计方案编制；

（7）TWR-300 行波堆示范工程，完成初可研报告和项目建议书编制；

（8）青海核电项目，完成厂址踏勘报告编制；

（9）龙安项目，根据龙安公司与法国 Orano 公司签订 PWA 要求，8 月底完成科工局版项目建议书（B 版）的编制工作，11 月底完成初步可行性研究报告（D 版）编制工作；完成龙安项目可研阶段外委专题技术任务书和立项申请，外委专题商务谈判和两纲评审，协助业主开展外委专题现场准备工作及政府取文工作，组织中标单位有序开展岩土勘察及气象站等外业工作；

（10）甘肃金塔小堆示范工程，完成了甘肃金塔小堆示范工程项目建议书（A 版），并通过审查；

（11）海外核电项目，2018 年 4 月参加中原公司组织的约旦核电出访任务，编制完成“华龙一号”取水量和海水淡化方案及约旦 HPR1000 技术要求文件；2018 年 9 月参加中原公司组织的沙特核电项目全球竞争性谈判 FEED-B 启动沟通会。

（供稿人：管　涛）

11. 核安全审评

2018 年，完成国防科工局交付的绵阳堆、某试验堆等军用研究堆审评项目，在工作中进行创新思路，突破“两证三书”固有模式，保证后墙不倒的前提下提前完成任务，完成国家核安全局交付的秦山三期重水堆、实验快堆、先进研究堆（CARR 堆）、医用微堆、49-2 堆、清华5 MW 堆、六个临界装置相关的十多个核设施多项审评监管任务。

核安全评审业务持续拓展：与科工局核安全中心签署了合作意向书，将在军工核安全审评领域扩展业务；继续深化与核安全局的业务配合，完成了中科院钍基熔盐堆厂址安全分析报告审评，并通过核安全专家委员会审议；完成了集团公司军工部的重要督导项目，中国实验快堆低功率开堆的审评，并通过核安全专家委员会审议。

（供稿人：赵树峰）

（二）核设施退役和三废治理设计项目

1. 821 核废物处理工程项目

项目的设计任务已经完成，2018 年主要为项目提供技术服务：

（1）完成 TBP 焚烧项目冷试工作；

（2）完成有机废液热解炉改造设计方案；

（3）完成玻璃固化冷试方案、热试方案；

（4）开展玻璃固化安装向调试移交的技术服务工作；

（5）完成玻璃固化工程最终安全分析报告。

（供稿人：张　威）

2. 乏燃料后处理工业示范厂项目

2018 年，乏燃料后处理工业示范厂项目第三批集中攻关人员开展科研设计工作，负责施工图设计任务，主要设计工作如下：

（1）可行性研究报告已批复，全厂初步设计工作完成，施工图设计全面开始；

（2）建造阶段环境影响评价报告评审阶段，完成两批评审问题回复；

（3）完成全厂 PSAR 并提交科工局，完成第一批 429 个问题回复，获得主工艺核心子项土建施工许可；

（4）全面推进××××项目主工艺核心子项全专业三维协同设计，完成 102/103/105/109 等子项厂房、设备、主体管道和桥架建模，共建设备模型 4 425 台（套），管道桥架 14 800 余根，完成约 35%的三维设计任务；

（5）全力推进多专业“正向三维设计”，二次开发三维提资等 5 项专用工具；

（6）完成 101、118、厂前区等 14 个子项施工图设计以及 102、103 等 11 个子项的负挖图，计划完成率超过 100%。其中施工图 344 册，5 142 张图纸，设备施工图 72 册，1 150 张图纸，技术规格书 318 册，4 068 页；

（7）项目现场技术服务 3 人，配合龙瑞公司完成现场施工任务；

（8）对龙瑞公司完成 10 期工艺、设备、电气等专业的培训工作。

（供稿人：胡彦涛）

3. 中试厂相关项目

（1）中试厂运行

为保障中试厂热运行技术支持力量，自 2016 年起在项目试生产前就组成现场服务队，跟踪运行情况，参与讨论、分析、解决运行中的相关问题。2018 年，派往中试厂热运行现场的技术服务人员工作量累计超过 10 人月，完成 200 余份设计修改单、工程变更单、整改方案等技术文件，同时，完成中试厂最终安全分析报告升版及中试厂固体废物处理设施、高放废液设施安全分析报告（修订版）。

（2）中试厂完善配套能力建设工程

一期工程可行性研究报告获得批复；完成新增子项高放废液贮存厂房（511）项目建议书及 505 等三个子项最终安全分析报告编制工作；同时，参加安全评审对话并完成问题回复。

二期工程处于项目前期阶段。最终版项目建议、可行性研究报告书已完成，并配合开展项目建议书与可行性研究报告评审工作。

（供稿人：徐云起）

4. 龙安项目

2018 年，龙安项目主要完成提前启动协议的起草和对法谈判，以及参与小合同谈判工作，主要工作内容如下：

（1）配合提前启动协议的谈判；

（2）配合龙安组织文本固化梳理；

（3）沟通可行性研究阶段专题、技术经济等工作，完成相关专题技术任务书，开展外委专题招标及合同签订；

（4）开展合同附件专家咨询会项目管理组讨论、提前启动协议执行情况讨论，派遣开展人员赴法国编制三级进度计划。

（供稿人：段　宏）

5. 其他退役及三废治理项目

（1）完成中试厂固体废物处理设施最终安全分析报告修订；

（2）完成中试厂高放废液处理设施最终安全分析报告；

（3）完成四〇四厂中放废液水泥固化浇注池扩建项目建议书修改及可行性研究报告编制及施工图修改；

（4）完成418/1-02整治项目建议书初稿；

（5）完成四〇四厂中低放废液处理设施项目建议书；

（6）完成四〇四厂环境监测站及保健物理中心建设项目建议书；

（7）完成四〇四厂高放废液贮存设施安全整治项目；

（8）完成四〇四厂极低放固体废物填埋场扩建工程项目建议书；

（9）完成四〇四厂中放废液贮存设施安全评价报告；

（10）完成四〇四厂高放废液处理设施项目建议书；

（11）完成801核反应堆第二阶段退役室外部分废物清理及部分辅助厂房拆除项目实施方案。

（供稿人：高　杨）

（三）核燃料科研设计

1. 重点研发任务进展顺利

国家重大专项科研：S项目完成2018年度科研和现场试验，保障了关键节点按期实现；“MOX燃料组件生产线工程技术研究项目”完成8台（套）关键装置样机加工制造和现场安装，正在开展单体调试。

其他在研项目：“十三五”装备预研项目完成2018年度合同任务，在上级部门中期考核和年度检查中取得较好成绩；“中国实验快堆MOX燃料单棒和组件制造技术研究”完成6台（套）关键工艺和检测装备的整改优化和联动调试，已正式投料。

能力建设项目：项目建议书通过集团公司评审。征地事宜得到集团公司、公司的大力支持，目前正积极与地方政府联系，争取在郑州国际文化创意产业园内落实建设用地。

2. 军核工程业务迈出新步伐

（1）核军工领域

面对新时代强核强军要求，公司坚持“军为首要、军事优先”，2018 年采取集中技术攻关、加强技术及人力资源保障等一系列有力措施，全方位加强军工工作能力，全力保障军工任务重大节点，担当起党和人民赋予的新时代使命任务。

（2）核燃料元件领域

继续牢牢掌握核燃料元件生产线设计领域的主导权，科研设计能力覆盖国内所有生产线。三门核燃料产业园和沧州核燃料产业园项目建议书通过厂院审查；小型化干法转化技术取得新突破，试验样机运抵现场、具备单体调试条件。公司积极开拓海外项目，开展了乌克兰、巴基斯坦等项目前期工作。

（3）三废及退役

人才梯队初具规模，具备了完成大型废物治理项目的能力，承接项目规模实现历史突破；完成了核电站废旧金属熔炼施工图设计；某生产线退役项目和江南厂区废弃含汞设施退役项目建议书通过集团公司评审。

（4）集团外核项目

继续加强与中国工程物理研究院、中国科学院等单位的合作，积极开拓中船重工等集团外市场；高质量完成高温气冷堆燃料元件用天然石墨粉体工程项目建议书编制及合 02 工程生产、辅助配套厂房、中船重工 X 射线探伤室等项目施工图设计工作。

（供稿人：胡仙凤）

三、科研工作

（一）科研项目管理

2018 年，公司共承研科研项目 271 项（439 个课题），总经费 44. 5 亿元，其中 16 项（24 个课题）已完成全部研究内容并通过最终验收，总经费 1. 9 亿元；251 项（411 个课题）处于在研阶段，总经费 42. 3 亿元。2018

年公司新立项科研项目共101项，总经费11.1亿元。

公司自主投入快速增长。2018年公司自主投入及垫资启动科研项目新立项90项，总经费1.9亿元。研发项目涉及公司各专业领域，支持公司各专业提升研发设计能力。“‘华龙一号’水泥固化设备与配方研制”完成全部研制任务，可以满足工程现场需求，后续进行K2/K3项目出厂验收。

2017年公司实施科研管理体系转型以来，推动一批工程科研任务实施开展，为公司主营业务发展提供有力支撑。2018年来，公司继续推进科研管理体系优化，制、修订包括《公司科研管理大纲》在内的公司顶层科研管理制度及相关大纲程序，进一步完善及固化科研项目管理流程，为科研项目实施提供制度基础。2018年公司编制发布《科研项目后评价管理办法》，同时拟定“课题负责人激励方案”以激发项目负责人的主动意识、责任意识。

在科技管理制度的基础上，2018年公司科研管理平台正式上线。新系统实现了管理流程实时跟踪和公司科技信息查询等功能，提高了管理效率。同时，在收集分析公司科技创新信息的基础上，数据统计模块为制定或决策公司相关政策制度提供依据。

公司各科研项目进展顺利。后处理科研专项R项相关验证科研项目顺利实施，为R项工程设计提供了技术支持；“三代核电技术升级”项目完成PCS综合性能试验，为“华龙一号”示范工程装料许可的核准提供了基础；“泳池堆”完成标准型号初步设计，“地热产业”科研发展计划上报集团。自主研发新批复项目90项，总经费1.9亿元，为公司各专业研发设计能力创新提供了有力支撑。

公司申报的“中国工业大奖”经中核集团及国防企协推荐，经过中国工经联的审查、评委审查答辩、公司总部及福清示范工程调研考察、审定委员会审定、社会公示、并报国务院批准后获批。“中国工业大奖”是我国工业领域最高奖项，代表着我国工业发展的最高水平，公司是本届唯一获“中国工业大奖”企业奖的核行业企业，是核行业企业的一次历史性的突破，也是迄今为止中核集团唯一获得此最高奖项的企业。极大提升公司的声誉和影响力，展示了公司强大的科技创新能力和行业引领力。

（二）技术标准管理

公司成立以来共组织科技成果鉴定 296 项，获各类科技奖 327 项。2018 年完成科技成果鉴定 57 项，新申报科技项目 79 项，初评共获得国家科技进步奖、国防科技进步奖、集团科技奖、中国核能行业协会奖 36 项，其中特等奖 1 项，一等奖 1 项，二等奖 14 项，三等奖 20 项。

2018 年公司组织完成 GF 报告 137 篇，是集团年提交报告数量达百篇的三家单位之一。2013—2017 年优秀 GF 报告率达到 15%，公司荣获集团 GF 管理突出贡献单位，2018 年获集团公司 GF 报告先进单位和个人。

公司成立以来承担的国、行标项目共 400 余项，基本覆盖核电工程所有领域，为公司在核电行业的设计标准自主权提供支撑，共组织完成 214 项国行标项目申报。2018 年批准立项 59 件，相比“十二五”期间（2011—2015）平均每年批准立项 12 项大幅提高。同时不断完善标准项目的全过程的项目进度、经费与质量管理措施。

“华龙”型号标准研究完成全部梳理分析工作，形成标准体系表，具备初步宣传和推广条件；全面进入标准制、修订阶段，高质量完成“华龙一号”集团企标中文版报批稿编制，开展“华龙一号”核心标准英文版编制工作，开展国家“华龙标准示范”项目研究，将集团企标向国、行标转化。

（三）知识产权与专利管理

公司知识产权管理继续深化，通过制度建设促进知识产权的保护和运用。知识产权管理内容扩展至合同、人力、财务、规划、信息化、文档、科研、市场、法务等各业务环节，避免知识产权管理的“短板”和“死角”，知识产权工作体系日益完善、能力和意识不断提高，知识产权创造、运用、保护和管理能力稳步提升，实现了“专利+商标+软件著作权+技术秘密”的知识产权复合管理模式。特别是在自主研发三代核电技术“华龙一号”的工作中，建立了知识产权管理与科研项目管理并行机制，实现了知识产权工作与“华龙一号”研发、制造生产及对外经营的有机融合。

在软件著作权登记方面，公司及时对新产生的软件著作权予以登记确权，2018 年共获得软件著作权登记证书 28 项，截至 2018 年年末，已累计对 106 项软件著作权予以登记确权。

在商标注册方面，2018 年公司获得注册商标 17 个，截至 2018 年，已累计获得注册商标 144 件，其中国内商标 88 件，海外商标 56 件，对维护公司企业文化，加强客户对公司产品与服务的识别度，提升企业推广具有重要意义。

公司 2018 年专利管理工作硕果累累，共计申请专利 185 项，其中海外发明专利 5 项，国内发明专利 132 项、国内实用新型专利 48 项；获得中国专利授权 88 项，其中海外发明专利 4 项、国内发明专利 24 项、国内实用新型 60 项。截至 2018 年年末，公司授权并维持有效专利共计 768 项，其中海外发明专利 15 项，国内发明专利 370 项，国内实用新型专利 383 项。

《一种核电站能动与非能动结合的堆芯剩余热量排出系统》（201210374533.7）和《一种离合器接力装置》（ZL2013100112150.X）2 项专利在年内获得国家知识产权局颁发的中国专利优秀奖。公司已有共计 3 项专利获得该奖项，体现了公司专利保护水平和知识产权管理能力。

（四）科研管理体系建设

2018 年公司制定并发布了《科研项目管理办法（版次 A）》，明确了公司科研及科研管理各有关单位职责，落实科研主体责任、科研外部任务、计划、成果验收与考核的归口管理责任等内容，为科研管理体系建设制定了纲领性的文件。管理办法的发布有效实现了科研项目管理的规范化，为确保实现科研任务、科技成果及转化、科技发展战略与规划目标，推动公司科技可持续创新发展，提供了坚实基础。

（五）成果转化管理

创新是引领发展第一动力，公司坚定实施创新驱动发展战略，突出以科技创新引领全面创新，突出科技创新对供给侧结构性改革和培育发展新动能的支撑引领作用，深化科技体制改革。建立以企业为主体、市场为导向、产学研深度融合的技术创新体系，促进科技成果转化。

核化工领域，先后获得集团科技特等奖、国防科技进步一等奖、国家科学技术进步二等奖。

按照集团公司《创新科技管理体制机制、促进科技成果转化的若干措施》及《中国核工业集团有限公司成员企业科技成果转化分红激励暂行办法》的有关要求，作为集团公司已开展科技成果转化认定与激励的成员企业，2018 年公司特申请成为集团公司科技成果转化的试点企业，协助编制科技成果转化相关制度及实施细则。

公司制定发布了《中国核电工程有限公司科技成果转化认定及奖励暂行办法》，成立公司科技成果转化认定专家委员会对公司科技成果转化项目进行评审，对是否属于科技成果转化以及属于何种形式成果转化的项目等予以评审认定。成立公司科技成果转化管理科负责组织公司科技成果转化项目认定及奖励工作，同时负责专家委员会的日常管理工作，制定了相关评审认定、核算、奖励及公示等工作规定。

公司制定发布了《中国核电工程有限公司科技成果转化项目全成本核算暂行办法》，初步建立转化项目的全成本核算制度。按照转化类型，对经公司认定的科技成果转让、许可给他人实施的项目核定转让净收入以计算奖励金额，明确项目净收入＝转化收入－转化投入－研发投入－间接投入－税费。自行实施或与其他单位合作实施科技成果转化的项目核定营业利润以计算奖励金额，明确营业利润＝营业收入－营业成本－税金及附加－销售费用－管理费用。

经公司内部审议通过并完成奖励发放审批及公示等手续，首批项目累计奖励 30. 65 万元已于 2018 年发放，在公司内部取得了良好效应，极大地调动了公司广大科研人员的积极性。

依照《中国核工业集团有限公司成员企业科技成果转化分红激励暂行办法》和《中国核电工程有限公司科技成果转化认定与奖励暂行办法》，公司向集团公司申请作为科技成果转化项目收益分红激励试点单位。通过制定科学合理的激励实施方案，有效带动内部机制创新，完善中长期激励体系，兼顾当前利益和长期利益，实现股东利益与员工利益的统筹，更好的吸引、激励和稳定公司关键核心技术、管理骨干以及所需的其他关键人才，实现持续健康发展。

（供稿人：白旭娟）

第五部分　公司管理情况

一、综合行政管理

（一）规章制度管理

截至 2018 年 12 月 27 日公司共发布有效管理规章制度 379 条，2018 年公司全年新发布或升版规章制度共计 132 条，并实现规章制度法律审核率 100%。

（供稿人：路　鹏）

（二）秘书工作

切实落实公司会议精细化管理，加强会议行动项决议督办管理。完成公司年度工作会、中期工作会的策划、组织及《年度工作报告》等会议文件材料编发、跟踪会议纪要行动项等工作。2018 年共组织公司总经理办公会 36 次，从议题收集整理、会议材料准备、会议记录、会议纪要撰写、分发，会议决议督办等全流程跟踪，形成闭式循环管理。对议题决议的执行情况进行定期梳理和汇总，提交办公会。积极推动会议督办管理系统上线，实现总经理办公会等会议决议实时跟踪督办。

（供稿人：张秋佳）

（三）公文信息管理

1. 顺利完成各项公文管理日常工作

2018 年度内收文 4 156 份，发文 962 份；收取、处理备忘录 1 140 份；发备忘录 195 份；处理商密、国家秘密收文 300 份；复印、发送涉密公文

103 份。收取、处理非密、涉密邮件 1 852 封；公司印章用印 36 500 次，完成印章刻制 9 枚；并完成 2017 年度公文归档工作。

2. 坚持公文印章规范化管理，严格按照规定做好密码工作

2018 年升版公司公文处理及行政印章管理办法，签订了中核集团 2018 年度普通密码安全保密责任书，完成了公司密码工作领导小组和办公室调整，按照集团公司工作密码办部署完成了集团公司广域网系统改造等相关密码工作。为加强公文质量及管理，组织公司各单位、分公司、现场项目部共计 100 余人参加了公司公文知识培训，并完成发布了公司公文质量评价管理办法。印章工作除日常使用管理，我们完成了公司公章使用审批流程优化工作并更新公司印章使用审批单，开展了印章台账的信息登记工作。

（供稿人：史　欣）

3. 及时、准确完成信息报送工作

共报送动态信息 121 条，《中核要情》采纳 31 条。报送综合信息 2 篇，其中《中核工程“公司管总·板块主建·项目主战”工程项目总承包模式经验启示》被集团公司采纳发布；编制《综合季报》4 期。

（供稿人：田玲瑜）

4. 全面统筹公司级刊物编纂

全面形成公司级年鉴信息综合平台，权威、全面、完整的载录公司发展历程。2018 年，完成了公司年鉴 2018 年卷和 2013 年卷的出版工作。

优化综合季报板块构成。增加了党建工作、监察审计、群工工作、共青团、核你在一起等多个专题内容，更加全面的收录公司各领域的最新动态，扩大综合季报的覆盖面，提升可读性。

（供稿人：高　峥）

（四）公务接待和外联工作

公司办公室在 2018 年圆满完成 93 项接待任务，共计接待 1 300 余人次，其中一级接待 11 次、二级接待 57 次。2018 年 5 月 23 日，完成中央军委装备发展部调研的接待工作；2018 年 8 月 29 日，完成全国人大常委会办公厅机关事务管理局调研接待工作；2018 年 12 月 11 日，完成国资委第六调研推进组调研的接待工作。公司还积极承办上级单位会议组织工作，单日最大接待人数达到 130 人。在时间紧、任务重、人数多、要求高的情况下，公司顶住压力、主动配合、出色完成了各项会议组织工作。2019 年，公司还陆续完成的接待工作包括：第五届中国工业大奖考察组调研、海淀区区委书记调研、中核集团核电总承包合同定价机制创新。暨福清核电总包结算专题研讨会、“华龙一号”技术融合方案和评审原则编制工作讨论会等多次重要会议。

接待来访的外宾团组 165 批次，331 人次；完成巴基斯坦 K2/K3 项目第四批设计参与人员共 40 人的外事接待工作。

（供稿人：王陆廷）

（五）外事与国际合作

1. 搭建国际交流和合作平台

2018 年成功承办国际原子能机构项目“核电厂寿期内风险管理”技术会议、“核电项目合同管理与工程建设”培训、约旦“华龙一号”技术评估培训，提升公司在 IAEA 的国际认可度和活动参与度。

2. 践行推动强军首责和科技创新交流，开拓人才引进渠道

2018 年依托欧盟专家服务项目开展“反应堆退役技术”“放射性废物管理”“核电站安全设计”合作交流。

依托外国专家局人才引进项目组织“核与辐射安全”“放射性废物管理”技术交流和“核废料管理”技术培训，邀请美国查理朗布技术服务有限公司、法国原子能委员会、法国阿海珐公司、美国核管会、法国国家放射性废物管理局、意大利核能与工业工程公司共 10 名专家来司讲学；组织完成“核废料管理及核废料处理规划”外专局专项出国培训项目，核化工院 4 名技术人员于 2018 年 10 月赴德国进行了为期 15 天的德国核废料管理和核废料处理工艺技术、玻璃固化处理工艺、放射性固体废物处理工艺及

设备、核设施退役方法技术培训。

3. 强化外事管理和服务作用

做好外事各项审批事项，2018 年，公司共审批因公出国团组 276 批，894 人次，涉外活动审批 165 批 331 人次，邀请专家来华审批 44 人次。

2018 年完成创建“出国管理”公司微信公众号专栏。为提供更便利的出国管理和服务模式，提高出国手续办理效率，在公司微信公众号内增加“因公出国”板块，板块信息主要包括：出国审批、护签办理、出行三方面内容，其中出行模板内包括了出国人员出访须知。

完成国际原子能机构副总干事、约旦原子能委员会副主席、英国驻华使馆、法中电力协会代表团、德国 KAH/STEAG 联合体代表团、瑞典 Stusvik 公司来访等重要外事活动接待。组织参加核工程大会、亚欧会议等重要国际会议。

根据巴基斯坦 K2/K3 项目设计与技术服务总承包质量保证大纲，2018 年完成巴基斯坦 K2/K3 项目第六批和第七批设计参与人员接待工作。

持续增强公司翻译人才队伍建设，壮大公司翻译人才库力量，组织 2018 年翻译人才库纳新，并组织英语口译水平测试，对 15 名报名人员进行选拔测试，经过评定选定新一批翻译人才库人员 3 人入选。

4. 优化因公出国审批流程，建立公司外事专办员队伍

取消因公出国团组费用预算表纸质形式，采用线上形式审批，因公出国审批系统实现任务报批表与费用预算表同时审批功能。

2018 年 8 月建立了外事专办员队伍，包括总部职能部门、各版块、分公司、项目部的外事专办员共计 38 人，进行了全面专题培训。

5. 加强外事工作保密管理

强化出国人员出访前培训，公司所有因公出访团组均接受外事纪律教育，所有团组均须签署保密承诺书，所有团长均须签署团长承诺书。发布了《因公出国人员出访须知（第二版）》，发布《赴美行前提醒》，重点提醒赴美团组做好行前教育培训和提醒。

设立外事活动专用会议室。2018 年设立第七会议室作为固定的外事活动专用会议室，同时确定第三、第十会议室作为外事活动会议室。

加强出国人员回访报告制度，建立了《因公出国人员回访记录表》，包括了解行程前教育、签证办理过程、行程安排、载体携带、外出活动、敏感事件、突发情况、异常情况、不公正待遇等有关情况。

（供稿人：王新迎）

（六）总工服务工作

1. 做好日常服务工作

负责公司总工程师、常务副总工程师、副总工程师的往来文件管理及日常服务工作，跟踪落实总工程师决策部署事项、交办事项、指示批示及其他议定事项的跟踪、落实和反馈，全年定期组织公司总工例会 7 次，重点决策 26 余项公司重大技术议题，有效推动了公司技术管理过程中重点问题的解决。负责总工日常综合性服务工作，维护副总工工作日程安排系统，安排用车 112 次、订票及报销 134 笔。

2. 做好技术支持服务，助力公司总工团队

做好技术支持服务，助力公司总工团队在项目执行、科技创新、人才培养和技术发展方面发挥作用，协助副总工全年共完成 350 余次技术评审会；311 项专利评审；238 项设计优化项目的立项和结题评审工作；完成公司技术队伍体系建设，编制首席专家系列人才和型号（工程项目）总设计师系列人才任职条件以及 13 个首席专家岗位设置及任期目标责任书；建立了公司“总工课题”机制并启动了总工课题申报工作；修订完善公司核心领域技术发展路线图，完成《公司先进核能技术发展报告》；建议增设了 144 个集团公司专业分领域、子领域。维护公司总工团队个人信息库，定期做好总工团队文字音像资料的整理，高效完成了院士提名书、国防科技工业十大人物、生态环境部（国家核安全局）第三届核安全与环境专家委员会、能源局专家库、国家重点研发计划“核安全与先进核能技术”重点专项核心专家库以及中国核工业集团有限公司首席专家、科技带头人等相关

材料申报工作。

3. 做好公司定密归口管理工作

作为定密工作小组办公室按需组织了定密工作小组会议，解决公司定密过程中出现的问题。协助公司副总工做好公司的定密归口管理工作，根据第三轮保密资格认证中发现的问题升版了公司定密管理制度；按需新增、调整公司指定定密责任人；按季度收集整理了《公司国家秘密事项确定、变更和解密统计表》以及定密审批表，组织完成了公司 2018 年度解降密工作。作为定密归口管理部门，配合保密部完成了 2018 年度年中、年末保密专项监督检查。

（供稿人：熊　凯）

（七）保密保卫管理

2018 年，公司继续贯彻党管保密原则，坚决落实强军首责，从“固本强基”上下工夫，在“精耕细作”处做文章，保持第三轮保密资格认定以来的“高标准、高强度、高力度、高温度”，为公司改革发展助力护航。一是持续开展“抓住关键业务促融合、嵌入工作流程保融合、实施全过程管理贯融合”为主要内容的“三融”整改活动，基本解决了定密不全不细、保密与业务脱节、项目过程保密管控不力的问题。二是实施一系列标准化的行为管控，制定了标准化的保密工作履职要点清单、规定动作目录、保密档案模板、行为规范手册，指导公司各单位“挂图作战、列单整改”，降低因为各级部门不履职造成的潜在失泄密风险。三是“抓重点”与“保全面”相结合，推进保密监督检查向“长、常、细、全”发展。继续采用交叉检查的方式开展半年度、专项检查，打造了一支由 25 人组成的高水平的保密检查“核军”队伍。公司保密部先后荣获“国防科技工业 2017—2018 年度保密工作先进集体”“集团公司 2017—2018 年度保密工作先进集体”和“集团公司 2017—2018 年度保密工作先进个人”荣誉。

（供稿人：刘　哲）

（八）资产、后勤管理

2018 年全年设备申请审批 1 000 余批次（总部 650 余批次，现场 350 余批次）。根据使用部门提申请审批办公设备报废 180 批次，共计 900 余台。完成公司各个现场项目部及公司总部各个部门资产自查，完成各个现场项目部资产盘点工作。2018 年度公司共新增固定资产 2 150 项，资产原值金额 13 113 433. 6 元人民币。固定资产总数达到 61 359 项。经自查及盘点验证，公司各部门、现场项目部的固定资产管理工作基本符合公司相关管理程序和规定的要求。

每月对核能大厦及职工食堂进行安全、卫生、节能等检查，对发现的安全隐患及问题进行整改，完成安全隐患排除 29 次，发现问题 70 余项，对存在问题进行逐一落实，及时处置。对食堂饭菜质量、安全、卫生及价格进行监督，处理员工投诉 16 次，都得到满意结果。

2018 年组织热力站办公楼、科技楼等工作立项进行装修，解决公司职工办公环境及就餐环境紧张问题。按照规定对公司领导、部门领导办公用房进行调整。组织安装工位 63 套，解决工位紧张的部门职工工位问题。

就公司职工关心公司直饮水系统水质安全及卫生，2017 年度 2 批次送公司直饮水水样到海淀卫生防疫站进行检测，公司直饮水系统水质报告公布（化验结果均高于国标要求直饮水水质要求），确保公司职工饮用水安全。

节能减排不单单是义务，更重要的是责任。公司每位员工作为直接承担节能减排任务的具体实践者，更要积极履行节能减排、保护环境的社会责任。公司加大宣传力度，通过公司内网及邮件系统统一发出“节能减排倡议书”。2018 年组织物业公司对核能大厦公共走廊部分常亮灯具进行 LED 灯具改造对卫生间进行节水龙头改造，预计年节约用电 6 万度，践行节能环保的社会责任。

（供稿人：陈宇鹏）

二、战略规划管理

（一）战略管理

2018 年，是公司全面提升自身综合实力与核心竞争力、为公司长久可持续发展奠定坚实基础的关键之年，也是实现“十三五”规划的关键之年。公司制定了新时代中长期发展规划，评估、修订了公司“十三五”发展规划，实现中长期发展规划、五年规划和年度工作计划的层层细化承接，建立了上下联动、一体化战略管理体系。

1. 对标国际先进，建设“世界一流”工程公司

公司组织开展与西班牙 TR/EA 公司进行科技业务交流合作及战略风险、国际化业务、财务管理、项目管理对标事宜。

本次对标交流工作是在“十三五”规划中期调整及集团公司整合的大背景下，在公司战略发展关键期，就公司未来发展以及相关业务的开展，“国际一流”战略目标的实现开展的调研工作。对接双方在现有业务上的合作空间，探讨未来科技和业务拓展规划，谋划在国际和国内业务合作可行性，为下一步战略合作奠定基础，包括：核电、核燃料和后处理，核废物处理、处置等多个业务领域；进行公司战略和风险对标，对标公司战略管理体系和风险管理体系，公司组织机构和制度建设，公司业务考核激励等方面；国际化业务专题对标，对标公司国际化发展路径、国际化能力的培育及国际化经验分享等；项目管理专题对标，交流双方项目组织架构，进度控制体系、成本控制体系、风险管理体系，信息系统建设经验等；财务管理专题对标，对标国际化业务对于财务管理需求，国际公司财务管理最新进展和先进经验等。

2. 战略引领，制定公司新时代中长期发展规划

全面落实集团公司新时代发展战略研究要求，结合公司“十三五”发展规划以及内外部环境的新发展、新变化，编制完成《中国核电工程有限公司新时代中长期发展规划》。规划中明确了公司的战略定位、2020 年—2035 年—2050 年三个阶段的发展目标以及公司发展战略；并明确了市场开发、五大业务领域以及工程总承包等分目标的发展方向以及重点任务。作为公司顶层设计文件，新时代中长期发展规划将指导公司后续三十余年的发展，确定公司成为“世界一流的，引领世界核能利用发展的工程公司”战略目标的实现。

3. 加强分析评估，修订公司“十三五”规划

依据公司新时代中长期发展战略，全面落实集团公司发展规划，结合“十三五”前期工作进展和内外部环境的新发展、新变化，对公司“十三五”发展规划进行评估、修订，进一步明确了“十三五”发展的目标和重点任务，并根据集团公司组织机构调整方案，去掉中核控制 DCS 等相关内容，最终形成了《中国核电工程有限公司“十三五”发展规划（2018 年修订版）》，以期统筹谋划、指导公司“十三五”后续阶段工作和年度 JYK 工作的开展，确保公司“成为具有国际竞争力的核能工程公司”战略目标的实现。

4. 着力补短板，大力推进对标工作

公司组织完成《公司战略管理对标方案》及《公司战略管理对标报告》的编制工作。

按照集团公司发文《关于开展对标库建设的通知》，公司高质量完成《关于集团对标库模板的反馈意见》及对标材料，建立对标管理指标库，提出硬性指标、软性指标在内的 9 个一级指标、29 个二级指标，并完成了与对标企业的对比分析；完成赴西班牙 TR/EA 公司科技业务交流合作及进行战略风险、国际化业务、财务管理、项目管理对标的事宜，并编制完成出访总结报告；编制《“国际一流”核工程企业战略对标研究课题需求》提交集团公司；根据集团公司 2019 年 JYK“一下”对标指标（征求意见稿）要求，提交集团公司对标指标及 TR 公司对标指标数据。

5. 动态跟踪，建立行业观察长效工作机制

公司组织召开核行业观察启动会，并初步建立国家、行业、集团公司与相关企业动态信息跟踪与影响分析常态化工作机制。公司各部门观察员充分认识形势分析的重要性与迫切性，组织形成核行业观察工作组。

（供稿人：肖　涵）

（二）目标计划管理

1. 集团考核公司 JYK 任务管理工作

2018 年 1 月，公司与集团公司签订《2018 年度科学发展绩效考核责任书》。按月对集团考核任务进行风险预警，及时对存在风险与集团规划发展部等集团部门保持有效沟通。2018 年 10 月，已全面启动并完成 2019 年集团公司考核公司 JYK 任务制定工作，为公司 2019 年 JYK 管理奠定了坚实基础。

2. 公司内部 JYK 任务管理工作

2018 年 1 月，完成公司内部 2018 年“二下一上”JYK 方案下达工作，组织司属 40 家单位签订了《2018 年度绩效考核责任书》。为确保公司 JYK 体系有效运行，结合各单位特点对重点任务计分办法进行了调整升版，更有利于激发各单位工作积极性。

年度日常工作中按月对司属各单位 JYK 任务完成情况进行监控，实现到期一项关闭一项，按季度发布《公司生产经营及部署报告》。

2018 年 9 月，积极启动各单位 2019 年重点任务制定工作，提前部署与策划工作，保障集团考核任务的有效承接和对公司战略的聚焦。

3. 组织召开公司季度及中期工作会

公司按时策划、组织季度工作会及中期工作会。

在公司季度工作会上，及时通报公司上季度生产经营、JYK 考核、工程建设、科研设计、管理提升等方面进展，有效加强各级领导对公司经营现状的把控力度，深入分析公司面临的形势以及任务执行过程中存在的风险，稳妥安排部署下阶段工作及风险应对措施。季度工作会的召开有效提升了公司各部门的工作效率及执行力。

2018 年 8 月，在“两核”重组整合背景下，在集团公司“更快实现新时期核工业做强做优做大”的目标要求下，召开了公司 2018 年度中期工作会，总结公司 2018 年上半年党建及生产经营工作完成情况，分析公司发展面临的形势及问题，部署2018年下半年的重点工作任务。会上，表彰了公司荣获集团公司“两优一先”的组织及个人、公司2018年度“优秀共产党员”“优秀党务工作者”，并对年度领导班子民主生活会问题整改、党风廉政建设和反腐败重点任务的进展情况进行专题通报。公司结合当前改革发展的实际，安排了“三个设计院、华东分公司按照分公司模式运作”和“2018年公司经营形势分析与应对策略”两个方面的专题汇报和大会研讨，明确了三个设计院、华东分公司按分公司模式运作路线图和时间表，并对后续全年经营指标、重点任务和管理提升方面制定了应对措施。同时会议明确，要把推动专项工程和“华龙”首堆建设两个“一天都不能拖”作为公司政治建设的重要检验标准，以“钉钉子”精神做实做细做好各项工作。

（供稿人：许　嘉）

（三）组织绩效管理

1. 完成公司考核计分办法的制度升版，优化公司JYK考核体系

为进一步加强绩效管理工作，优化完善公司JYK考核体系，公司于2018年3月组织召开JYK管理体系优化专题讨论会，提出了JYK考核体系优化的总体要求。

为落实JYK考核体系优化要求，2018年5至6月公司组织各责任单位对党建工作考核方案、经营指标考核方案、科研任务考核方案、项目考核板块方案、基建项目考核方案等相关制度及内容进行了升版。

根据公司2018年中期工作会关于三个设计院、华东分公司按照模拟分公司进行运作的要求以及集团公司考核制度的升版情况，2018年8至9月对JYK考核计分办法继续优化升版，进一步落实相关优化要求，并与集团公司考核导向与优化内容保持一致。在积极采纳司属各单位意见与建议的基础上，完善考核计分办法相关内容，《公司JYK考核与计分办法（版次：6）》于12月升版发布。

2. 按期开展公司内部考核工作

2018年1月，有效组织公司各单位完成4大类、35个部门的2017年度

考核工作。公司内部 JYK 绩效文化继续深化，各单位 2017 年任务完成总体较好。通过重点任务加分项考核办法的应用，对公司各单位积极承接集团及公司重点任务起到了鼓励、导向作用。

2018 年，公司稳妥开展季度考核工作，分别于 4 月、7 月及 10 月，完成了公司 2018 年一季度、二季度及三季度的考核工作。同时，公司各单位持续保持有效的沟通机制，协调解决公司绩效考核管理相关问题，为年度考核工作奠定了良好基础。

3. 增大专项奖管理力度，促进公司专项工作有序开展

2018 年，为进一步加强公司专项奖规范化管理，有效实现精准激励，充分发挥公司专项奖的激励作用，根据 2018 年公司专项奖管理体系优化相关要求，于 8 月升版发布了《公司专项奖奖励办法（版次：3）》。

（供稿人：尹伊人　李良勇）

（四）基建投资审批管理

1. 基建投资项目制度建设

根据投资项目管理工作要求，公司 2018 年 10 月发布了《公司固定资产投资项目投资计划管理办法》。

2. 基建项目投资管理

公司建立了固定资产投资管理体系，以规范项目决策审批管理流程，明确管理职责。在确保完成集团公司考核投资计划完成指标的同时，推动公司自主投资建设项目制度化和规范化。通过廊坊后处理研发试验设施、海盐调试基地等基建项目，为公司提升技术研发能力，打造高素质的专业化人才队伍创造必要的基础条件。

（五）立项管理

公司对合同采购立项管理体系进行优化，组织各领域制定计划并编制相应的分领域立项管理制度，以规范合同采购立项管理流程。

（六）统计与经济运行分析

1. 统计管理

公司高质量完成了2018年集团公司统计年报、统计局年报、建设部年报填报工作及集团公司月报填报工作；积极参加集团公司及科工局组织的统计培训，并及时完成了集团公司安排的临时统计管理工作。

2. 全年组织开展经济运行分析工作

公司按月开展经济运行分析工作，对经济运行总体情况、JYK执行情况、主要经营指标进行分析、研判，实现对公司JYK任务执行情况、整体经济运行情况的动态跟踪，为公司科学决策提供有效支撑，并将相关结果上报集团公司。

（供稿人：赵　鹏）

三、工程管理

（一）项目管理

1. 全面总结公司十年经验，编制《工程总承包十年实践总结》

根据集团公司的指示要求，公司编制了《工程总承包10年实践总结》。该总结全面分析了工程公司10年来在总承包方面取得的经验与成就，以期对未来更好地开展核电EPC工程总承包工作，促进核电创新发展，探索EPC工程总承包模式在推进核工业“军民融合”发展和核电“走出去”等方面提供参考和借鉴。

2. 推进项目标准化工作

（1）工程总承包项目组织机构调整事宜

根据《核电总承包项目标准组织机构及职能职责（版次：2）》，编制完成海南项目部、田湾项目部、漳州项目部组织机构调整方案及龙瑞项目部设立组织机构策划方案。

（2）标准化程序升版

根据调整后的项目管理模式及标准化工作思路，对原《工程总承包/承包项目部程序管理规定》进行了适用性修订，对“项目部标准化工作程序”进行了重新定义，同时明确了编制、分发、持续改进等管理要求。

组织各领域对标准化程序进行升版，对原标准化程序进行补充或修改，截至 2018 年，已发布实施标准化程序 256 份。

（3）标准化程序评估

公司组织召开了项目控制领域标准化程序外部专家评估会，对项目进度、成本、风险领域标准化工作程序及《核电项目控制领域标准化评估准则》框架结构进行了评审。专家组认为标准化程序文件适宜，满足项目管理需求，框架结构基本可行。

3. 深化与 IAEA 的技术交流与合作

（1）承办 IAEA“核电厂寿期内的综合风险管理”技术会议

2018 年 7 月，公司组织了 IAEA“核电厂寿期内的综合风险管理：风险知情过程和计划”技术会议。此次会议向 IAEA 及与会国家展示和宣传了我公司的核电风险管理技术实力以及在核电领域的风险管理成就，提升了公司的国际形象。

（2）承办 IAEA“核电项目工程建设与合同管理”培训班

2018 年 10 月，公司组织了“核电项目工程建设与合同管理”培训班。本次培训班，是公司第一次在国际原子能机构的支持和帮助下，完整全面地展示了我司核电技术能力、工程建设和总承包能力。公司也以此次培训为契机，为打造专业的核电建设和工程总承包培训体系，为将来更多的深入合作夯实基础。

（3）IAEA—1209 号技术文件升版修订工作

公司受 IAEA 国际原子能核电部邀请参与 IAEA—1209 号技术文件的升版修订工作，旨在就核电站建设过程中项目前期、建造阶段可能面临的重要风险及其管控经验、管理方法、分析工具、管控措施等方面共享经验。文件的修订编制向 IAEA 及其他国家展示和宣传了公司在核电风险管理技术方面的实力以及在核电领域的风险管理成就。

4. 项目风险管理

在 ProMIS 平台内建设项目风险管理模块，提升了项目风险管理信息审批效率，规范了项目风险数据传递方式。为顺利推广风险管理模块的应用，发布了《多项目风险模块操作手册（含 RBS 增加管理方式管理方法）》，并组织了对业务板块及相关职能部门、福清项目部的系统操作宣贯。

（供稿人：刘　艾）

（二）项目控制

1. 进度控制管理

（1）“华龙一号”工期研究

通过分析各项优化方案，确定了“华龙一号”优化目标工期，编制了主线计划，并基本完成了技术外委工作开顶法、环吊设计优化、先行引入等 7 项子课题已完成结题评审。2018 年，漳州项目实施的优化方案已确定，内控总工期目标按 56 个月开展工作，对比福清 5 号机组执行工期缩短 6 个月。

（2）工期评估和二级进度计划编制

漳州项目总工期概率量化分析和二级进度计划编制完成。根据漳州项目实际进展，全面梳理执照申请、设计、采购、现场施工风险，建立进度风险模型，征求专家对各项作业工期的评估意见，通过蒙特卡洛模拟仿真，进行总工期分析，为确定工期提供依据，同时识别了制约总体进展的关键因素和影响大小，为后续工作指明重点方向，分析报告已经正式发布。结合“华龙一号”工期优化工作，编制了漳州项目 60 个月总工期和 56 个月总工期二级进度计划。

小堆（ACP100）工期研究和二级进度计划编制完成。参与金塔小堆项目建议书评审，审核海南昌江小堆 FCD 前进度计划，编制完成二级进度计划。

池式供热堆工期评估和二级进度计划编制完成。根据设计输入，以及与设计单位、施工单位调研交流，对池式供热堆进行了合理工期评估，并编制了二级进度计划初稿。

（3）800 t 后处理大厂合同谈判及进度计划优化

通过压缩法方 BD/DD 设计工期、搭接中方 MD 与法方 DD 工期、分批提交土建/焊接设备/非标机械设备 TCB 文件等方法，完成了 11 年 5 个月总工期的压缩。编制完成了中方责任范围内的 MD 二级和三级进度计划，并对上下游接口关系以及与建安施工的匹配性进行了梳理。完成了进度管理与项目管理相关合同文本的谈判工作。

（4）BOP 计划逻辑梳理

全面梳理 BOP 整体逻辑关系以及各子项设计、采购、施工内部逻辑关系；梳理各子项设计周期、施工周期。

（5）协助中国原子能科学研究院开展进度控制工作

协助中国原子能科学研究院策划进度管理体系，编制了进度计划管理大纲，指导其建立 P6 计划管理平台，进行进度管理和 P6 应用培训十余次，指导其修改、调整和完善快堆三级进度计划 70 余个、编制一体化三级进度计划和进度计划执行报告，参与了项目计划评审工作。

（6）风险量化分析方法在核电进度管理领域的研究及应用

通过对 GERT 技术的研究和实践，选取“开顶法”施工方法作为研究对象，经过仿真模拟，掌握核电项目建设中涉及研发性质的作业的进度管理要点，进一步将风险量化分析方法应用于“华龙一号”建造总工期的分析、模拟。

（供稿人：杨昊林）

2. 成本控制管理

（1）项目挣值管理系统建设

在多年项目挣值管理实践的基础上，公司依托 Primavera unifier 平台，建成了项目挣值管理系统，规范了项目挣值管理工作，实现了项目挣值管理数据的线上整合与分析。通过与业务系统集成实现了业务驱动的进度计划跟踪，连通了分散在公司各系统中的项目成本数据孤岛，完成了项目成本管理平台的搭建。公司申报的《华龙一号施工挣值管理体系的构建与应用实践》，获得 2018 年度中核集团管理创新一等奖。

（2）项目成本控制体系对标

深入研究 AACE 的全面成本管理（TCM）框架，并选择了能源行业管理水平较高的四家企业（中国石油天然气管道局、恩菲工程公司、中港工程公司、上海惠生）进行对标，最终编制完成《项目成本控制体系对标及改进建议报告》。

（3）企业标准制定

在集团公司的支持下，编制完成了企业标准——《核电厂建设项目挣值管理导则》，并完成了评审与报批。这一标准是国内首个挣值管理标准。

（4）国际合作交流

公司加入了美国造价师管理协会（AACE），并参加了其 2018 年的年会。组织深入研究 AACE 的全面成本管理（TCM）框架，并与我公司现有项目成本控制体系进行对比分析。

（供稿人：康立秋）

（三）施工管理

提高项目施工管理水平，推进项目施工管理标准化建设。编制并发布施工领域标准化管理程序，逐步建立标准化施工管理程序库，并推进在各项目应用。组织各项目部进行核电项目标准化程序的沟通和评审，对程序进行优化调整和修订；完成建安合同发包、变更、索赔、结算等核电总承包项目商务领域标准化程序的升版工作；继续推进建安工程（核岛、常规岛及主要 BOP）标准化合同文本升版完善、三代核电建安工程标准工程量清单编制等标准化工作。确保了核电项目标准化程序体系符合施工板块管理要求，对于提升我司核电总承包项目管理水平具有重要意义。

坚持以信息化为支撑，顺应新技术发展，建设满足项目多维度需要的施工管理信息系统。组织田湾、福清、漳州等项目施工管理信息系统的建设实施，解决总包项目现场部的信息管理问题，实现质保，质控，合同，费用，建安以及安全与环保信息的有效管理与信息共享；系统功能逐步实现项目进度、费用、质量、安全、风险、变更到文件的一体化管理，成为公司“四柱一面”核电项目管理信息化体系的重要一柱。

核电合同管理授权考核工作逐步开展。根据公司对施工中心板块化运作的战略定位，按照“公司管总、板块主建、项目主战”“管干结合”“分工不分家”的总体理念，对于承担项目集约化工作的后台人员须得到项目总经理的工作授权，必须对项目总经理负责，以期更好地为项目部服务。以徐大堡、漳州项目为试点，编制了工作授权方案，并与项目部进行了深入交流且得到认可，计划 2019 年根据授权方案开展核电项目的合同管理工作。

结合项目需求，响应业主关切，强化工程剩余物资管理。重视方家山工程剩余物资暂存库管理与日常运维安保，运行平稳、有序、受控，“物资真实、准确、帐物相符”，确保了国有资产的安全；积极响应业主关切，2018 年 7 月底顺利完成方家山库区交还业主的工作；紧密结合项目需求，开展工程剩余物资调拨、借用、处置，为公司“集约化”管理创造了可借鉴的实践经验。

开展“华龙一号”工期优化课题研究，提升“华龙一号”的经济性和国际竞争力。“华龙一号”工期优化课题中的五个子课题研究稳步进行，《开顶法施工》《底板钢衬里及筒体优化》《先行引入》《堆腔不锈钢与主管道焊接平行施工》已经发布；《钢筋网片模块化》施工的验证试验在福清项目完成，目前在进行整理总结。“华龙一号”工期优化课题研究有助于优化“华龙一号”建造工期，推动“华龙一号”的标准化和批量化建设，进而提升“华龙一号”的经济性和国际竞争力，助力“华龙一号”开拓国际市场。

强化“华龙一号”施工标准的梳理，推动“华龙”标准体系建设。在上一年度完成集团公司“华龙一号”型号土建技术标准、安装技术标准梳理报告的基础上，2018 年公司承担了三部委下达的“华龙”技术标准（土建施工部分），开展标准结构分析、颗粒度分解、标准需求对象及分析工作，完成了“华龙一号”土建与安装管理标准梳理分析报告，并通过了集团公司的首次专家评审。

“华龙一号”施工标准的梳理，是“华龙”标准体系建设的重要一环，确保了“华龙一号”建设符合安全要求、质量要求，使“华龙一号”的经济性得到全面实现和提升，为“华龙一号”机组批量化建设和“走出去”保驾护航。

（供稿人：王益泉　李燕萍　周武卫　于新华）

（四）基建管理

1. 工程进展情况

（1）长阳综合科研楼项目

给排水工程：给水、中水、雨水、污水系统管线安装及保温工作完成；换热设备及热水系统管线安装完成；卫生间洁具安装工作启动；消防系统管道安装完成95%，设备气压罐安装就位；

电气工程：开闭站及分配电室高低压柜、变压器安装调试完成；主体工程电气桥架、插接母线、临时照明配管、穿线完成，配电箱安装完成30%；火灾报警系统配管、穿线完成50%；泛光照明配管、穿线完成，灯具支架安装完成50%；

暖通工程：暖通设备安装就位完成90%，风机安装完成；风管、水管按照施工边界安装完成。柴油发电机安装就位完成；

土建工程：室外幕墙工程基本完成；A、B栋电梯厅墙体干挂石材龙骨点焊固定工作完成；裙楼1~3层干挂石材龙骨焊接完成；卫生间修改工作完成；

室外工程（水电气）：小市政东面雨污管线安装完成，西面污水管线安装工作启动；变配电站总配管井、管线施工完成。

（2）长阳东方一期项目

截至2018年年底，中核东方项目一期工程土石方及地基处理工程、玻璃幕墙专业工程及其他小微建安合同的初审意见已基本完成，已交由第三方审核单位中核第四研究设计工程有限公司审核。

（3）长阳东方二期项目

截至2018年年末，公司共计完成11份合同的签订工作，签订合同金额为510万元，其中2018年完成6份合同签订工作。

1）2018年3月，临时用电施工合同签订。完成引下线、变压器、低压配电箱等均已安装并调试完成；同月，通过房山区供电局现场验收，次月完成送电；

2）2018年9月，取得水影响评价报告的批复文件（京水评审〔2018〕159号）；

3）2018年11月，完成节水设施方案上报工作，待取得长阳水务中心站审查意见后，办理临时用水指标，正式通水。

（4）长阳东方三期项目

2018年，项目规划设计方案通过专家评审，并得到房山区规土委认可。

（5）廊坊研发基地项目

2018年，有序开展与建设局接口、按流程实施第三方图审备案、招投标合同备案、质监安监备案和施工许可证办理等工作。

项目开工后，按照合同工期要求分别编制了综合进度计划（二级进度计划）。2018年，Ⅱ标段和Ⅲ标段综合进度计划通过监理审核并发廊坊项目部备案；Ⅰ标段综合进度计划已经编制完成并报监理审核。

各标段具体开工时间如下：

1）2018年6月1日，一期工程Ⅰ标段项目开工建设；

2）2018年10月8日，一期工程Ⅱ标段项目开工建设；

3）2018年11月8日，一期工程Ⅲ标段项目开工建设；

4）2018年12月1日，一期工程Ⅰ标段项目正式复工。

截至2018年年末，各子项的进展如下：

1）101子项，完成桩基共计105根，完成率为29.4%；

2）102子项，独立基础钢筋绑扎完成；

3）103子项，1~7轴基坑开挖至-4.7 m，基坑钎探完成；

4）104子项，完成1 263根CFG桩施工；

5）105子项，基坑支护桩和冠梁浇筑完成；

6）302子项，基础梁柱混凝土浇筑完成，基坑回填完成；

7）303子项，基础柱钢筋绑扎及混凝土浇筑完成；

8）304子项，完成30根桩基浇筑，完成率25.8%；

9）305子项，局部区域防水保护层及基础混凝土浇筑完毕。

（6）海盐调试基地项目

2018年，海盐调试基地项目先后完成了装修施工合同、装修监理合同、正式电源引入合同、地下室环氧地坪施工合同以及安防工程施工合同的签订工作，并开始开展现场施工。

现场建安、装修施工按计划有序推进，为研发楼具备使用条件创造了先决条件。项目各关键节点如下：

1）2018 年 3 月，签订装修监理合同、项目装修施工合同、正式电源引入施工合同。同月，装修施工正式开工；

2）2018 年 7 月，签订地下室环氧地坪施工合同；

3）2018 年 8 月，完成研发楼、实验楼安装施工（不含建安配合装修的变更施工、模拟机房安装施工、安防系统施工）；同月，室外工程预验收完成；

4）2018 年 9 月，取得《城镇污水排入排水管网许可证》及《浙江省建设工程规划核实确认书》。同月，完成安防工程施工合同签订；

5）2018 年 10 月，高压用电工程正式送电。同月，完成海盐基建项目（含研发楼、实验楼、门卫、职工餐厅等）装修工程施工工作；

6）2018 年 12 月，完成研发楼、实验楼建安工程竣工预验收（不含模拟机房）。

（供稿人：周连禹　张　华　郭庆春）

2. 质量安全管理情况

公司各项目部根据《基建管理办法》与《基建工程质量管理》，组织开展现场设计交底、图纸会审、工程开工文件审查、工程质量管理情况监督检查等工作，各项目现场 2018 年全年质量安全形势稳定向好。

（1）廊坊研发基地项目

要求监理公司制定相关管理制度，通过多层次、多形式的管理制度建设保证施工现场的工程质量及安全情况。2018 年，项目建设质量总体良好，安全形势可控，全年未发生一起安全质量问题/事故。

（2）长阳综合科研楼及东方二、三期项目

现场每月组织 HSE 安委会成员进行综合安全检查，每周督促监理单位、二二公司及现场各分包商开展联合安全检查。在日常安全检查工作中，建立现场安全管理工作群，在管理群内及时通报日常检查中发现的安全问题并督促责任单位及时整改。2018 年项目现场共排查隐患 672 项，隐患按期关闭率 100%。

（3）海盐调试基地项目

坚持开展项目现场日常安全检查，并结合施工进展和季节变化等，多次组织专项检查和联合检查，包括节前节后检查、防台防汛检查、施工临时用电检查、特种设备检查、高处作业检查、文明施工检查等，针对发现问题及时下发安全隐患整改通知单，督促责任单位按时完成整改，全年隐患按期关闭率 100%。

严格执行《项目出入管理制度》《高处作业管理制度》《零容忍制度》，要求现场所有人员办理现场出入证件。2018 年，累计办理出入证件 253 份，所有人员资料齐全且符合要求，为项目现场安全可控奠定了良好的先决条件。

（供稿人：周连禹　张　华　郭庆春）

（五）项目信息化建设

1. 数字核电建设

2018 年，公司全面启动数字核电一期重点建设项目科研申报工作。围绕数字核电一期建设目标，完成了工程建设领域三项课题的申报报告编制工作。同时，各核电项目的信息化建设工作稳步推进。

以福清核电 5、6 号机组为依托，公司与福清核电正式启动“华龙一号”示范工程数据交付的技术与商务工作，就示范工程数据交付的第一阶段工作内容及数据交付模板初步达成一致意见，正式开启样本设备数据整理试点工作。

漳州核电工程项目作为公司第一个全面实施数字化核电的总承包工程项目，将基于《核电工程数据交付规范》推进数字化设计和数字化工程。公司组织漳州项目设计管理人员进行了多次《核电工程数据交付规范》的培训工作，并正式开展漳州项目 SSC 梳理工作。

2. 项目管理信息化建设

（1）项目管理平台建设稳步推进

2018 年，田湾核电 5、6 号机组实现项目管理平台（ProMIS）正式上线运行，标志着公司“四柱一面”核电项目管理信息化体系在田湾核电 5、6

号项目的全面落地。

（2）P6 平台优化升级

公司总结十年 P6 平台管理应用经验，深入分析现有不足以及信息化管理的最新需求，对现有 P6 平台进行优化升级，新版 P6 平台于 2018 年 10 月正式上线。

（供稿人：王　森）

四、经营管理

（一）开拓经营

1. 国内业务

（1）完成市场开发顶层设计

公司从指导思想、产品营销、组织体系、管理机制、制度程序、考核激励等几个方面，围绕核心产品梳理、营销策略创新、制度体系建设和完善激励机制四条主线，系统开展市场开发工作顶层设计工作。

2018 年，公司正式发布市场开发顶层制度《中国核电工程有限公司市场开发管理总则（版次：1）》（以下简称《总则》）。《总则》明确了公司市场开发工作的总体目标、指导原则和核心理念；确定了“集中+分散”的市场开发整体布局，明确突出核心主业、主辅有别的市场开发总体策略；对公司各领域产品进行了梳理分类，并制定不同的营销策略；明确了公司市场开发组织体系及相应职责；明确了公司市场开发管理的六大管理机制“营销管理、信息管理、风险管理、考核与激励管理、客户管理、业务流程管理”，确保公司市场开发工作管控有力、开发有序、主辅有别、机制有效；明确了“1+*N*”的制度程序体系，市场开发管理总则作为顶层制度，为其他制度和工作程序提供支撑。

（2）完善国内市场开发制度程序

2018 年，公司发布多项管理程序，为公司的经营开发管理提供了有效的依据。

《国内市场开发管理程序》和《国内市场投标管理程序》的正式发布，明确了公司国内市场开发、投标工作的管理要求及各部门职责。

《中国核电工程有限公司报价管理规定（版次：1）》的正式发布，规范了公司销售活动中对外报价的管理，使得报价风险得到有效防控，有利于各市场开发主体在统筹市场开发全局的前提下行使报价自主权，在风险防控的基础上进一步释放市场活力。

（3）积极拓展业务领域

公司与中国科学院等离子体物理研究所、核工业西南物理研究院、中国核工业二三建设有限公司在中国国际核聚变能源计划执行中心举行仪式，共同签署《磁约束核聚变能研究与开发四方战略合作框架协议》。该协议的签署标志着四方开启了磁约束核聚变领域的长期合作规划，并为今后针对具体项目开展全面合作建立坚实的基础，有利于四方优势互补，共同加强磁约束核聚变能研究与开发领域的国际合作。

依据《ACP600总体设计研究、超大堆需求及概念方案研究》任务书的要求，在超大堆概念设计方案和经济性分析成果的基础上，结合国内国际市场适用性分析，公司编制完成了《超大堆商业计划书》。

（供稿人：胡琼敏）

2. 国际业务

（1）国际开发项目取得突破性进展

公司遵循集团公司战略思想指导，国际市场业务开拓立足差异化，加强风险防控、抓住机遇、整合资源，集中精力打造公司海外业务开发平台。通过跨部门协作，“开拓”与“稳固”并举，以构建国际目标市场为布局，实现了自主开发国际项目的突破。

2018年，公司与英国NNB公司签署了HPC新建核电项目两台机组通风烟囱的设计制造供货合同。该项目从2015年资格预审开始，至2017年开启投标，最终经过近3年的努力，终实现首个海外项目合同的落地。该项目也是公司首次以市场化竞标形式成功踏入国际市场的尝试，是集团“走出去”战略的一次坚定落实，也是中国企业参与英国新建核电项目供应链的典型案例。该项目标志着公司成功进军国际发达市场的突破，具有历史性的实践意义。

继2016年和2017年两年，公司在2018年继续积极参与国际大科学

ITER 工程公开招标的项目。公司联合集团内二三建设公司、西南物理研究院、中国科学院等离子体物理研究所以及法国法马通公司，组成联合体投标托克马克设备安装标（TAC1）。自 2017 年 7 月资格预审开始，通过一年半的努力，在 2018 年 12 月成功提交了具有较强竞争性的投标文件。该项目是公司首次国际联合体模式投标的探索，标志着公司向“国际化工程公司”转型迈出了战略性的“第一步”。

（2）持续为合作方提供技术支持

2018 年，公司以自身雄厚的设计实力，支持中国中原公司完成了阿根廷“华龙一号”核电站建设商务合同的技术谈判。同时支持其完成了沙特核电招标项目的投标和述标工作。公司自主设计并自有知识产权的“华龙一号”三代大型核电技术继续大踏步走向国际舞台。

（供稿人：陈　侃　王　琦）

（二）合同管理

1. 合同管理顶层设计持续优化，不断完善合同管理体系建设

2018 年，公司将合同管理体系建设和合同管理现状结合，通过广泛、深入、详尽调研，从合同发包管理、签订授权、执行监督、风险评估等多方面入手，以分级分类分层管理为基础，理清合同管理界面和职责分工，强化合同监管，终形成《中国核电工程有限公司商务治理管理提升顶层优化方案》。

为确定公司合同管理的基本原则，明确合同管理领域全过程各主体、各环节的管理要求，2018 年公司升版发布了以下管理规定：

《中国核电工程有限公司合同管理规定（版次：2）》，该规定为公司合同管理制度体系的“根本大法”，使合同管理有据可依，有章可循。

《中国核电工程有限公司合同支付管理规定（版次：2）》，该规定规范了公司合同支付活动中的具体行为与主要环节，并确定了“谁执行合同，谁承办支付”的管理原则。

《中国核电工程有限公司合同发包管理规定（版次：5）》，根据集团发布非招标采购管理规定，结合两巡视整改要求，公司对该规定不断完善，再次升版，不断规范公司的合同发包管理。

《中国核电工程有限公司合同变更管理规定（版次：1）》，该规定通过对合同管理领域涉及的各类合同变更进行梳理，明确了变更的定义和分类；设置了合同变更申请审批环节和合同变更签约审批环节；并针对必须上会讨论的相关情形进行了明确约定，通过该规定的发布进一步规范了合同变更的控制。

《中国核电工程有限公司合同管理监督检查办法》，该规定通过对各合同管理部门的专项监督检查，并对原有的《合同管理过程检查程序》进行梳理，升级为公司级制度《合同管理监督检查办法》，填补了公司顶层制度在合同管理监督检查领域的空白。

2. 持续开展合同管理监督检查

2018 年是公司开展合同发包管理监督检查的第四年，为持续提高公司合同管理水平，规范公司各类经济合同的管理过程，公司结合中央和集团两巡视的要求，分别对郑州分公司、福清项目部等 10 个合同部门共 450 个合同和近 60 项管理制度进行了检查，最终形成了检查报告并发布给各合同部门进行整改。公司持续的合同发包管理监督检查极大的促使公司合同管理步入规范化、标准化、精益化，为构建公司整体“不能腐”防范机制建设提供了有力支撑。

3. 合同管理系统一期上线，实现付费合同全生命周期管理

2018 年，公司合同管理信息系统一期正式上线。系统的上线初步实现了付费合同主要流程审批的无纸化办公；实现了各单位的付费类合同数据的录入和收集，为各类台账的分类统计打下了坚实基础；与财务与预算管理系统、项目管理平台等系统初步实现了业务接口，为各业务系统融合创造条件；基本实现了付费合同全流程线上监督检查和事中事后监督。

4. 扎实推进各项总承包合同商务工作

2018 年，公司取得了田湾核电 3 号机组 PAC 证书及 4 号机组 PAC 证书；与中核龙瑞公司签订了乏燃料后处理工业示范厂项目合同《乏燃料后处理工业示范厂项目部分设备设计、采购与供货总承包合同》《乏燃料后处理工业示范厂项目部分子项工程总承包合同》；分别与中核苏能核电有限公司和中核辽宁核电有限公司签订了《田湾核电站 7、8 号机组工程建设合作协议》及《辽宁徐大堡核电站 3、4 号机组工程建设合作协议》。与中核四川环保工程有限责任公司签订了《玻璃固化项目总承包合同补充协议（三）》《中低放废液综合治理工程技术开发合同补充协议（一）》《堆工区低放废水处理设施新址新建工程技术开发合同补充协议（一）》。

此外，还签署了《福建福清核电 5、6 号机组工程总承包合同变更令 010》《辽宁徐大堡核电厂一期工程 2018 年建安工作付款协议》《徐大堡核电厂一期工程 2018 年设备采购工作付款协议》《辽宁徐大堡核电厂一期工程 2017—2018 年设计与技术服务工作付款协议》《海南 3、4 号 FCD 前总承包工作 2018 年度支付协议》。

组织《漳州核电 1、2 号机组工程总承包合同》谈判，主条款基本达成一致，大部分附录已签字固化，除价格部分该合同已具备签字条件。

2018 年，公司圆满完成福清核电 1 至 4 号机组项目工程总承包合同结算，签订了《福清 1 至 4 号机组结算协议》，并完成部分变更款项的收取。

海南核电 1、2 号机组总承包合同结算工作基本完成，合同金额增加数十亿元，同时成功应对解决海南业主对我司关于机组额定总电功率担保值的索赔。

5. 田湾核电 5、6 号，福清核电 5、6 号机组采用定价新模式

结合第一批总承包合同定价的经验教训，协助集团公司出台定价指导意见，为逐步完善提升总承包合同定价能力提供了顶层依据。

根据集团公司定价指导意见，并结合前期项目经验，将公司预算编制体系逐步与总承包合同定价以及过程变更索赔管理、合同结算相结合，摸索建立合理评估和确定价格的方法。

在具体项目定价方面，完成了田湾核电 5、6 号机组建安费二次报价，漳州和徐大堡项目基于新定价模式的一阶段报价；完成福清核电 5、6 号机组项目设备费二阶段定价；全面梳理了福清核电 5、6 号机组建安费二阶段定价的费用情况，并完成土建费用报价工作。

6. 总承包项目固定资产清单编制工作取得进展

2018 年，公司完成田湾核电 5、6 号机组建设期间固定资产接口管理程序会签工作；协调并推动福清核电 1 至 4 号机组的固定资产清单编制收尾工作，向业主提交福清核电一期工程摊销费原则；推动海南核电 1、2 号机组固定资产清单后续分摊共组。

7. 持续开展总包合同风险管理

公司建立风险管理与总承包合同管理的业务融合体系，以风险管理为手段辅助促进总承包合同管理工作开展。包括：定期组织年度重点风险的跟踪与反馈，并完成风险信息汇总及系统录入；按季度编制完成重大风险专项分析报告及重大风险解决方案等。

公司策划并建立了总承包合同收款风险管理机制，该机制已在龙瑞项目合同风险评估取得一定管理成果。

（供稿人：任政旭　盛　丹　杨　倩）

（三）分公司管理

公司继续为分院/分公司对外投标提供服务支持，协助办理各种手续、提供投标信息、支持性资料等；对各个分支机构外出承揽业务在建设行业信息管理系统中提供相关的备案支持工作。

2018 年，完成对郑州分公司、河北分公司、北京民用设计院、上海分院、深圳分院的商务检查，针对检查中发现的相关问题进行了沟通和指导，并出具了商务检查报告；同时进行了公司合同管理制度和程序的宣贯和交流，对分公司合同商务管理工作的规范化提供指导和帮助；完成河北分公司、郑州分公司、上海分公司、深圳分院、北京民用设计院合同签约及收支信息台账的维护工作。

（供稿人：王孝民）

（四）公司资质管理

为完善公司资质管理体系，2018 年初将原《公司资质管理工作程序》

升级为《公司资质管理办法》（以下简称《办法》），《办法》中明确了公司所有涉及的资质申请及维护模式，为开展资质维护工作提供了顶层制度。2018 年 3 月，公司完成了工程设计综合甲级资质的年检工作，顺利换发了公司工程勘察设计资质新版勘察章和出图章，保证了总部和各个分支机构设计业务的顺利开展。

2018 年 8 月，公司完成了高新技术企业资格的换证工作。高新技术资格意义重大，不仅每年为我司节税 3 000 余万元，也为公司员工在京落户、购房等提供了有力的政策支持。

在国家发展与改革委员会公布“工程咨询资质”的最新政策后，公司第一时间按照法规要求组织各部门准备材料并完成工程资信甲级（核工业、电力行业）和乙级（建筑、市政行业）的取证工作，确保了公司咨询等业务的顺利开展。此外，公司及时完成了造价咨询资质的换证工作。在营业执照维护方面，2018 年完成了公司章程的变更备案和营业执照的年检工作。

上述各项工作的落实有效保证了公司主营业务的开展和其他业务的开拓。

（供稿人：赵宁宁）

五、招标管理

（一）招标管理

1. 组织机构调整

设备成套中心招标管理部（以下简称“招标管理部”）目前下设招标管理科、招标业务科和监督管理科三个科室，共有员工 12 名，其中高级工程师/高级经济师 7 人，工程师/经济师 3 人，已获得招标师职业水平证书 5 人。

2018 年 1 月 25 日公司发文《核工人发〔2018〕14 号关于招标中心和采购中心组织机构调整的通知》，对招标中心和设备成套中心（原采购中心）的组织机构及职责进行调整：

1）撤销招标中心；

2）设备成套中心（原采购中心）下设招标管理部。

并明确规定招标管理部作为公司招标管理的归口管理部门，其主要职责如下：

1）负责公司招标管理法规、政策研究，公司集中采购、电子采购招标管理等制度的制定、组织实施与管理；

2）负责公司招标领导小组办公室的日常工作；

3）对外负责与浦原公司的业务接口、协调与管理，对内负责各合同部门招标相关业务的归口管理与协调，以及招标项目的监督检查；

4）作为公司采购计划的归口部门，对接集团经营管理部。

内设机构中，招标管理科 5 人，主要负责公司招标管理工作相关制度建设、公司集采和电采以及公司招标领导小组办公室日常工作等项业务；招标业务科 4 人，主要负责自行及委托招投标工作，包括招标文件审查、发标和开评标等业务工作；监督管理科 2 人，主要负责招投标过程管理监督、检查及招标异议处理等工作。

经过组织机构的整合和工作职责的梳理，明确招标工作的权责界面和接口，规范业务流程，强化风险管控，引导招标工作高效、高质量完成，公司招标管理工作能力水平得到进一步提升。

2. 体系制度优化

招标管理部作为公司招标归口管理部门，在整体划入设备成套中心后，按照调整后的组织机构及职责和两巡视两整改要求，针对招标领域的关键环节，结合国家招投标法、招投标实施条例、政府采购法等法律法规，及集团公司相关采购管理制度，对制度程序进行全面梳理、完善和优化。

2018 年，公司共发布或升版完成 4 个公司级制度及 12 个部门程序，有效制度程序清单如表 5-1 所示。

表 5-1　2018 年公司制度升版、发布清单

序　号	名　称	适用范围	状　态
1	中国核电工程有限公司招标管理办法	公司级	执行
2	中国核电工程有限公司招标领导小组会议事规则	公司级	执行
3	中国核电工程有限公司招标信息管控办法	公司级	执行
4	中国核电工程有限公司集中采购实施办法	公司级	执行
5	招标管理	公司级	执行
6	招标策划报告及招标文件编制	公司级	执行

续表

序　号	名　称	适用范围	状　态
7	评标办法（综合评估法）	公司级	执行
8	评标委员会组成与管理	公司级	执行
9	评标会议费用管理规定	公司级	执行
10	招标过程异议处理	公司级	执行
11	招标工作监督检查管理	公司级	执行
12	田湾核电 3、4 号机组招标全过程文件编码规则	公司级	执行
13	招标管理部招标项目内部工作流程	部门级	执行
14	招标委托接口管理	部门级	执行
15	招标采购管理系统管理办法	部门级	执行
16	公司招标人代表履职工作规定	公司级	执行

同时，公司结合长期以来招标管理工作的实际经验，深入研究招标管理法规政策，制定了标准招标文件模板（8 类）。多次组织全公司合同部门开展招标业务学习宣贯，强化部门的职能管理定位，实现高效严谨的业务管理流程，提升公司招标从业人员业务水平，规范公司招标评标业务活动。

3. 招标业务开展

公司全年共开展招标工作 321 项，其中 821 项目 8 项，K2/K3 项目 7 项，福建项目 36 项，海南项目 8 项，龙安项目 15 项，田湾项目 18 项，徐大堡项目 17 项，漳州项目 27 个，公司资产、信息化类采购、人员和咨询服务外委及其他项目 185 项。截至 2018 年年末，共通过招标采购签订各类项目合同 199 项，签订合同金额共计 78. 57 亿元。

各项招标项目均按照相关法律法规要求进行，招标流程全部顺利完成，招标过程中未发生违规现象，圆满完成公司年度招标任务。

4. 业务监督检查

2018 年，公司配合完成了中央第十巡视组、集团公司党组第一巡视组、821 项目 VPC 项目中期审计工作以及工程建设、物资采购与招投标专项治理互查督查对公司的检查工作。按照各轮巡视及检查要求按时保质完成了制度和程序的修订及升版，期间更严格自查以往招投标项目，对发现的问题立即整改。

同时，公司对原子能院进行了招标采购领域检查，对郑州分公司开展了招投标专项检查，派专家参加了集团公司对中核房地产开发有限公司、中原对外工程公司的督查检查工作。

2018 年，公司共完成自行招标项目监督 29 项，全部为事中监督，监督比率 100%，全部合规。完成委托招标项目结项 207 项（包含招标失败项目），事中及事后监督 192 项，事中及事后监督比例为 92.75%。监督范围涵盖招标文件合规性、招标公告合规性、开评标的合规性、确定中标人的合规性等全流程环节。

（二）招标相关工作

1. 公司招标领导小组办公室工作

公司在 2018 年完成了招标领导小组议事规则升版工作，策划实施了招标项目定标事项按照中标金额分级分类的管理模式，建立了公司及各领域招标领导小组会议制度。分别设立公司招标领导小组、三个领域和设计院及分公司招标领导小组，充分发挥了各级招标领导小组的作用。

公司及各领域招标领导小组会议根据业务需要按时组织召开，2018 年全年共组织公司招标领导小组会议 27 次，各领域招标领导小组会议 49 次，极大地提高了定标效率。

2. 公司集中采购、电子采购和采购计划工作

1）集中采购

在各项基础工作的有力保障下，2018 年公司集采率达到 94.34%。2018 年，公司发布《中国核电工程有限公司集中采购实施办法（版次：1）》，并组织集中培训，重点宣贯集团的集采目录及后续执行实施方法。组织完成公司一级集采计划的编制并上报集团公司；同时，公司对接集团公司的集采专业机构，完成公司集采协议采购方式及立项的审批，并将启动二级集中采购目录的编制工作。

2）电子采购

2018 年公司的电采率达到 94.59%，超额完成集团公司的考核指标。公

司组织招标管理部与经营开发部、施工中心等 10 个合同部门联合建立月报机制和集团电子商务平台同步跟踪检查机制，及时对公司各合同部门的电子采购的执行情况进行监督检查，两项机制的建立取得了良好的执行效果。

3）采购计划

2018 年组织完成公司及各成员单位 2019 年采购计划的上报工作，将根据集团公司安排，开展后续采购计划管理工作。

3. “不能腐”防范机制落实情况

本着“完善体系、扩大广度、创新形式”的思路，公司“不能腐”防范机制工作持续扎实、有序地开展，工作内容不断细化和深入。

公司制定具体实施方案和任务分解表，对建立“不能腐”防范机制工作目标、基本原则和监督措施进行了规定。随着原招标中心组织机构的调整，招标管理部转入设备成套中心，由原招标中心牵头负责公司“招投标监督执纪问责关注要点”（3 类 15 个关注要点）的自查及上报工作，转由招标管理部全面负责。

（供稿人：杨懿涵）

六、人力资源管理

（一）人力资源体系建设

1. 完善组织机构体系，规范组织机构管理

公司持续进行组织梳理工作，完善相关制度建设，优化管理工作流程。

2018 年 4 月，发布新版的《中国核电工程有限公司组织管理规程》，进一步明晰公司各单位职责范围，提升公司各单位权责理念。6 月，完成公司职能管理部门职能梳理专项，夯实基层机构标准化管理基础，做出组织机构管理改革的尝试。11 月，发布《关于规范公司各单位内设机构名称及其行政职务名称的通知》《关于发布公司各单位组织机构、行政级别、行政正职名称对照表的通知》，贯彻落实巡视整改精神，迈出组织机构规范化管理的重要一步。2018 年，共完成 30 余项公司直属单位机构调整，提供公司改革的结构性保障，助力公司发展的市场化布局。

2. 完善公司岗位与编制管理

公司为适应新形势、新变化，深入分析各岗位与编制管理的现状及存在的问题，结合公司机构职能的现状，以“科学化、程序化、规范法”为出发点，发布了《中国核电工程有限公司岗位与编制管理规定（版次：1）》，并于 9 月完成公司各职能部门的岗位清单编写工作，形成岗位与编制管理的有效衔接。同时，参照项目标准化配置，组织各业务板块（单位）编制了业务板块标准人力配置，为今后公司人力配置科学化、合理化、动态化奠定了基础。

3. 注重高层次人才培养，搭建高层次专业技术人才体系

作为我国唯一具备核电、核化工、核燃料研发设计能力，专业配备最完整的工程公司，公司注重专业技术人才的培养与激励。公司以科研创新、型号（工程项目）为依托，搭建高层次专业技术人才体系。发布《中国核电工程有限公司首席专家、科技（学科）带头人与专业带头人管理规定（版次：3）》《中国核电工程有限公司型号（工程项目）总设计师、系统总设计师、分系统总设计师管理规定（版次：2）》等有关规定、工作程序，明确权责界面，形成对高层次技术人才选拔、聘任、考核的全面管理。根据已发布的高层次技术人才岗位设置与聘任条件，完成了两批次公司首席专家的聘任与目标责任书签订。

4. 优化个人资质管理

为加强员工个人资质规范管理，公司升版员工个人资质管理规定，重点解决了公司内部个人资质调配管理不规范的问题，并根据发展需要分别设置 A 类、B 类个人资质范围进行独立管理。A 类资质范围实行动态管理模式，首创 A 类资质紧缺系数，根据紧缺系数区分资质津贴档位，实现了积极调控 A 类个人资质分布的效果。为提升员工在其任职岗位的管理（技术）能力，更好履行岗位职责，鼓励员工个人学习积极性，促进形成良好的学习文化氛围，对战略发展、业务拓展所需要的人才储备起到导向和激励作用，公司发布 B 类个人资质管理规定及范围，对于取得与岗位工作相关的 B

类资质的员工，公司通过发放津贴、报销部分培训费用的形式进行激励。同时，B 类个人资质范围也实行动态管理，做到与时俱进。

（二）劳动用工

1. 进一步优化公司多元化用工形式

通过深入分析公司多元化用工形式存在的问题及各部门改进诉求，公司于 3 月发布《中国核电工程有限公司技术派遣用工管理办法（版次：2）》、《中国核电工程有限公司劳务派遣用工管理办法（版次：3）》，规范了各类人员的用工条件、择优转换条件及相关业务流程，解决了每年标准不统一、时间不统一等相关问题。同时，根据制度建立了用工形式转换审批流程，为后续劳动用工相关工作体系化建设起到了良好的示范作用。

2. 制定差异化劳动用工条件

为满足公司板块化运作后各用人单位差异化的招聘需求，在总结以往招聘数据的基础上，通过分析各单位所需专业人才的院校分布情况及招聘难易程度，公司以“1+*N*”为整体原则制定了差异化劳动用工条件。同时为进一步规范人员招聘和录用工作，升版了公司招聘管理制度。

3. 返聘人员管理

根据《中国核电工程有限公司返聘人员管理规定（版次：4）》，退休返聘人员的选拔条件、聘用程序、返聘待遇和考核结果都经公司严格把控，退休前具有领导职务人员返聘需经公司党委会审议决议。返聘人员的日常管理已更加标准化和专业化。

（三）教育培训

1. 持续完善公司培训体系

全面梳理培训管理相关制度程序，形成由总览到分述、由抽象到具体、层层递进、环环相扣的合理程序结构；沿着纵向、横向两个维度做好程序编制、升版工作，条理化程序内容，增强程序可读性。2018 年，升版了

《中国核电工程有限公司职工教育经费管理办法》《培训管理程序》《内部培训讲师管理程序》《培训服务期协议管理程序》，编制并发布了《教材管理程序》，对制度体系进行了全方位的诊断与提升。培训课程体系方面，为推动培训课程体系落地，2018 年作为承前启后的一年，公司持续进行培训课程开发工作。截至 2018 年年末，公司已按计划完成 1 818 门课程的开发任务，完成率达 76. 3%，高于既定 70%的目标，极大地推动了公司建设“学习型”组织的进程。

2. 重点打造“核聚英才”计划

2018 年，公司各类培训蓬勃开展、成果丰硕，累计完成了 2 284 项培训项目，人均学时达到 89. 33 学时，培训覆盖率实现了 99%。在“核聚英才”培训计划中，一方面保质保量完成常规培训项目，另一方面，积极根据公司发展战略及实际情况开拓创新。

本年度首次定制化开展了核化工专项培训，根据军民融合深度发展战略，坚决落实“强军首责”，加强核军工、核化工技术能力建设和人才储备，针对公司核化工研究设计院近年内新进员工及新进入核化工领域人员，培训课程涵盖核化工通用知识、后处理专项知识、退役专项知识、三废专项知识四个模块，在北京总部及石家庄攻关基地两地同时开展，包含 17 门课程共计 104 学时，共计 116 人次参训。

另外，持续推进新员工培训全面优化，在总结上一年度核工程基础理论培训执行经验基础之上，对培训安排作了进一步优化，培训时间扩展为 10 周，课程增至 13 门，历时 3 个月，先后在四〇四厂、核工业研究生部两个营地开展培训。在公司精心组织、有力保障下，在 270 学时、12 场集中考试的大任务量培训中，全体学员以 84. 16 分的平均成绩顺利结业。

除此之外，公司加强了国际化干部队伍建设，首次面向干部群体开设了工程英语口语培训，针对有涉外业务需求的公司中层及以上领导干部、后备干部，开展一对一英语口语定制化培训，累计培训 13 人。培训课程内容根据参训领导的实际工作及学习需求，由培训讲师和参训领导共同定制设计，课程内容涵盖英语听说强化训练、商务英语沟通训练等基础课程，以及管理英语训练、商务邮件写作训练、时事热点话题讨论等自定义课程。

通过培训，参训学员英语基础听说交流能力得到强化提升，全面提高学员涉外工作中的商务沟通能力。

（四）薪酬福利和社会保险

1. 建立宽带薪酬体系，规范各项补贴发放

为拓宽薪酬增长的覆盖面，充分调动员工工作积极性，进一步优化公司薪酬体系，提出“宽带薪酬”方案并进行总额测算，对“宽带薪酬”中的档差比例、档数设置、进档周期进行优化，优化后的薪酬管理制度提交职代会审议并通过，于2018年4月起正式实施。至此，公司正式建立“横向晋档、纵向晋级”的岗位薪酬体系。此外，规范异地工作补贴发放，建立异地派驻津贴制度，将原享受异地长期工作补贴人员按照长期出差和异地派驻两种类型区分。

2. 申请异地攻关费用，保障军工任务按期开展

根据集团公司加快军工发展的战略规划落地的要求，及公司2018年度开展的专项工程异地集中攻关专项工作安排，公司制定了2018年专项工程异地攻关加班加点方案，报送集团公司审批后争取到工资总额3 843万元专项支持。专项激励的落实将实现异地攻关专项补贴的发放、赶工奖励制度的兑现及专项工程年度节点奖励的实施，有助于调动专项工程人员的工作积极性，有力保证专项工程按时保质完成。

3. 规范公司福利管理，初步实现福利管理信息化

根据2017年发布的《职工福利费管理办法》，落实对福利管理的预算管控。实时关注国家政策与集团公司规定的变化，不断调整福利政策，升版发布了劳保用品管理办法、防暑降温费管理办法、异地长期工作补贴、员工补充医疗保险等多项福利制度，保证公司福利管理的合规性，同时打造劳保用品电子采购平台，提升了劳保用品采购效率，满足了员工劳保采购用品及配送地址的个性化需求。搭建公司员工补充医疗保险费用报销系统，实现公司补充医疗保险费用的自主化管理，增加员工补充医疗保险额度及报销明细查询，方便员工及时了解自身可享受的福利。

（五）员工绩效考核管理

1. 持续落实 JYK 考核全覆盖

2018 年 4 月，组织完成了公司总部各单位包括分公司、子公司、分院在内的全员 JYK 考核目标责任书签订工作，将 JYK 目标逐级分解到岗位，实现全员覆盖，进一步加强落实了 JYK 的分解工作，增加了部门与员工之间的协同作用。另外，北京核化工研究设计院、北京核工程研究设计院、北京工业研究设计院在公司 JYK 考核的统筹管理下，自行组织开展各项 JYK 的管理工作。

2. 适应性调整干部考核管理权限

根据党管干部原则调整公司干部考核管理权限的划分，2018 年 12 月组织各单位完成了公司中层干部 JYK 业绩考核、“三个服务于”考核的相关工作。

（六）综合管理

1. 加大京外调干工作力度，调配进京指标大幅增长

2018 年在沿用积分排序制的基础上，公司京外调干工作采取申请常态化、信息公开化等更科学的工作方法，得到集团公司的高度认可。为贯彻落实“强军首责”、解决公司京内人才存量有限等情况，通过计划内指标申请、“华龙一号”三代核电、R 项目、T 项目、821 项目等专项指标申请，2018 年最终获得京外调干指标 21 名，环比增长 263%，实现京外调干工作的新突破，为公司各部门人才引进工作提供了宝贵的资源保障。

2. 加强公司干部人事档案管理

根据集团公司选人用人和薪酬管控专题巡视检查要求，结合北京市对非京籍人事档案管理相关政策，公司全面实现党委直管干部人事档案集中统一管理，按照干部管理权限建立京外人事档案分库。并以此为契机，公司加强干部人事档案管理工作，继续梳理干部人事档案，解决档案遗留问

题，优化档案查阅流程，为公司进行干部选拔任用及干部监督提供有效的档案信息、便捷的查档条件。

3. 持续强化涉密人员管理

2018年持续强化涉密人员管理，公司升版《涉密人员管理规定》《涉密岗位管理规定》。严格执行相关制度，做到上岗、在岗、离岗、因私出境严格审批。强化涉密人员培训，总部全体涉密人员公司级教育培训达到5学时，部门级教育培训达到10学时，实现培训全覆盖。严格执行保密认证标准，按制度相关要求对涉密人员进行年度考核。

（供稿人：左　乐）

七、信息文档管理

（一）信息化管理

2018年信息化工作紧密围绕集团及公司发展战略目标，以业务为导向，各项信息化工作按计划开展。一年来，在数字核电专项推进、信息系统建设、系统运行维护、IT服务支持和信息安全管理等方面取得了一定的成绩。截至2018年年末，公司的应用信息系统已经全面覆盖四大业务板块、项目管理和经营管理等各关键领域，公司IT基础设施不断完善，信息安全措施较为齐全，信息化办公环境不断优化，信息系统运行稳定，信息化管理体系和IT队伍能力水平稳步提高，为公司未来可持续发展奠定了坚实基础。

1. 战略引领，数字核电专项工作有序推进

基于集团公司数字核电发展战略和数字化转型需求，明确了集团公司“数字核电一期”的“实现一大突破，促成了三大转型，夯实了四大基础”发展目标，“数字核电一期”科研课题申报全面展开；依托“华龙一号”示范工程全面启动工程数据交付工作，数字化设计规划方案通过评审，为全面启动数字核电建设奠定了基础。

2. 服务业务，有序推进应用系统功能完善和应用推广

开展设计信息管理系统性能调优工作，启动了设计信息管理系统升级改造项目；开展采购仓储系统功能完善，进一步提升了系统的业务适应性；施工管理系统 V3.0 在福清核电 5、6 号机组得到了全面应用，在田湾核电 5、6 号机组和漳州核电项目上得到了应用推广；开展调试管理系统优化并与福清业主的 CBA 系统实现了集成，实现了调试隔离管理一体化支持；项目管理平台功能得到完善，业务数据采集更为规范；财务与预算管理系统得到进一步扩展和完善，有力地支持了公司的业务调整；合同管理系统优化项目完成实施并投入使用，促进了公司合同规范化管理；协同办公系统、风险管理系统等综合办公系统功能得到持续改进，公司信息化办公环境得到进一步改善。

3. 善用资源，完善和提升公司信息化基础支撑能力

完成数据中心四期建设并投入运行，扩充后的数据中心资源可为公司信息系统运行提供了充分的资源保障；高算平台投入运行，软件应用效果良好，为后续高算平台全面推广奠定了基础；完成非密核心网策划与建设方案编制；启动了融合通讯新一代视频协作应用规划工作；公司信息化基础支撑能力得到进一步提升。

4. 关注安全，做好信息系统安全保密管理工作

进一步完善了局端终端系统的安全配置策略，规范了运行维护操作和月度审计工作；完成了公司保密认证遗留项的整改，公司顺利获得国家保密局颁发的涉密系统运行许可证；对标集团公司网络安全管理要求，推进了商网安全基线在公司的落地，完成了公司互联网系统的定级备案工作；发布《公司网络安全管理办法》，完善了公司网络安全管理机构及职责分工要求；全年公司未发生重大信息安全事件。

5. 合规高效，做好软件资源统筹管理和高效利用

发布软件云化应用方案，推进软件云化应用，软件云化得到广泛应用，完成了 PDMS、EB 软件的云化应用验证，软件云化应用范围从 P6 计划管理等基础应用扩展到三维设计、EB 仪控设计等复杂协作平台，软件资产利用率显著提高，降低了软件运行维护和采购成本。

（二）文件档案管理

2018年公司文档工作紧密围绕“中核集团2018年档案工作要点”开展。秉承“收和管”两手抓的管理理念，持续加大科研项目文档管理投入力度。从服务意识、服务设施、服务产品上下功夫，由被动服务向主动服务转变。以高度的责任感与使命感立足于提升档案的管理与服务水平。

1. 新飞跃，深化科研项目文档精准化服务

良好的项目文档管理是科研项目顺利开展的坚实基础，2018年以提升科研档案管理成效为导向，甄选精英能手成立了科研文档专项组，多次组织业务部门深度解析文件收集范围，全面填补文档过程管控缺口，创新突破预归档管理模式。同时，科研文档小组通过提炼档案知识精华，向业务部门推送“常见问题宝典、档案验收指南、归档文件参考目录”等系列参考文件，助推10项科研项目顺利通过档案验收。

2. 新战略，建立“文档资源池”服务理念

通过完成文档业务外包立项，积极推动公司文档业务外包“1+*N*（“1”为信息文档部，“*N*为项目部”）框架合同签订。秉持“掌控关键、适度外包”的原则，将非密文件整编工作进行外包，在公司文档业务外包合同框架下，签署本项目的文档业务外包订单，满足项目共性与个性的外包需求。实现文档业务外包后可降低我司文档管理总体人力资源成本，解决各项目完工后的现场文档人员处置问题，实现文档资源统一规划、统筹调配。

3. 新高度，深入贯彻档案政治站位意识

在档案宣传工作中，本年度“档案姓党、依法治档”的主题明确突出、充分体现公司文档宣传工作更高的政治站位。全年以深入贯彻十九大精神为重点，从传承文明与文化自信的角度讲述档案工作的重要性，并站在政治责任和历史责任的高度去体现党管档案的意识形态，同时全面贯彻《2018年全国档案宣传工作要点》相关内容的宣传解读。在涉密档案工作中，率先在涉密文印加工制作区设立了党员责任示范区，积极发挥党员先

进性和先锋堡垒作用，推动涉密岗位全面向党靠拢，树立保密就是生命意识，发展涉密岗位员工积极加入中国共产党。

4. 新路径，开启实施档案走出去战略

在档案宣传工作中，在走出去战略的引导下，开启推行“文档走出去”发展战略，强化文档宣传品牌“核聚兰台”的品牌效应，突破地域限制，对外参与国际档案理事协会（ICA）策划的2018国际档案日“互助世界地图”系列推广活动，开启我司文档工作迈向国际化的第一步，创造公司档案文化推广新路径。对内首次采取公司总部、分公司、项目现场三地协同开展活动方式，充分体现公司文档工作“向外延伸，服务全员”的工作理念，扩大档案文化宣传影响力，受到了国档局领导、集团公司档案馆领导的高度赞赏。在涉密档案工作中，先后前往四零四、核动力院和理化院开展涉密文档对标工作，编制完成了涉密档案对标调研报告，为后续涉密文档全周期管理开拓了新视野和新思路。

5. 新模式，持续开拓档案多元服务思路

以文化创新开拓档案工作新模式，依托公司微信公众号，力推公司文档宣传品牌“核聚兰台”，开通并上线“核聚兰台”微信服务栏目。完成《核聚兰台》建设项目档案工作专题片拍摄工作，内容涵盖公司设计、采购、施工、调试业务板块全方位文档管理工作，先后赴北京、田湾、福清三地取景拍摄，已被国家档案局评选为“建设项目档案工作专题片”一等奖并在国家档案局官网上展播。

（供稿人：曹勇刚）

八、财务管理

2018年是全面实施“十三五”发展规划落实的关键年，公司财务工作以集团公司《2018年度财务工作要点》为指引，紧跟公司发展思路，积极思考、解决公司发展改革中的财务问题，以公司《2018年度绩效考核责任书》JYK重点战略任务为目标，分解细化，统筹推进、有序开展、认真落实，以提升财务服务和推广管理会计为抓手，加强与各业务部门沟通、交流，加大力气着重解决经济业务运行中重点、难点问题，为公司改革发展提供保障，2018 年度财务重点战略任务顺利完成，确保公司经济稳步增长。2018 年，公司完成主营业务收入 137. 07 亿元，利润总额 4. 43 亿元，经济增加值（EVA）2. 99 亿元，成本费用比率 90. 49%，集团外收入 2. 27 亿元，较好地完成各项经营指标。

（一）全面预算管理

以预算管控为龙头，公司加强预算执行监控和经营指标预测分析，确保经济增长，完成各项经营考核指标；主动对接集团公司主管部门，有效沟通相关情况，确保了 2018 年 JYK 经营指标考核打分、2019 年度经营指标下达客观合理。

进一步推进预算管理与业务管理的融合，形成预算来自业务、预算反哺业务的良性格局。以预算管理为抓手，设置刚性预算指标，有效引导业务管理，规避了资金风险，保证了公司现金流安全，满足了经营管理工作的需要。对公司 JYK 考核指标进行跟踪、分析，按季度反馈完成情况，从 2018 年 10 月起定期召开经营指标预测分析例会，动态监控，对影响公司年度经营考核指标的重大事项，及时沟通、报告，提出解决方案，确保 2018 年集团考核指标完成。

（二）会计核算与监督

按照集团公司要求，持续完善内控业务流程。2018 年根据制度修订、公司业务发展等情况，共完成 95 个末级业务流程的修订完善工作，截至 2018 年末，公司《内部控制手册》下册共梳理 272 个末级业务流程，识别 381 个风险点、梳理 794 个关键控制措施；公司整体范围内全面开展内控建设工作，完成采购、合同两个一级流程修订。华东分公司、核五院进一步完善公司内部控制组织机构，明确各部门内控建设工作职责，确定了内部控制管理制度及工作方案，进一步完善公司内控体系。

为落实中央纪委、巡视组检查要求，公司将防范资金风险列为年度重点工作，开展了两次全级次的专项检查，针对检查中发现的问题“举一反三”“堵”“疏”结合。确定各级各单位的授权事项和额度，加强大额资金管理和费用报销管理，完善制度规定并加强内控管理，站在“依法从严治企”的高度推动风险防控，建立长效机制。

通过年度专项检查、财务报表分析、信息化手段，统一财务系统平台，解析分支机构财务管理情况，对分支机构进行现场财务检查。定期召开分支机构财务负责人交流会，就会计核算和财务管理问题进行研讨。

（三）项目财务管理

为各核电总包项目正常运行，公司统筹资金安排，协调项目资金高效使用，尤其加强对福清核电5、6号机组重点项目的资金关注。公司设置项目资金池机制，在紧急情况下供各项目调拨使用，更好地为各项目提供财务服务。

进一步提升对项目现场的财务主动管理意识，加强对项目现场财务工作的监督和指导。公司以季度为单位定期组织召开项目财务视频例会，年度召开项目专项问题交流会，通过建立不定期项目现场交流机制，在解决财务相关问题的同时，对现场财务工作进行检查，监督和指导相关业务。加强总包项目往来情况的核对工作。按季度对项目往来情况进行核对，并定期完成往来清理工作。

提升项目财务管理水平。针对福清核电1至4号总包项目结算，公司成立专门的财务结算小组，完成结算的数据清理；积极推进项目全成本核算进程，按季度编写核电总包项目全成本报表以及项目期间费用明细表；核电总包项目仓储系统完成上线，实现与财务系统对接。

（四）科研专项资金管理

2018年，公司新立项科研项目175项，总经费概算约9.68亿元。完成各类科研项目验收、审计的项目（课题）共有19项，其中能源局重大专项6项、集团公司集中研发4项、自主研发9项，总经费1.97亿元。

2018年国防科工局核能开发、后处理专项及核设施退役项目共44项，2018年度预算3.87亿元。为落实财政资金绩效管理要求，公司组织开展了国防科工局各类科研专项年度经费支出摸底调查及加强专项财政绩效目标管理专项工作，定期更新预算实际执行情况，倒逼需完成集团公司预算考核的差异数。

在科技成果转化方面，公司发布了《科技成果转化项目全成本核算暂行办法》，为落实科研人员激励政策发挥作用，2018 年完成 56 项科技成果转化项目全成本核算工作（核定转化净收入 658. 71 万元）。

（五）财务信息化建设

2018 年，配合集团公司推进财务信息化建设工作，为集团初步实现全集团财务“一本账”和财务数据的大集中提供了有力支持。公司“业财一体化”系统建设稳步推进，将财务与业务的沟通与公司整体业务流程梳理为信息系统的建设重点，实现预算与财务核心业务的集约化、标准化、集团化管理，支撑公司全面预算管理的实施、战略目标的实现，落实经营管控模式，提升企业运营管理水平。该项工作荣获 2018 年“全国国企财务管理创新成果”奖项。

公司决算工作按照“规范、提速”的要求，利用信息化系统及现代管理工具，圆满完成集团公司年度财务决算工作。积极与外审机构沟通，协调解释审计事项，外审事务所对公司经营成果出具标准无保留审计意见。通过决算审计，梳理薄弱环节，完善内部控制，为公司后续管理提升打下了基础。

（供稿人：崔大帅）

九、内部审计及全面风险管理

（一）内部审计工作

2018 年，公司开展审计项目 13 项，其中：核电项目综合审计 2 项、分支机构审计 4 项、基建项目审计 1 项、科研经费决算审计 2 项、专项检查 3 项、财务决算审计 1 项，重点揭示部分费用报销不规范、基建项目的管理费核算及乙供材定价不规范、资产未及时报废及处置程序不规范、合同评审及授权不规范、科研项目事务费执行率偏低等问题。通过审计，促进发布或升版制度共 8 项，其中合同管理方面 3 项、科研项目管理方面 3 项，财务管理方面 2 项。

1. 全面清理典型问题、五项费用等，推进党风政风明显好转

把贯彻落实中央“八项规定”精神与自查自纠专项审计、全面清查各类费用相结合，认真梳理历年审计、巡查等内外部检查提出的典型问题、共性问题，组织开展自查自纠专项排查，确保整改落实到位，规范管理水平。同时，对 2017—2018 年大额资金支付、劳务费、咨询费和外协费以及五项费用等常见问题领域进行了全面清理排查，重点防范财务相关风险，确保反馈问题逐一整改到位，坚决遏制“四风”变异，厉行勤俭节约，有力推动公司各单位党风政风明显好转。

2. 突出重点审计，推进合同、基建项目、资产处置等管理规范化

聚焦重要核电项目、基建项目、重大分支结构及重要管理环节，深入审计。在合同管理方面，揭示合同应公开招标而选择邀请招标、合同评审不规范、合同授权突破规定权限、未按授权规定执行以及合同签订审批不严等问题，并提出管理建议，有效堵塞管控漏洞，规范合同发包管理，保证合同授权工作的规范性和科学性，促进公司降低损失。在基建项目方面，结合内控控制评价，重点揭示建设单位管理费核算不规范、乙供材定价未按程序执行，督促公司加强对委托施工单位采购的监管，规范基建工程财务核算，完善乙供材料采购定价管理。在资产处置方面，重点揭示未及时清理报废资产、资产处置程序不规范问题，督促相关单位加强对资产处置业务的内部控制和核算，规范资产报废处置程序。

3. 持续开展科研决算验收审计，促使科研经费使用规范化

开展科研决算验收审计和审计签证，共完成《“华龙一号”经济性评估研究预研》等 5 项科研验收财务决算审计报告和《非标设备工程计算平台研发》等 4 项审计签证。检查了科研预算编制和执行、科目核算、超支调整等方面的情况，提出审计意见 6 项，重点揭示了部分自主研发项目存在事务费执行率偏低、缺少科研成果后评价等问题。通过决算审计整改，监督落实整改工作，促进了科研管理规范化，降低了审减风险。

4. 大力推进审计信息化建设

公司积极配合集团公司统筹部署审计信息化工作，主动推进信息化配套设施建设，完成审计信息化软件上线，初步实现利用审计数据综合分析以快速锁定审计重点和审计怀疑点，有效提高了审计效率。

5. 积极支持集团公司开展审计工作

2018 年，公司积极支持集团公司审计工作，配合集团审计项目安排，共抽调 6 人参与三项集团组织的成员单位年度决算审计、经济责任审计，科学规范编写审计实施方案，严格执行各项审计步骤，并按照集团公司要求实施了所有必要的审计程序，审计工作获得集团认可。同时，抽调骨干人员参加集团审计部军工项目问题分析、四级及以下亏损企业专项调查等工作，获得集团公司高度评价。

（二）全面风险管理

2018 年，公司进一步夯实风险管理基础，充分发挥风险管理对战略目标的支撑作用，紧抓重大风险管控能力建设，集中精力开展重点领域专项风险管控，持续深化风险管理文化建设，促进风险管理与业务流程融合，组织开展了中美贸易摩擦、“走出去”、股权投资等高风险项目风险审查，深化完善了廉洁风险防控体系等，风险管理工作取得良好成效。

1. 狠抓风险责任落实及跟踪管控，确保重大风险管理取得成效

进一步压实责任，细化、固化管理要求，将重大风险解决方案编报、管控动态跟踪、生产例会汇报、预警监控等具体要求和衡量标准列入公司风险管理考核细则。公司围绕三个设计院、运行技术服务中心等新设机构开展风险管理专项辅导检查，总结亮点工作 10 项、提出改进建议 13 项，理顺了风险管理流程，确保了风险管理工作落地。以风险管理信息化为抓手，优化改进公司风险管理信息平台，开发上线 TOP10 重大风险管控跟踪、内控评价缺陷整改跟踪及问卷调查模块，重大风险管控力度进一步加强。

2. 拓展专项风险评估深度广度，发挥决策参考作用

公司围绕核电“走出去”战略，搜集、整理、总结了在“华龙一号”研发技术标准与申请海外专利方面的风险管理良好实践以及取得的成果。针对中美贸易战，组织分析贸易战对在建核电项目，尤其是“华龙一号”项目的关键技术、高端设备引进等的潜在风险，提出应对措施，为监管机构及行业协会提供第一手资料。建立规范化制度，公司发布了《重大项目（事项）专项风险评估和程序性合规审查办法》，明确公司重大项目（事项）专项风险评估的范围和流程，并结合公司实际业务，突出对海外工程项目承揽，与民营、外资企业合作等业务风险评估的方法指导。

3. 进一步完善廉洁风险防控体系，筑牢防腐拒变底线

结合公司最新组织机构及集团巡视组意见，公司对 29 家单位提交的廉洁风险清单进行梳理，新增党委工作、采购策划、工程竣工结算、合同变更、合同结算、合同索赔等重点业务环节，补充完善了与民营外资企业合作、科研外协采购等领域廉洁风险，整合并确定 97 项重点业务环节廉洁风险点、应对措施及责任单位、责任人员，升版公司《廉洁风险防控手册（总部分册）》，进一步完善了公司廉洁风险防控体系。

（三）物资采购稽核

2018 年物资采购稽核工作稳步推进，成效显著。全年完成稽核 163 份，金额合计 16 352. 25 万元，核减金额 38. 65 万元。采购过程合规性和价格合理性进一步提升。

1. 稽核成效进一步提高，有效促进了采购部门提升内控建设水平

公司稽核工作稳步推进，2018 年发现合规性问题 2 条，并及时落实整改措施；通过询价比价和成本分析，剖析价格合理性，发现价格合理性问题 2 项，核减 38. 65 万元；在总结有关问题的基础上，提出如加强采购的计划性、完善制度、明确公司工程类固定资产的管理归口及采购主体权限、培育更多供货渠道、加强合同谈判细化、细化采购文件、关注合格供方资

质范围等稽核建议 7 条，促进采购管理能力有效提升。

2. 积极推进稽核管理能力提升

公司完成《中国核电工程有限公司物资采购稽核管理办法》升版，完善了稽核管理程序；完成对福清项目部、田湾项目部物资采购稽核情况的监督检查，推动分公司及项目部物资采购稽核实现深入有效开展；加强稽核能力建设，打造复合型稽核队伍。按期发布稽核季报，总结该季度稽核工作开展情况，分析稽核中发现的问题并推进整改。

（供稿人：张一之）

十、企宣及企业文化建设

（一）宣传思想工作

1. 加强理论武装，坚决贯彻党中央决策部署

公司党委坚持把政治建设放在首位，坚持用习近平新时代中国特色社会主义思想武装头脑，指导工作。持续优化中心组学习方式，制定加强和改进实施意见，升版中心组学习制度；全年共开展中心组学习 19 次，其中对习近平强军思想、习近平总书记有关科技创新重要论述等进行专题研讨 7 次，并研究制定了贯彻措施，切实把学习效果体现为建设国际一流工程公司的生动实践。

2. 落实意识形态工作责任制

公司党委坚持党管宣传、党管意识形态，以强烈的使命担当、高度的政治自觉落实主体责任，制定发布《公司党委意识形态工作责任制实施细则》及责任清单，定期分析研判意识形态领域情况，通过“理论武装阵地、职工思想阵地、媒体阵地、理论研究阵地、公众沟通阵地、舆情斗争阵地”六大阵地建设，掌握工作领导权和主导权。意识形态工作总体向上向好，为实现公司中长期“两步走”战略目标提供有力的思想保障和舆论支持。

3. 大力弘扬“四个一切”核工业精神，讲好中核工程故事，提振干部职工精气神

一是通过讲党课、外出参观等方式，带领干部职工回顾核工业发展历程，坚定理想信念，弘扬老一辈核工业人的优良传统，激发广大干部职工奋斗奉献、干事创业积极性。二是创作文艺作品，讲好中核工程故事。三是选树先进典型，发挥榜样力量。挖掘一批甘于奉献、勇于创新创造的先进典型，组织开展了“十年功勋奖”“十佳员工”等评选表彰活动，开展先进典型宣传工作。

4. 加强思想政治引领，做好职工思想政治工作

一是持续加强改进公司职工思想政治工作研究。成立公司职工思想政治工作研究会，制定发布《公司党建和思想政治工作课题研究管理办法》，开展年度课题评选及推荐工作，《建设有中核工程特色的“四位一体”党员教育体系实践研究》获核工业政研会 2018 年度优秀课题研究成果一等奖；二是加强思想政治工作创新案例研究。向集团公司报送国资国企改革发展 40 年案例两篇、思想政治工作创新案例两篇。

（二）新闻宣传建设

公司依托外部媒体、官方微信、内外部网站、展览展示等宣传阵地，围绕公司现代企业制度建设、干部人才队伍建设、重大工程节点、重大科技成果开展新闻策划及宣传，积极拓宽宣传渠道，努力提高宣传效果，落实“内聚人心、外塑形象”的宣传总体工作要求。

1. 注重顶层设计，规划全年宣传思想文化工作重点

夯实顶层设计，切结合公司重大改革事项和工程节点，形成全年新闻宣传的聚焦。核工业宣传平台等进行了集中密集的系列宣传，针对公司重大荣誉、重大会议、工程进展实时跟踪报道，多次在朋友圈形成刷屏之势，对内激发员工荣誉感；完善新闻宣传工作制度，促进公司新闻宣传工作的制度化、规范化。2018 年，公司升版发布了《新闻宣传保密管理规定》

《新闻宣传稿费管理规定》《互联网信息发布管理规定》《舆情应对管理办法（试行）》等工作程序，为各项工作的开展提供了有效的依据；开展新闻宣传保密工作，牵头天津三院、五〇四厂两家单位，对原子能院、四〇四厂、二〇二厂三个单位进行新闻宣传保密检查。

2. 围绕改革开放四十周年，系列宣传工作在集团内获奖

通过回顾四十年来公司在核工业发展变迁大背景下的人和事，着力展现公司取得的显著成就、历史性变革和宝贵经验。在公司官方微信平台、内网开辟“改革开放四十周年”专栏，策划总经理刘巍、总工程师邢继专访文章，在行业内引发热议。

3. 积极拓展国家级外宣平台，打造中核工程、“华龙一号”品牌形象

依托新华社、中央广播电视总台等国家级媒体平台，大力宣传公司在科研生产建设方面取得的重要成就、重大活动，对外树立正面优质的品牌形象。新华社参编部专访“华龙一号”团队形成内参资料；公司总经理刘巍参加央视《对话》节目录制，讲述公司获得中国工业大奖背后的故事，央视《财经人物周刊》聚焦“华龙”总设计师邢继人物成长故事，央视拍摄“CCTV 国家品牌计划——华龙一号”公益广告片；与中国科技馆合作拍摄“华龙一号”、一线科研工作者系列专题片；《环球时报英文版》对工程院毛喜道进行采访；央视网对公司“核工程师合唱团”进行采访并形成通讯。

4. 形成媒体矩阵，注重新闻宣传阵地建设与宣传队伍培养

公司全年累计发布内网新闻 2 300 篇、官方微信推送新闻 280 条，在《核工业报》、中核网及主流媒体发布新闻 120 余篇，在行业内形成一定影响力。根据公司目前业务发展，全面升级公司官网；积极安排从事新闻宣传工作人员参加业内新闻媒体组织的业务培训，并在公司内开展两期通讯员培训班，通过媒体专家授课指导加实战访谈采写的方式，对通讯员进行了新闻采访写作训练，增强了公司新闻采写力量。

5. 加强互动反馈，用身边事影响身边人

建立公司与集团新闻宣传中心之间的定期新闻线索通报、定期专题宣传策划互动机制，逐步形成三个设计院、设备成套中心等基层通讯员定期选题会惯例，加强联动宣传，提升宣传效果；围绕公司在经营生产、科技研发过程中涌现的优秀人物、团队和事件进行宣传报道。完成集团公司“两优一先”先进人物及党组织、见义勇为职工以及共青团十大代表人物通讯报道，激励公司员工立足岗位彰显作为，为祖国建功立业的奋斗精神。

（三）企业文化建设

公司为增强企业文化和品牌文化软实力，多筹并举促进企业文化落地。

1. 举办十周年文艺汇演，展现核工业人风采

“核绘强国　聚力行远”公司十周年文艺汇演均由公司职工自编自导自演，充分展现了中核工程人十年来自力更生、艰苦创业的奋斗历程和取得的成就，提振了士气、鼓舞了全体员工，坚定了公司全体职工不忘初心、强军强核、开创未来的信心和决心。

2. 双管齐下，增强公司的凝聚力与向心力

完成《公司企业文化落地实施方案》。将企业文化建设与公司生产经营管理、精神文明建设有机地结合起来，不断增强公司的凝聚力与向心力；完成企业文化系列读本编制、升版工作。以公司成立十周年为契机，汇编《一线故事会》《十佳员工风采集》两本员工读本，展示一线员工风采，为新征程凝心聚力；编制新版《公司产品与服务手册》，系统梳理公司产品服务体系；完成《VI 视觉手册》升版。

3. 开展品牌故事征集，获奖系集团公司内最多

开展集团公司改革开放 40 周年主题征文和中核品牌故事征集，宣团部制作的 H5 作品《我是第××位为中国核电工程有限公司十周年庆生的人》获一等奖，此外 4 篇精品文章、1 个优质视频分获二等奖、优秀奖，获奖数量系集团公司内最多。部分优秀作品收录《中核集团改革开放 40 周年主题故事集》《中核集团改革开放 40 周年品牌文化集》。

4. 借助展览、宣传片，推介清洁核能与品牌形象

公司“华龙一号”模型亮相中国国家博物馆2018年“伟大的变革——改革开放四十周年成就展”“中国首届自主品牌博览会展览”“国家军民融合两用技术交易展军工主题展”“中国国际军民两用技术博览会”“2018首届青岛军民融合科技创新成果展”等一系列国家级展览；依托宣传片、模型、发展史等宣传载体，蓄积品牌力量。拍摄并制作中英文公司形象宣传片及产品业务宣传片，以影像系统展示公司企业文化及品牌形象。

（供稿人：曾师斯）

第六部分　党、纪、工、团工作

一、党建工作

（一）召开党员代表大会

2018年，公司党委未组织召开党员代表大会。

（二）开展党的群众路线教育实践活动

根据中央和集团公司党组统一部署，2018年度专项开展党的群众路线教育实践活动。

（三）健全完善党建工作管理制度

2018年，公司党委制定、修订制度27项（同一制度一年内连续修订分别计算），无废止制度。

其中，新制定制度16项：包括《中国核电工程有限公司主要负责人履行推进法治建设第一责任人职责实施办法》、《中国核电工程有限公司党委意识形态工作责任制实施细则》、《中国核电工程有限公司荣誉体系管理办法》、《中国核电工程有限公司职工思想政治工作课题研究管理办法》、《中国核电工程有限公司党建工作考核评价办法》、《中国核电工程有限公司基层党组织工作经费使用管理实施细则》、《中国核电工程有限公司基层党委党组织工作经费保障办法》、《中国共产党中国核电工程有限公司委员会困难党员帮扶基金管理办法》、《中国核电工程有限公司干部交流管理暂行办法》（当年修订）、《中国核电工程有限公司党委管理干部能上能下暂行办法》（当年修订）、《中国核电工程有限公司中层干部综合考核评价管理办法》、《中国核电工程有限公司选人用人工作监督检查办法》、《中国核电工程有限公司干部任职回避和工作回避暂行办法》、《中国核电工程有限公司特级项目部党组织负责人岗位设置及考核管理办法》、《中国核电工程有限公司干部（科级）选拔任用工作管理规定》、《中国核电工程有限公司司务公开办法》。

修订制度11项：包括《中国核电工程有限公司党委会议事规则（版次：3、4）》（当年修订2次）、《中国核电工程有限公司党委工作规则（版次：3）》、《中国核电工程有限公司党委理论学习中心组学习制度（版次：5）》、《中国核电工程有限公司关于基层党支部“三会一课”制度的规定（版次：3）》、《中国核电工程有限公司党委党费收缴、使用和管理工作规定（版次：3）》、《中国核电工程有限公司党委管理干部能上能下暂行办法（版次：2）》、《中国核电工程有限公司干部交流管理暂行办法（版次：2）》、《中国核电工程有限公司基层党组织机构设置及人员配备管理规定（版次：2）》、《中国核电工程有限公司干部管理工作暂行办法（版次：3）》、《中国核电工程有限公司干部（处级）选拔任用工作管理规定（版次：6）》。

（四）加强基层党组织和党员队伍建设

一是压实党建工作责任。发布《公司党建工作考核评价办法》，明确将考核结果按20%权重应用于单位综合考核成绩中，并完成了首次考核。建立基层党组织活动数据库，定期检查“三会一课”制度落实情况。实施党建工作督查，按计划对10个基层党组织开展了督查。

二是建设坚强有力组织。完善工作制度，优化各级党组织、党务工作机构和人员设置要求；修订《党费收缴、使用和管理规定》，推进党费管理更加规范、明晰、高效。建设中核集团首个“党建书苑”，打造党员学习教育“红色充电站”15个。严把党员发展入口关，加大党员发展材料审核力度，年内发展党员53人。推动完善“核聚党建”培训体系，组织培训班6期，覆盖党组织负责人、组织委员、党务工作者、普通党员等388人次，较2017年增加236人次；发布《党建工作指导手册》，加强党务工作人员实操指导。

三是推动党建生产相融合。对公司党建和生产经营制度进行清理，并列出制度清单和完善计划，推进党建和生产经营融合在制度、体制和工作中。引导党员在改革发展中建功立业，年内评选“两优”人员 80 名，并开展 6 场宣讲活动；在公司专项工程攻关、“华龙一号”设计优化、数字化核电设计和 R 项目力学计算等重点领域成立党员突击队。建立涉密岗位党员群众联系机制，有效宣传党的保密政策。组织开展了“筑牢安全生产首道防线”党支部主题活动，推进安全生产各项工作落到实处。

（供稿人：卜庆阳）

二、纪检监察工作

（一）制度建设

公司对现有的反腐倡廉制度进行梳理，按照中央和集团公司党组有关党风廉政建设的新要求，及时发布新制度和对现有的制度进行修订升版。2018 年，新发布《中国核电工程有限公司职能管理部门监管职责履职监督管理办法》《中国核电工程有限公司纪检监察干部考核管理规定》《中国核电工程有限公司特级项目部纪检监察专员派驻制实施办法》《中国核电工程有限公司员工商务往来行为规范》等制度，升版《中国核电工程有限公司纪委工作规程》《中国核电工程有限公司干部任职前征求纪检监察意见实施办法》等一系列制度，确保公司党风廉政建设工作的开展有章可循、有法可依。

（二）反腐倡廉宣传教育

公司开展“以政治建设为统领，深入推进六大建设”为主题的反腐倡廉教育月活动，全公司共计安排专题学习《中国共产党纪律处分条例》等活动 386 次，7 500 余人参加；组织 2 800 余人次观看廉政警示教育片；2018 年认真贯彻执行公司《谈话制度实施办法》，组织对公司新提任干部进行廉洁谈话 75 人次；充分发挥集团公司通报案例的警示作用，组织公司科级以上干部视频参加警示大会，并在各基层党组织传达学习；发挥身边人身边事警示教育作用，及时将公司纪委查办的典型案件以支部为单位进行专题警示教育；组织开展以“守规矩，讲纪律，做合格党员”为主题的纪委书记讲党课警示教育活动，对照新版纪律处分条例，公司纪委书记带头共计开展26场党课宣讲，覆盖公司全体党员和关键岗位，强化不敢腐的震慑。通过一系列举措，持续强化各级干部理想信念，进一步筑牢反腐倡廉思想防线，增强不想腐的自觉。

（三）配合巡视整改监督工作

巡视期间，公司党委、纪委把配合巡视作为首要政治任务，组织公司纪委办公室和有关部门精干力量，专人专责，全力做好“两个巡视”配合工作。2018年2月，中央第十巡视组进驻集团公司后，公司纪委组织各单位按时向中央巡视组汇总提交各类材料92项套；6月，集团公司巡视组进驻公司后，公司纪委组织相关单位按时向巡视组提交材料26批次500余项，工作成效得到巡视组好评。

整改期间，公司纪委认真履行监督责任，把巡视整改监督视为政治监督的重要体现。一方面按时完成自身牵头负责的55条整改措施和9起问题线索核实工作；一方面针对“两个巡视”分别制定发布监督责任方案和实施细则，统筹运用公司两级纪委监督力量开展全过程、全领域督导检查，共牵头对各基层党委、公司办、宣团部等职能部门和业务板块“两个巡视”整改督导检查33次，对发现问题及时指出，现场督促、指导整改，推动巡视整改做实做细。

（四）专项治理工作

2018年，公司对设备成套中心和华东分公司针对“六个围绕”开展例行巡察，对郑州分公司、田湾项目部等单位开展“四风问题”和合同发包问题专项巡察，将发现问题及时反馈督促整改。公司纪委统筹开展巡察检查工作，2018年针对巡视整改工作、“七个有之”问题、职能部门监督责任落实、中层干部落实“一岗双责”和合同管理、工程基建、资产处置等专题开展各类监督检查共56项次，并归纳形成问题清单，指导完善后续工作。通过多维度创新开展监督，将全面从严治党压力传导到基层，使党员干部和职工群众感受到纪律和规矩约束的权威。

（五）信访案件处理

纪律审查是党章赋予纪检监察机构的神圣职责，是严肃党纪、惩治腐败的重要任务和手段。2018 年，公司纪委对收到的问题线索全部依规依纪按时分类给予处置，转交相关责任部门或开展初步核实工作。对执纪审查中发现的违规参加承包商组织的娱乐活动和超标乘坐头等舱等违规违纪问题严肃查办，释放执纪必严强烈信号，并将处分情况及时通报，以支部为单位开展警示教育，用身边事教育身边人。公司纪委每季度对问题线索进行分类统计、分析，把握趋势、改进工作，并及时向公司党委报告情况，接受工作指导。

（供稿人：张一之）

三、工会工作

（一）职工民主管理

（1）2018 年 1 月，召开公司第二届四次职工代表大会，听取审议了公司年度工作报告和公司年度财务工作报告，并审议通过《中国核电工程有限公司薪酬管理制度（版次：2）》《职代会提案征集情况报告》《公司劳动争议调解委员会成员职工代表名单》。民主评议了公司领导干部及班子成员，监督领导干部不断改进工作作风和方法，促进了领导干部职业素质提升，融洽了干群关系。会上，向所有职工代表通报职代会提案征集情况，在民主管理的基础上实现的进一步的迈进。

（2）针对公司第二届四次职工代表大会上收到的 86 份提案，2018 年 1 月，组织召开了职工提案领导小组会议，最终确定立案提案 18 份、非立案提案 68 份。并于 9 月完成了所有立案提案的办理及公示工作以及部非立案提案的答复工作。

（供稿人：宋　鹏）

（二）关心职工生活

（1）公司工会始终坚持把实现好、维护好、发展好职工群众切身利益作为开展工作的根本出发点和落脚点，充分体现了工会表达和维护职工合法权益与民主权利，全心全意为职工服务的宗旨，公司工会认真做好扶贫帮困工作。在春节和国庆节期间，分别开展了“送温暖”活动和对困难职工进行补助工作，共对34名困难职工进行补助，补助金额共计10.5万元；共帮扶特困职工和家属6人，帮扶金额共计536 036元，走访慰问困难职工112人次、购买慰问品6万余元。

（2）加强公司职工餐厅的民主化管理，强化饮食卫生管理工作和食品安全的监督管理，提高膳食管理水平和餐饮工作人员的服务质量，改善餐厅就餐环境，2018年4月，公司成立了新一届膳食委员会，由公司副总经理、工会主席李强任主任，工会办公室主任齐安生任副主任，针对餐厅出现的问题召开2次膳食委员会会议，积极反馈公司职工对食品安全及环境方面提出的问题，予以妥善解决。

（3）公司工会组织《春雨润海淀，慈善暖人心》募捐活动，活动得到公司党政领导的高度重视和职工的积极支持，共计捐款8万元。

（三）积极开展各项文体活动

（1）第七届职工运动会。来自公司所有基层（分）工会组成的34支代表队（其中两支联队），1 800余名运动员参加了此次运动会。北京核工程研究设计院获得团体总分第一名，北京工业研究设计院获得第二名、北京核化工研究设计院获得第三名。郑州分公司、设备成套中心、华东分公司、田湾项目部、河北分公司获得优秀组织奖。

（2）“聚核力·创团队”的拓展训练比赛。公司76个代表队，近700名职工参加。“背夹球接力赛”项目中，北京核工程研究设计院一队获得冠军；信息文档部、施工中心获得亚军；人力资源部、北京核工程研究设计院三队、运行技术服务中心获得季军。在“巧接球”项目中，北京核工程研究设计院一队获得冠军；监察审计部、经营开发部获得亚军；科技部、北京核工程研究设计院二队、北京核工程研究设计院三队获得季军。在“摸石头过河接力赛”项目中，北京工业研究设计院一队获得冠军；北京核工程研究设计院二队、北京核工程研究设计院三队获得亚军；运行技术服务中心、北京工业研究设计院二队、建造管理中心获得季军。

（3）“最用心的‘三八’妇女节活动献给最美的你”系列活动。包括表彰先进女职工活动，评选了 2017 年度 30 名“巾帼建功标兵”；女职工“欢乐跳绳”活动，来自公司各单位的 1 000 余名女职工踊跃参加，充分享受跳绳带来的欢乐；“情系女职工　法在你身边”送法律活动，为每位女职工送上一份法律知识微手册，鼓励女职工多学习，关注自身合法权益，做现代知识性女性；“关爱女性　关爱健康”答卷活动，通过答卷，使她们增长了健康知识、养生保健知识，懂得注重关爱身体健康；组织各基层（分）工会精心准备祝福语送给女职工，让每个女职工都感受到来自集体的温暖。

（4）“技能成就梦想”主题劳动竞赛活动。公司 30 个基层（分）工会积极参与，共组织 61 项劳动竞赛活动。深入贯彻党的十九大精神，按照习近平总书记“建设知识型、技能型、创新型劳动者大军，弘扬劳模精神和工匠精神，营造了劳动光荣的社会风尚和精益求精的敬业风气”“劳动最光荣、劳动最崇高、劳动最伟大、劳动最美丽”的重要讲话精神。

（5）“读好书　求新知　促发展”为主题的读书比赛活动。围绕“职工电子书屋”内 300 种期刊、1 000 册图书、300 种报纸开展征文，共收到 75 篇作品，经评委选出 18 篇优秀作品在公司局域网进行宣传学习，鼓励广大职工多读书、读好书，品书香、增知识，不断提高职工队伍整体素质。

（6）消夏电影晚会活动。组织近 200 名职工在公司天井观看电影，丰富了职工的业余文化生活，缓解了职工的工作压力，实现了为职工群众更好的服务。

（7）积极开展系列培训活动。包括组织开展 2018 年职工代表培训活动，共计 187 名职工代表参加了培训；组织开展“怎样当好基层工会主席”的工会干部培训活动，共计 83 名工会干部参加培训；组织开展工会干部专题学习会，公司工会委员会委员、经费审查委员会委员及工会工作人员 16 人参加了学习。

（8）公司各协会组织了各项比赛活动。包括公司第八届“核能杯”足球联赛；公司第七届“核聚杯”篮球联赛；公司第三届羽毛球比赛；公司第五届台球比赛；公司第一届游泳比赛。此外，相关协会还参加了海淀区八里庄街道“玲珑杯”首届地区运动会乒乓球及羽毛球比赛、第二届“中关村杯”海淀区足球超级联赛、2018 年海淀区重点企业网球交流赛（秋季赛）、集团 2018 读书成果分享会等活动。

（四）评选表彰

2018 年，在公司党委和行政的领导下，各单位女职工积极投入到公司的各项发展中，涌现出了一批兢兢业业、无私奉献，在各自岗位中做出突出贡献的先进个人。为表彰先进、树立典型，推动公司的蓬勃发展，表彰在公司科研、管理、服务等工作中开拓进取，自强不息，为公司的改革与发展做出积极贡献的先进女职工典型，公司工会决定授予田玲瑜等 30 名女同志 2017 年度“巾帼建功标兵”荣誉称号。

（供稿人：杜晓颖）

四、共青团工作

（一）思想引领

2018 年，公司团委着重强化思想政治引领的方式方法，根据公司青年员工特点，分层次、有重点的进行思想政治教育，逐步掌握青年话语体系。先后采用带头学、集中学、辅导学、竞赛学的方式，帮助团员青年学习习近平新时代中国特色社会主义思想和党的十九大、团的十八大精神，深刻理解其丰富内涵、精神实质和实践要求，紧密结合公司实际学而用、学而行。一是成功推荐公司青年当选为中核集团在京单位唯一的团十八大代表，并推出《“少年老成”赵庆南：不追随的大智慧》一文，及时报道了共青团新闻联播专访赵庆南的特别节目，用身边的人和事感召青年，切实起到了外树形象，内聚人心的作用；会后，迅速印发《学习贯彻团十八精神活动方案》，编制了《团的十八大精神学习资料汇编》手册，组织召开“团代表面对面”团十八精神宣讲会，并在公司党委中心组学习会上做了专题汇报，同时带领团十八代表走进原子能科学研究院、中核财务等地分享参会感悟。为进一步巩固学习效果，联合八里庄街道团工委，组织 20 余名青年走进社区青年汇，以当下流行的思维导图作为学习工具，开展“青春路标——思维导图带你学团十八大”活动。二是依托公司团委微信平台，组织开展“青年大学习”活动，推出应知应会 100 题，同时开展“青年大学习”网络知识竞赛，活动期间参与 4 113 人次，转发分享达 1 516 人次，知识点传播 49 858 次，营造了良好的学习氛围。三是在建党 97 周年之际，组织团员青年集中观看了特别奉献的“走心”党课话剧《谷文昌》，聆听谷文昌同志严于律已、廉洁奉公的故事；并组织青年参加由海淀团区委主办的“新语新时代”诵读活动，共同学习《之江新语》中的经典篇章。四是开展学雷锋纪念日活动，组织青年参观“雷锋——一个汽车兵的故事”主题展览，朗读雷锋日记，争做新时代的雷锋。

（二）创新创效

公司团委将团的工作和公司生产经营中心工作相结合，以价值创造为导向，着力提升团组织的核心贡献能力，成为了党政工作的有力补充，真正把团组织打造成公司核心竞争力的有机组成部分。2018 年，公司 2 支青年突击队获得了集团公司“强军青年突击队”和“金牌突击队”荣誉称号，1 个青年安全生产示范岗受到了集团公司命名表彰。同时，公司“青年突击队”和“青年安全生产示范岗”品牌活动再创新高，共成立了 45 支青年突击队，创建立项了 24 个“青年安全生产示范岗”。此外，以青年技术与管理创新创效活动为重点，通过开展青年创新论文征集评选活动和青年创新项目评选活动，切实激发了青年的创新热情；并以“安全生产月”为契机，开展了知识竞赛活动，引导青年员工积极投身于安全生产，增强安全意识和技能，争做安全的倡导者、实践者和宣传者。

（三）成长成才

针对公司青年员工成长成才的迫切需求，公司团委以服务青年为根本任务，将青年的需求作为团青工作的动力、方向和重点，为青年代言，为青年排忧解难。一是开设了“核聚讲堂”，2018 年，分别邀请工业院副院长宋建军和集团公司首席专家、公司总工程师邢继以《从田湾项目看设计》《科技发展与创新》为题，向青年传道、授业、解惑；二是在“青年活动月”中，通过开展纪念五四运动 100 周年益智类极限挑战活动，“我与团旗合个影”活动、“以奋斗 · 致青春”青年文化作品征集活动、“激昂青春扬壮志，共建美好八里庄”主题演讲比赛等系列活动，形成横纵交流、上下联动的青年文化特色；三是积极探索履行社会责任与实现青年自身价值的有机结合，开展了志愿献血活动，活动当天，共有 190 名员工加入了献爱心的行列，共献血 33 700 mL，展现了中核热血，有效缓解京区血库紧张的局面；四是联合人力资源部编制设计《新员工入职温馨提示手册》，并在新员工入职当日，为新员工配备入职导师，现场设置温馨解答台；五是帮助青年拓宽婚恋交友渠道，一方面结合情人节、七夕及双十一等节日，多次组织小规模单身青年开展主题活动，另一方面联合北汽集团、八里庄街道、清华大学、海淀实验小学等单位组织青年联谊活动，全年共承办及组织 11 次联谊活动。

（四）凝聚青年

公司团委将加强企业文化和核工业传统精神的学习作为团青工作聚心强基的根本，引导广大青年成为优秀文化的学习者、践行者和推动者。一是在公司成立 10 周年之际，举办了“核绘强国 · 聚力行远”文艺汇报演出，通过自编、自导、自演的原创节目，弘扬和传承了“四个一切”核工业精神和“两弹一星”精神，展现了中核工程人十年来自力更生、艰苦创业的奋斗历程和取得的成就，坚定了青年员工不忘初心、强军强核、开创未来的信心和决心，晚会当晚推送的《核绘强国 · 聚力行远——中核工程群星闪耀》新闻消息，阅读转发达 8 576 次，微信平台留言不断，极大地提升了中核工程人的自豪感与归属感；二是以提升青年员工对“两弹一星”精神、“四个一切”核工业精神的理解与认识为目的；6 月，组织团员青年收看核工业第一批厂矿创建 60 周年电视片《解密核巨变》；9 月，组织青年党员赴核工业科技馆参观学习，了解核工业发展历程、前沿技术的发展现状及趋势；10 月，邀请核工业创业的亲历者、“两弹一艇”研制见证者、“四个一切”核工业精神提炼者郑庆云揭秘核工业“初心”，学习老一辈和新时代优秀核工业人的感人事迹和崇高精神。

（供稿人：田益凡）

第七部分　分支机构

一、郑州分公司

（一）2018年全年工作总体评价

日月经天，江河行地。2018年是贯彻落实党的十九大精神的开局之年，是改革开放40周年，也是郑州分公司全面提升综合实力与核心竞争力的关键一年。一年来，郑州分公司深入学习贯彻习近平新时代中国特色社会主义思想和党的十九大精神，在公司党委的坚强领导下，全面加强党的领导，履行强核强军神圣使命，深入践行新发展观念，矢志不渝强化科技创新，坚守安全、质量、保密、廉洁底线红线，广大干部职工牢记使命，奋发进取，各项工作取得了新进展、新成绩，展现了新气象，打开了新局面。

（二）组织机构设置

2018年，郑州分公司设党委书记、总经理1名，党委副书记、纪委书记1名，总工程师1名，分公司副总经理4人、分公司副总工程师4名。下设：

综合办公室、人力资源部、财会部、经营合同部、技术质量部、项目管理部、三维信息档案中心、党群工作部、监察审计部9个职能管理部门；

核电工艺设计所、电气仪控设计所、土建设计所、核工程研究设计所、民用建筑研究设计所、技术经济所、岩土工程所、实物保护技术研究所、核技术应用与无损检测研究所、工程管理部、MOX项目部11个生产科研单位，组织机构如图7-1所示。

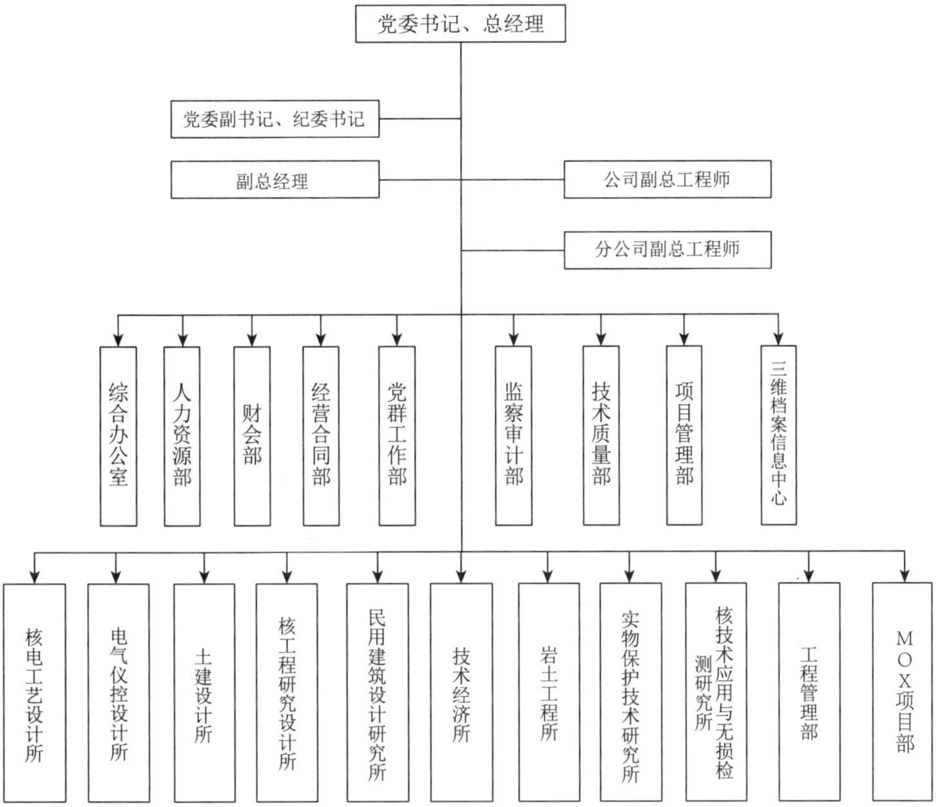

图 7-1 郑州分公司组织机构

（三）人力资源部情况

截至 2018 年年底，郑州分公司在岗从业人员 853 人（合同制 551 人、借调 48 人、劳务派遣和技术服务 254 人），其他人员 4 人。其中：职能管理部门 77 人，科研生产单位 765 人，借调总部及现场人员共 11 人。

（四）着力稳中求进，主要经济指标创历史新高

2018 年，郑州分公司签订合同 10.2 亿元，完成内控目标的 143%，同比增长 36%。实现财务收入 9.075 亿元，完成公司下达目标的 110%，同比增长 16.3%，其中：集团外收入 2.398 5 亿元，完成公司下达目标的 110%，同比增长 21.14%。实现利润总额 2.181 6 亿元，完成公司下达目标的 199%，同比增长 58%。

郑州分公司经济效益保持稳步较快增长，主要经济指标创历史最好水

平，连续三年获公司考核 A 级，为公司发展做出积极贡献。

（五）着力质效并举，全面完成科研生产任务

郑州分公司高度重视自主创新，加强关键技术攻关，分公司各级攻坚克难，齐心协力，科研项目关键节点全部按计划完成，取得一批重要的科技成果。

（六）统筹兼顾，各项生产任务高标准圆满完成

1. 核工程业务优势地位稳固

（1）核燃料元件领域

继续牢牢掌握核燃料元件生产线设计领域的主导权，科研设计能力覆盖国内所有生产线。三门核燃料产业园和沧州核燃料产业园项目建议书通过厂院审查；小型化干法转化技术取得新突破，试验样机运抵现场、具备单体调试条件。积极开拓海外项目，开展了乌克兰、巴基斯坦等项目前期工作。

（2）三废及退役

人才梯队初具规模，具备了完成大型废物治理项目的能力，承接项目规模实现历史突破。2018 年，完成了核电站废旧金属熔炼施工图设计；某生产线退役项目和江南厂区废弃含汞设施退役项目建议书通过集团公司评审。

（3）集团外核项目

继续加强与中国工程物理研究院、中国科学院等单位的合作，积极开拓中船重工等集团外市场；高质量完成高温气冷堆燃料元件用天然石墨粉体工程项目建议书编制及合 02 工程生产、辅助配套厂房、中船重工 X 射线探伤室等项目施工图设计。

2. 核电设计业务取得积极进展

面对堆型多、任务重的局面，郑州分公司勇于承担，加强过程管控，确保了各工程进度节点按期完成，按计划完成田湾核电 5、6 号，福清核电

5、6 号，K2/K3，漳州核电，海南核电 3、4 号，徐大堡核电 1、2 号核电机组等项目节点设计任务。高度重视现场技术服务，不断加强现场设计代表力量，在役电站技术服务业务稳步增长；完成了田湾核电等造价咨询工作；田湾核电 3、4 号核电三维数字化交付项目取得突破性进展。

3. 民用建筑与岩土勘察业务保持良好势头

（1）民用建筑设计业务实现可持续健康发展

在房地产跌宕起伏的市场环境下，郑州分公司继续拓展了郑州地区乃至国内的市场份额，保持了民用设计业务的特色和亮点。全年设计规模 600 余万平方米，新签订合同 1.42 亿元；稳固了恒大、万达、地方政府城投的主要合作伙伴关系；完成了郑州高新万达广场、新乡恒大御府等 50 余项工程设计任务。

积极培育核心竞争力，装配式建筑设计全面展开，BIM 技术应用进一步推广，二星级绿色建筑设计分析、复杂公建二次机电等技术应用于多个实际工程；建筑方案创作、基础能力建设方面取得成效，建筑方案设计合同突破 1 000 万元。此外，设计质量服务得到业主进一步认可。

（2）岩土勘察业务取得较大进展

全年完成了多个技术要求复杂、勘察难度较高的重大军工专项任务；重点开展了田湾核电 5、6 号机组、霞浦核电等多个核电项目勘察任务；正商地产等多个民用项目的勘察任务进展顺利；积极开展了深基坑、高边坡等技术难度较大的岩土设计，提高了分公司岩土勘察技术能力。

4. 工程总承包业务再上新台阶

2018 年，郑州分公司承担了技防三期、K2/K3 等多个项目的工程总承包及项目管理工作。在建项目规范运作、精细管理，进展顺利，全年未发生安全质量事故事件。

组建特级项目部 1 个，总包管理工作有序开展，运转良好。

多个重要项目等顺利通过决算审计及竣工验收；福清核电 5、6 号机组及 K2/K3 项目等工程进展顺利。

（七）着力管理提升，推动分公司科学发展

1. 战略规划及 JYK 管理体系不断完善

2018 年，评估、修订了《郑州分公司“十三五”发展规划》，参与编制了《新时代核工业工程建设和装备制造中长期发展规划》《核军工中长期发展规划》，为分公司战略发展指引了方向。公司总部下达 JYK 重点任务全部按期或提前完成；开展了内部 JYK 加分项任务导向探索，有效激励了各部门能力的提升。

2. 市场开拓及合同管理成效明显

按照“以经营为龙头”的工作理念，持续深化经营工作，取得较好经营效果，郑州分公司年度合同额再创历史新高。

加强合同管理，对 2014 年以前的历史收费合同尾款进行了催收，取得较好效果，全年收款 2 462 万元；严格合同发包审批程序，升版了合同管理及合同发包管理的相关规定；做好招投标管理，顺利实施了 80 余项招标、非招标项目；建立了分公司法律风险防范体系，聘请了专业律师担任外聘法律顾问，加强了合同领域重大问题和疑难问题的科学决策机制。

3. 设计管理能力较大提升

合理调配各板块任务和人力资源，加强计划和接口管控，强化技术体系，有效化解设计风险；积极开展集中攻关，为郑州攻关基地做好后勤保障，优先保证专项工程受控良好运行；完善管理体系建设，发布了分公司《核电项目产值分配指导原则》《重大军工项目专项奖分配管理办法》；持续推动管理信息化，接口管理系统上线运行；实施设计项目分级管理，保证了重点任务按期完成。

4. 技术管理工作取得新成果

积极采取多种方式，增加技术积累，满足科研、勘察、设计等工作的需要。2018 年度获得中国核能行业协会进步二等奖 1 项、中核集团科技进

步三等奖 2 项；获得省部级优秀工程设计、咨询、勘察、软件奖 21 项；授权发明专利 7 项，授权软件著作权 12 项，完成 GF 报告 41 篇，完成成果鉴定 6 项；上报科技成果转化项目 9 项，转化净收益 600 余万元。

5. 人力资源管理水平持续提升

加强薪酬管理，员工收入稳步提高；积极开展薪酬体系调研，编制薪酬改革方案，做好薪酬改革的各项准备工作；强化员工保障，完善员工商业保险；加强用工管理，完成优秀技术服务员工转劳动合同制用工；深化课程体系开发建设，组织实施课程开发实战训练培训，完成 180 余门课程开发任务；深化全员培训，组织完成各类培训 546 项，人均继续教育 76.43 学时，培训覆盖率达 97.40%；完成 118 名人才招聘及优秀人才引进，为郑州分公司发展提供了人才保证。

6. 财务管控能力不断提高

强化成本费用和“两金”控制，加强预算执行监控和经营指标预测分析，确保郑州分公司经济持续增长。将集成资金转存定期，依法理财，实现年度利息收入目标；根据集团公司巡视及专项审计、“五项费用”检查整改要求，完成了财务专项整改和清缴工作；完成“压两金、控成本、降杠杆”往来账清理清查核实专项工作，全年清理清查核实往来款项 2 740 万元；被公司总部授予“2017 年度财务决算优秀单位”。

7. 质量安全形势总体平稳

按计划开展了三体系内审和专项质保监查，通过了集团公司、公司总部及核工程项目业主的质量监督检查；积极推动核安全文化建设工作和质量综合提升工程，持续推动经验反馈分级分类管理，获公司评选三等奖；QC 小组活动获省部级及以上奖励 7 项；郑州分公司被授予“河南省勘察设计行业质量管理小组优秀企业”。

深化落实安全目标，持续完善制度体系，加强各级安全管理力量，落实安全管理责任，严格落实安全风险管控措施，积极组织现场安全监督检查，深入开展消防、交通安全等消防演练、安全生产月等专项安全活动，严抓细管，分公司安全环保风险总体受控。

8. 信息化及三维数字化水平大幅提升

持续优化核工程设计协同系统，民用工程设计协同系统线上试运行；涉密广域网取得国家保密局运行使用许可证；搭建完成郑州攻关基地网络和软硬件条件；三维设计管理系统实现在“华龙一号”、AP1000、小堆项目上的应用；自主研发的多专业三维模型集成验证系统、三维组态控制系统实现在某专项工程上的应用。

9. 保密保卫各项工作有效落实

严格执行新标准，完善郑州分公司保密管理机制，强化归口管理，持续推进保密管理与业务发展深度融合；围绕国家重点专项工程，落实了保密监督检查，消除各类安全隐患。开展了军工涉密业务咨询服务单位条件备案取证的调研、培训等各项准备工作。开展了一系列保密及国家安全宣传教育，提高了涉密人员安全保密和反间防谍意识。全年未发生失泄密事件。完善了各类应急预案，落实科技强勤要求，开展了警民共建、共防，切实保障了科研设计工作的有序开展。

10. 综合行政管理水平有效提升。

加强规章制度管理，提升了郑州分公司管理制度体系信息化建设水平；发挥膳食管理委员会作用，加强对员工意见的整改和反馈，员工满意度较去年明显提高；做好公共设施的维护和保养，确保科研试验楼安全运行；完成了固定资产盘点与台账建立，利用固定资产管理软件对分公司固定资产实施动态化管理；按照要求，较好完成了各项接待任务。保证了各项工作的良好运行。

（八）围绕发展中心，党建和群团工作呈现新气象

1. 全面加强党的建设

强化政治思想引领。积极发挥党建把方向、管大局、保落实作用，为实现郑州分公司良好发展提供坚强政治保证。持续加强理论学习和形势任

务教育，不断提升党员、干部职工政治理论素养；结合分公司实际，深入学习贯彻习近平新时代中国特色社会主义思想和党的十九大精神；党建书屋建成投用，为广大党员创造思想学习教育平台。

夯实基础建设。完善党建工作考核体系，将党建工作内容纳入 JYK 考核任务项；发布《分公司党建工作责任清单》，层层压实党建责任；成立 MOX 项目部党支部和四〇四厂现场临时党支部；规范党员发展流程，严格党费管理，组织专兼职党务工作者赴红色教育基地培训；多人次获得河南省国防科工局、公司总部“优秀党员”称号。

加强思想宣传文化建设。坚持正确舆论导向，发布了《分公司党委意识形态责任制实施细则》；弘扬“两弹一星”、核工业精神，传承红色基因，举办了“牢记使命、我们都是追梦人”文艺汇演，提振士气、鼓舞信心；河南日报整版对郑州分公司进行宣传，建立了分公司微信公众号，凝聚思想共识，大力塑造分公司积极向上正能量。

抓好专业化干部队伍建设。建立分公司干部动态信息资料库，梳理干部配置现状，结合实际岗位需求和工作需要，针对不同层级干部拟定工作方案，加快年轻干部选拔培养力度，进一步推动选人用人工作制度化、规范化、科学化。

2. 不折不扣抓好巡视整改

积极配合中央第十巡视组延伸巡视、集团公司党组第一巡视组的巡视工作。巡视期间，按时提交有关资料和撰写相关报告；整改阶段，成立了整改工作领导小组，全体领导干部职工真认账、真整改、真负责，全力推进整改工作落实落地，在集中整改期内按时完成预定目标。截至 2018 年末，“两个巡视”整改工作全部按计划进行，完成率 90. 07%。

3. 强化执纪问责

深化运用监督执纪“四种形态”，抓早抓小，防微杜渐，紧盯工程建设等重点领域，主动作为，靠前监督，对 2013 年以来合同发包等重点工作开展问题清查整改工作；以钉钉子的精神改进郑州分公司干部、党员作风，坚持零容忍态度惩治腐败，对各类违纪违规问题保持高压、形成震慑，落实不敢腐的惩戒机制，不能腐的防范机制，不易腐的保障机制。

4. 提升群团工作成效

关心职工群众，坚持领导接待日制度，落实年度为职工办十件好事、实事；首次开展直系亲属医疗报销工作，为 32 名员工供养直系亲属医疗补助金额 70 818 元，2018 年度共慰问职工 71 人次，给予慰问费（慰问品）21 201 元；为困难职工发放补助金 2.6 万元；成功举办郑州分公司第七届职工运动会，鼓励各分工会积极开展特色活动，各分工会开展了广播操比赛、登山比赛、健康大步走、广场舞比赛等。同时，分公司积极做好了退休职工的管理和服务工作。

坚定理想信念，唱响青年主旋律，2018 年度 3 个项目分别获得公司青年创新一、二、三等奖；深耕“号、手、岗、队”青年品牌，推优树典，充分发挥青年榜样力量；组织开展青年联谊会、迎新活动、网络歌手大赛、主题团日等各项丰富多彩的活动，展现了分公司广大青年的新面貌、新气象、新作为。

（供稿人：胡仙凤）

二、河北分公司

（一）2018 年工作总体评价

2018 年，是中国改革开放 40 周年，公司总部成立十周年，也是河北分公司全面贯彻十九大精神、实施十三五规划、推进改革发展的一年。一年来，在公司总部的正确领导和亲切关怀下，在总部各部门的大力支持和帮助下，河北分公司正确把握发展的方向和重点，团结拼搏、砥砺进取，坚持全面从严治党，做好两级巡视整改各项工作，党建工作与党风廉政建设卓有成效；强化使命担当，核军工项目重大节点顺利实现；生产项目有序推进，2018 年度重点任务全面完成；科研能力不断增强，科研任务不断增加；创新发展举措，管理水平持续提升；财务指标平稳运行，经济效益稳步增长；廉洁、保密、安全、质量整体受控，全年未发生违法、泄密事件。全体员工顽强拼搏，砥砺奋进，为完成全年工作任务付出了艰苦的努力，为推动河北分公司综合实力再上新台阶做出了应有的贡献。

（二）组织机构设置

河北分公司下设党群工作部、综合办公室、设计管理部、人力资源部、财务部、技术质量部、档案信息中心、监察审计部八个管理部门；核电工艺所、电气自动化所、建筑结构所、电力工程研究设计所、核工程研究设计所、工程经济所、工程部七个生产单位，组织机构如图 7-2 所示。

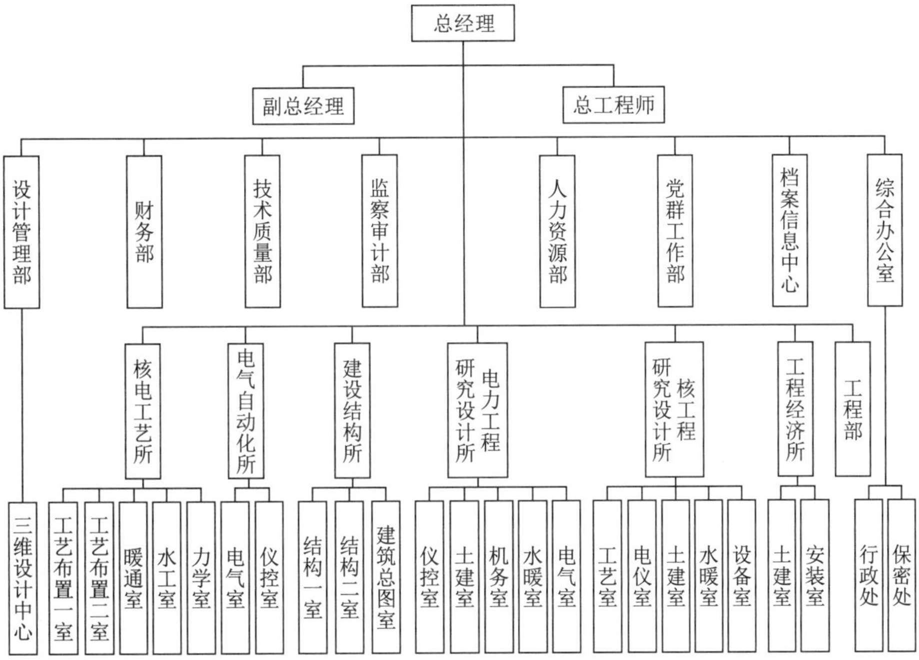

图 7-2　河北分公司组织机构图

（三）人力资源情况

2018 年年末，河北分公司员工共计 497 人，其中设计、科研、设计管理岗位 438 人，管理岗位 59 人。

职称情况：研究员级高级工程师 23 人、高级工程师 148 人、工程师 151 人、助理工程师及其他 175 人。

资质情况：在 497 名员工中，59 人拥有 A 类个人资质 13 类 67 项。

（四）深入推进全面从严治党，党建与廉政工作卓有成效

1. 落实党建工作责任，全面从严管党治党

重视工作部署，加强重点工作的跟踪与督促，确保责任落实。加强班子建设，严格贯彻双重组织生活制度，接受党内外监督。坚持民主集中制，严格落实党委研究讨论重大问题的程序要求，加强对权力运行的监督和制约。将党委会决议行动项的完成情况纳入JYK考核体系，推动党委主体责任的有效发挥。成立党群工作部，健全党组织工作机构。推动党建与业务工作融合，将党建与生产经营工作同研究、同部署、同考核，各单位分别制定了党建工作与业务融合实施方案并认真组织实施，以党建促生产。

2. 加强思想建设，牢固树立“四个意识”

落实意识形态工作责任制，坚决做到“两个维护”，在政治上、思想上、行动上同党中央保持高度一致。通过开展领导班子带头讲党课、省委党校教授专题辅导、各党支部专题学习、“十九大精神”应知应会测试以及线上微党课等多种方式，实现了十九大精神与习近平新时代中国特色社会主义思想对党员的全覆盖与持续学习。发挥党委理论学习中心组的火车头作用，将理论学习与业务工作相结合，以形势任务教育和思想政治工作带动河北分公司业务开展。结合“两学一做”推动全员学习，开展“我是党员走在前”等七一系列活动，引导党员按照“四讲四有”标准，做到“四个合格”。

3. 立即响应、全面自查，稳步推进两级巡视整改工作

及时传达部署了巡视整改会议精神，成立了有效的整改工作机构，制定了整改工作方案并进行全面部署动员。对巡视反馈意见举一反三，全面开展分公司横向自查自纠工作，形成150项“两级巡视”整改“四单一表”台账，通过日常检查、突击抽查、定期汇报的方式加强监督检查，并以巡视整改为契机，推进河北分公司扬长补短、固强补弱。河北分公司配合公司总部整改工作（4项）全部完成；自查整改完成141项，其余9项正按计划推动中，整改完成率93.4%。

4. 坚持正风肃纪，深入推进党风廉政建设和反腐败工作

将党风廉政建设共性及专项指标纳入年度考核，倒逼“两个责任”和“一岗双责”落实。找准关注要点，积极构建不能腐防范体系，落实不敢腐的惩戒机制，不想腐的保障机制。强化监督职责，推动巡视、巡察问题整改落实。紧盯关键领域，开展年度审计，并对合同发包等重点环节进行自查整改。坚持问题导向，充分运用“四种形态”，形成震慑。净化政治生态，狠抓作风建设，开展整治“四风”专项工作。创新形式开展反腐倡廉教育，引导干部职工筑牢廉洁从业底线，共同营造风清气正的政治生态。

5. 以党建带动工会、团建工作

加强职工民主管理，制定《分公司职工代表大会提案管理办法》并全面征集提案，组织职工代表大会讨论通过《职工薪酬套改方案》。实现技服派遣员工加入河北分公司工会，体现分公司关怀。对生病、生育、困难职工和设代家属慰问共计 71 次，开展送温暖和帮扶工作，使广大员工感到分公司的温暖。组织河北分公司第五届职工运动会，积极开展太极拳、拔河、厨神大赛等活动，丰富职工业余生活。全面落实党委“从严治团”要求，积极做好支部换届选举工作。开展团员摸底登记，健全分公司团员基本信息台账。

6. 以宣传舆论为抓手，以正面宣传促思想建设

组织举办“学习十九大，颂歌献给党”暨河北分公司成立十周年红歌赛，提振员工士气，增强集体荣誉感。制作分公司宣传册、宣传纪念品，开通微信公众号，在分公司楼层内设立特色业绩宣传栏，拓宽了分公司的宣传途径。

（五）财务指标平稳运行，经济效益稳步增长

2018 年，河北分公司全体员工，求真务实，开拓进取，高效保质地完成了所承担的核电、核工程及民用工程的设计、咨询和服务任务，全年实现主营业务收入 1.98 亿元、利润 6.950 万元、成本费用比率 64.95%。全年

共签订核工程收费合同 8 项，共计 1 585.09 万元（其中集团公司内项目 7 项，合同金额 1487.99 万元；集团公司外项目 1 项，合同金额 97.10 万元）；民用工程合同 16 项，共计 363.47 万元（其中集团公司内项目 2 项，合同金额 37.8 万元；集团公司外项目 14 项，合同金额 325.67 万元）。各项财务指标平稳运行，经济效益实现稳步增长。

（六）生产项目有序推进，年度重点任务全面完成

JYK 重点战略任务完成既定目标，公司总部下达的 8 项重点任务、27 条衡量标准，河北分公司全部按期完成，6 项集团公司考核的 JYK 任务获得加分，在公司总部 JYK 考核中获得 A 级。

1. 决胜“华龙一号”，按期保质完成核电设计任务

2018 年是“华龙一号”决胜期的关键一年，设计工作进入尾声。河北分公司继续保持昂扬斗志，施工图出版按计划完成率 100%。福清核电 5 号机组核岛施工图已全部完成，福清核电 6 号机组、巴基斯坦 K2/K3 机组核岛施工图整体完成率均达到 99%以上，两项目的 BOP（辅助系统）设计已按计划全部完成；福清核电 5 号机组竣工图具备按计划出版条件。

首次承担并完成了福清核电 5、6 号机组 26 个重要系统的验证工作，发现并解决了设计存在的问题，为项目顺利实施奠定了基础。模拟设计典型 DCS（分布式控制系统）系统画面，提高核岛 DCS 画面设计能力。扩展电缆敷设功能，自动识别路径，提高敷设效率。积极开展核电工日定额优化、核算工作，以合理分配为导向促进生产效率提升。

积极配合公司总部开展漳州核电 1、2 号机组落地前的设计优化及施工图设计工作。完成了 42 项福清、方家山、海南、秦山项目及田湾项目核岛与常规岛技改任务，提升了设计能力，福清核电 1 至 4 号机组气动阀门抗震性能评估获得福清核电高度认可。

河北分公司高度重视现场技术服务工作，继续加大核电现场技术服务力度。全年派驻福清核电现场 34 人，巴基斯坦卡拉奇核电现场 16 人；成立“华龙一号”项目“仪力担当”党员联合突击队，进行仪表管现场攻关服务；增派设总驻场服务，进一步加快问题解决速度。现场问题一周答复率

98.5%以上，有力保障了现场施工进度。

2. 稳步推进常规岛设计任务，积极跟踪服务潜在项目

河北分公司承担了海南昌江多用途模块式小堆工程、漳州核电1、2号机组、海南昌江核电3、4号机组等初步设计工作；承担了田湾核电3、4号、田湾核电5、6号、福清核电5、6号机组、卡拉奇K2/K3项目常规岛设计管理工作，完成可行性研究报告2项、初步设计3项、施工图3项，各项工作均按计划完成。

跟踪并服务巴基斯坦C5项目，完成总体设计阶段的各类报告和各专业说明书，在工作层面承担更多的任务。河北分公司配合中原公司完成对常规岛设计能力的调研与评估，为承担C5项目奠定基础。配合公司总部完成了甘肃金塔小堆项目、海南昌江核电5、6号机组项目建议书以及烟台浮动堆的初步可行性研究报告和项目建议书的编制。积极参加田湾核电7、8号机组项目对俄谈判以及俄方的相关输入提供，为承担相关项目奠定基础。积极配合公司总部开展海外项目的推介和项目投标工作，常规岛各专业涉外项目前期配合能力进一步提升。

依托公司总部核电数字化设计总体框架，以常规岛数字化设计为重点，实现全专业数字化协同设计。

3. 全速推进池式堆项目进度，初步具备设计总包能力

河北分公司首次作为动力堆牵头单位，承担了池式供热堆的设计总包工作，充分发扬了团结协作、顽强拼搏的精神，在半年内将示范工程从选址阶段快速推进到初步安全分析报告阶段，力保全部考核节点，满足了业主进度计划要求。2018年度完成了除反应堆及一回路外的工艺系统设计、厂房总体布置、辐射分区设计等任务，牵头完成了总体技术方案、物项分级文件、法规标准清单等总体性文件编制，为示范工程设计提供了基本依据。在该项目中，河北分公司健全了设计组织机构，完善了设计管理程序，制定了各类总体文件，实现了对设计分包单位、专题外委单位的独立协调管理，初步具备了较大核工程项目设计总包能力。

4. 编制发展规划，储备地热开发资源与能力

河北分公司积极参与集团公司清洁能源开发工作，参加《中核集团地热产业三年发展规划（2018—2020 年）》编制，2018 年 2 月，中核集团地热研究中心在河北分公司挂牌。2018 年度分公司完成了《中核集团地热科研发展计划》《河北分公司地热产业三年发展规划》的编制工作。完成地热采暖 6 项技术方案、9 项项目建议书、4 项可行性研究报告、1 项初步设计的编制工作，并配合业主完成文件审查工作。配合中核坤华能源公司进行集团科研立项工作，开展管道与设备防腐防垢技术、地热水闪蒸发电技术等 10 项专业技术开发。为今后承揽地热资源开发项目做好准备。

5. 加强能力建设，积极承揽总承包项目

2018 年，河北分公司承揽了中核控制山东海阳二期工程项目管理工作和环保部质谱仪实验室项目总承包工作。以项目为依托，加强总承包人员能力建设，完善体系程序。积极开展南阳再生水源热泵供热供冷一期工程总承包示范项目、西藏续迈地热项目、环保部低本底实验室项目和海阳三期项目的经营工作，为后续承揽更多总承包项目奠定了良好基础。

（七）科研能力不断增强，科研任务不断增加

纵向科研方面，由河北分公司牵头承担的池式供热堆“燕龙”型号研发工作进展顺利，子题进度与示范工程进度匹配，2018 年度任务全部按期完成。申报公司总部自主科研课题《示范快堆工程常规岛工艺系统设计研究》等 3 项；完成分公司自主科研《1188 项目模型质量检查系统开发》等 4 项。横向科研方面，龙威工程建造相关的工程科研已获国防科工局批复立项，分公司承担 5 个专题中 9 个子课题的研究工作，已开展实质工作。承接了中核新能源公司委托的《海上核动力平台基地级维修保障技术研究》、中国工程院委托的《核能供热技术的可行性研究》、核行业协会的《小堆经济性研究》。科研任务量较去年有所增加，科研能力在研发中得到锻炼和提高。

2018 年度取得实用新型专利 2 项、软件著作权 1 项，对外发表科技论

文 30 篇，其中核心期刊 3 篇，2 篇被 EI、CA 收录。河北分公司提交的《不同边界条件下核废物厂房的抗震分析》获中核集团优秀国防科技报告。

（八）围绕分公司发展目标，管理水平持续提升

1. 完善岗位体系、优化考核及薪酬制度，促进绩效提升

河北分公司岗位体系持续完善，完成岗位积分办法修订，与公司总部协同完成薪酬调整工作，建立了分层级的岗位晋升条件，在纵向晋级的基础上，增加横向晋档机制，实现员工横向纵向相结合的立体晋升体系，拓宽职工岗位晋升渠道和空间。进一步优化员工 JYK 考核实施办法，完善了考核内容，与岗位体系、薪酬体系实现对接，更加关注员工绩效反馈与面谈，从单一的绩效考核向系统全面的绩效管理转变，促进组织和个人绩效的提升。

2. 推进信息化建设，提高生产管理效率

根据河北分公司信息化规划，重点开展了协同设计系统的上线试运行，通过实际的工程项目对系统的各项功能进行验证，为核工程、民用项目的规范管理创造了条件，结束了核工程民用项目设计平台缺失的历史。持续优化项目管理系统和人力资源管理系统，为自揽项目的全面管控、人力资源管理效率的提升提供了保障。河北分公司信息化一期系统顺利通过质保期验收，标志着信息化一期系统建设圆满完成。通过近三年来的信息化建设，河北分公司信息化水平有了根本性提升，生产管理效率得到明显提高。

3. 加强体系建设，培育质量文化

依据升版后的三体系管理标准，河北分公司队体系进行了全面梳理和升版工作。根据业务发展需要，将总承包管理纳入管理体系，促进总承包项目管理的规范化和管理体系的系统化。制定知识管理方案，共享知识文件 400 余份。首次开展核安全文化自评估工作。依托内外审、管理评审、质量月、质量综合提升工程、经验反馈、QC 小组、质量抽查等一系列质量活动，提升全员质量意识，培育大质量文化。建筑结构所“核心同筑”QC 小组《缩短三维建筑模型维护时间》获得核工业部级一等奖、“全国优秀质量

管理小组”称号，并被推荐参加国际质量小组评审。

4. 加强职能部门作风建设，提高管理服务水平

编制了河北分公司职能部门岗位说明书和任职资格标准，有效指导工作开展，提高职能部门岗位履职能力。职能部门开展绩效面谈，与生产单位面对面，充分沟通管理中存在的共性和个性问题，并提出具体解决措施，促进了河北分公司各项职能履行更加规范有序。组织职能部门进行制度掌握情况专题测试，纠正“制度上墙不落地”。将各部门发布的通知及备忘录转为督办项，改变工作任务重部署、轻落实的不良倾向。

5. 为职工办实事，构建职工美好生活

为职工谋福利、办实事，使河北分公司发展成果惠及广大职工。建设户外电动车充电区，消除火灾隐患，方便职工通勤。扩大食堂外卖经营品种及方式。调整了女职工卫生费标准。提高了职工体检费标准，采取 1+X 体检模式，满足职工多元化需求。简化了住院报销核算方式并提高了报销待遇，增设定点门诊补充报销，缓解了职工医疗费负担。为符合条件的员工申请人才绿卡，并办理相关待遇的申领工作，充分利用地方政策为职工争取更多实惠。

6. 重视风险管控，加强内控缺陷整改

高度重视重大风险的管控，强化对 TOP10 的“动态跟踪”管理。加大日常风险“动态跟踪”力度，每季度发布《河北分公司风险管理动态跟踪情况报告》。着力加强廉洁风险防控，认真梳理各类岗位的廉洁风险清单，升版《廉洁风险防控手册（河北分册）》。加强“内部控制评价缺陷”整改落实，借助巡察、审计发现问题的整改，强化内控缺陷整改。

7. 快速响应需求，做好专项工程后勤保障工作

编制专项工程保障工作计划并严格执行，完成装修改造、电梯调整、计算机桌面及软件维护、食堂扩容、住宿安排等各项后勤保障工作，为公司总部攻关团队按时顺利入驻提供保障。派出专人负责攻关团队的日常后勤管理工作，帮助协调解决工作和生活中出现的各项问题。组织攻关团队进行了消防疏散演练活动，熟悉了办公楼消防疏散路径，提升了火灾应急能力。

8. 建立保密长效机制，确保国家秘密安全

贯彻公司总部部署，总结认定成果，建立保密长效机制。将保密办公室划归综合办公室，解决了保密监督检查管理同信息业务工作权责交叉问题。积极开展保密月活动，通过开展保密知识竞赛、有奖征文、播放保密教育片等多项活动，促进保密知识入心入脑。有效开展保密培训活动，每季度进行分公司级、部门级培训和保密知识测试，确保涉密人员多方面、全角度的接受保密教育、掌握保密知识。加强保密监督管理，开展分公司级全面保密检查、专项检查、迎接公司总部保密检查，认真落实各项整改工作。2018 年度未发生泄密事件。

9. 高度重视安全管理，杜绝较大安全事故

完善现场安全管理，编制完成《建设现场突发事件应急预案管理》等程序文件，指导现场施工安全，对海阳项目部总包单位、监理单位和分公司海阳项目部进行综合安全监督检查。持续改进办公楼安全管理，优化消防疏散应急演练方式，加强演练过程监督和演练后评估。建立了在线安全知识题库，发布线下办公楼消防安全知识手册，增强全员安全意识。每季度开展综合安全检查，2018 年度共开展安全检查 11 次，开展线缆、燃气等专项检查 6 次，发现隐患 43 处，整改完成率 100%，杜绝较大安全事故。

（供稿人：苏思洁）

三、北京民用设计院

北京民用设计院致力于在民用建筑领域创造优质设计业绩，打造成一个综合性民用建筑设计平台，在民用建筑设计中组建一个高效的、优质的技术团队；即使当前民用市场不景气，北京民用设计院也将不断摸索、不断改进、不断创新、不断提升管理模式，探索更适用北京民用设计院的经济运营模式，广纳贤才，争取创造出更多出彩的优秀民用建筑项目，尤其是与市场直接对接的集团公司外项目。北京民用设计院的主要任务来源是全国各地民用设计市场和集团公司内部的民用设计项目，同时也参与公司下达的相关民用建筑设计任务。

（一）2018 年全年工作总体评价

2018 年年初，北京民用设计院根据公司工作全年重点工作目标的具体安排，结合北京民用设计院实际情况进行分解并制定适合的全年工作行动安排，在客观条件存在困难的情况下基本完成 2018 年度 JYK 目标绩效考核的工作目标。地产行业的低迷导致民用设计市场需求大幅下滑，但在公司的支持和全体员工的努力下，北京民用设计院各项工作仍平稳有序，运行基本稳定。

北京民用设计院所承接的任务涉及众多项目产业链的前端和后端，土地和房地产市场不稳定因素，直接影响北京民用设计院 2018 年集团公司外任务来源和设计收费。虽然受外部环境的不利因素影响，但北京民用设计院仍然积极开拓项目来源。如沧州垃圾发电厂项目二期、兰州中实国际广场项目、桐乡李宁体育公园项目、周口万达广场等，北京民用设计院重视设计合作方的意见，不断完善沟通机制做到有序可查、有效沟通，多次组织设计力量协助甲方进行前期工作进行探讨和设计优化，凭借专业的设计水平和长期的设计经验以及高效的团队合作精神出色完成设计工作为承揽不同类型业务提供坚实保障。

（二）组织机构设置及人力资源情况

北京民用设计院于 2016 年进行了组织机构的内部调整，明确和完善了部门内部组织机构及人员的责、权、利关系，充分发挥各位员工优势。团结各专业力量，在民用建筑设计的工作中协调配合更加顺畅。北京民用设计院主要承接各类民用建筑设计工程，尤其擅长规模庞大、综合性强、设施复杂的项目。设计领域从前期业态分析、可行性研究报告、城市设计到单位建筑设计，从景观环境设计到室内设计，从综合复杂的城市综合体到工艺要求极高的各类民用设施设计，从居住区规划、别墅设计到新兴的工业园区地产设计，组织机构图如图 7-3 所示。

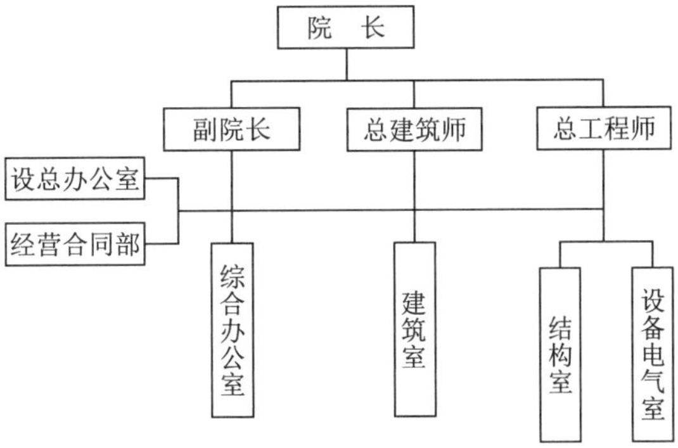

图 7-3　北京民用设计院组织机构图

北京民用设计院目前在职员工 48 人，其中工程技术人员共 44 人，其中部门领导 4 人，研究员级高级工程师 4 人，高级工程师 18 人，工程师 9 人。建筑注册人员 6 人，结构注册人员 5 人，暖通注册人员 2 人，给排水注册人员 1 人，动力注册人员 1 人。

（三）2018 年承担的生产任务完成情况

北京民用设计院积极响应公司发展战略和目标，集成和发扬“事业高于一切，责任重于一切，严细融于一切，进取成就一切”的精神，积极配合完成集团公司下达的各种考核指标，圆满完成各项任务，积极配合施工建设，知任图进，为使公司成为具有国际竞争力的工程公司奉献力量。结合公司战略定位拓宽业务能力，优化机构流程并提升设计质量以此持续提升部门的 JYK 绩效管理水平。

北京民用设计院立足于设计综合甲级资质的民用建筑设计部门可承接的民用建筑业务范围广泛；主要的工作涉及项目前期方案、相关设计、后期配合等任务。2018 年完成方案设计及项目前期相关工作 20 项（涵盖投标项目、效果图、总图及其他）；项目建议书和可行性研究报告报告 7 项；初步设计 6 项；施工图设计 15 项，2018 年主要工作完成情况如下。

方案设计及前期工作情况：

（1）核建青岛科技园项目一期工程方案设计；

（2）国家级核应急救援队建设项目第二模块方案设计；

（3）中核北京科技园综合科研楼装修改造；

（4）中国核电工程有限公司研发基地项目主次出入口大门方案；

（5）中国电子科技集团公司第五十四研究所生活区旧房改造项目；

（6）中国核电工程有限公司核能大厦改造项目；

（7）福建漳州核电厂 1、2 号机组检修食堂、调试检修楼；

（8）T 项目消防站、保安楼、生产办公楼、机械设备检修营地、武警营房等方案；

（9）核电厂建构筑物艺术性研究；

（10）威海中国核科学与技术研究院（中核荣成院士村/特色小镇）；

（11）中药饮片、保健品、配方颗粒及中成药生产线项目及辐射加工（辐照中心）方案设计；

（12）南京东屋电气总部办公楼二期建筑方案设计修改；

（13）中核集团上海总部基地办公楼项目建筑概念方案投标方案；

（14）兰州中实商业综合体方案设计；

（15）中国核电应急会议中心室内改造设计概念方案；

（16）天恒集团天陶养老项目；

（17）中核东方项目 1 号试验大厅改造相关方案设计；

（18）方家山 QT 厂房增加人员参观通道方案设计；

（19）核工业第二研究设计院家属住宅区危房改造；

（20）中共中国核工业党校暨核工业大学盘山校区总体规划。

项目建议书和可行性研究报告情况：

（1）核建青岛科技园项目一期工程中核检修有限公司技术中心与技能培训中心可行性研究报告；

（2）R 项目厂前区工程方案可行性研究报告；

（3）T 项目生活营地可行性研究报告、机械设备检修营地可行性研究报告；

（4）中国核电工程有限公司研发基地项目核燃料后处理技术工程应用研究设施（科研试验综合楼 6 ~7 层和污水处理站）项目建议书；

（5）核工业第二研究设计院科技楼（核能大厦 A、B 栋）改造工程项目建议书；

（6）中共中国核工业党校（核工业大学）项目建议书；

（7）中国核电工程有限公司中核东方项目二期可行性研究报告。

初步设计工作情况：

（1）中国核电工程有限公司研发基地项目核燃料后处理技术工程应用研究设施初步设计、先进核电技术自主创新研发中心初步设计；

（2）核建青岛科技园项目一期工程初步设计；

（3）钍基熔盐堆核能系统（TMSR）实验平台配套项目运行服务中心初步设计；

（4）中国核电工程有限公司中核东方项目二期初步设计；

（5）田湾核电站乏燃料干法中间贮存设施项目田湾干法设施围栏初步设计；

（6）中药饮片、保健品、配方颗粒及中成药生产线项目及辐射加工（辐照中心）初步设计。

施工图设计：

（1）R 项目厂前区 13 个子项施工图；

（2）核建青岛科技园项目一期工程施工图；

（3）中国核电工程有限公司中核东方项目二期施工图设计；

（4）田湾核电站乏燃料干法中间贮存设施项目田湾干法设施围栏施工图；

（5）中药饮片、保健品、配方颗粒及中成药生产线项目及辐射加工（辐照中心）施工图；

（6）秦皇岛万达广场项目施工图；

（7）周口万达广场项目施工图；

（8）北京市通州区再生能源发电厂项目施工图；

（9）T 项目 18 个子项施工图；

（10）中国核电工程有限公司研发基地项目施工图；

（11）福建漳州核电厂 1、2 号机组检修食堂、调试检修楼施工图；

（12）南京东屋电气总部办公楼二期施工图；

（13）中国核电工程有限公司核能大厦局部装修施工图；

（14）方家山 QT 厂房增加人员参观通道施工图；

（15）钍基熔盐堆核能系统（TMSR）运行服务中心实验平台配套施工图。

（四）2018 年科研任务完成情况

根据国家、集团公司及公司发展战略需求，结合公司科技发展规划，加大公司自主科研投入，不断提升核心竞争力；2018 年北京民用设计院完成 2 项目科研工作，《住宅内装工业化设计—整体收纳》项目的修编发行是我国住宅内装产业的重要突破引领在内装化产业的前沿，为国内内装产业提供技术标准及依据，《核电厂建构筑物艺术性研究》突出关键共性和现代工程技术创新，为新型核电厂的造型和具有时代特色的核电厂外在条件与自然条件的结合创造可能性。

《住宅内装工业化设计—整体收纳》经住房城乡建设部批准已于 2017 年 9 月 1 日起实施。住宅内装标准图集的发行实施为该系列图集的后续编制工作提供了模板、定位和依据。图集发行后得到了广泛的认可和好评，在此基础上北京民用设计院再次获得了诚意邀请编制该系列《住宅内装工业化设计—整体厨房、整体卫浴》的编制工作，这是对北京民用设计院编制工作的肯定和认可。北京民用设计院在国家标准图集编制工作中的不断努力和积极进取，在体现北京民用设计院工程设计人员的技术优势的同时，为北京民用设计院在民用建筑市场创造了良好的声誉和广泛的影响力。与此同时，标准院的大力认可也为北京民用设计院获得了养老项目的设计任务。

今后的发展中，北京民用设计院将继续发挥优良传统，继续在集团公司内部树立良好口碑，多为公司、核二院及集团公司设计精品项目；多与外部团队合作，互相学习；多方位发展，除承接民用项目外，承接小型工业项目以及小型核能民品运用项目，使民用设计院在此类项目的土建设计中达到一定深度和广度。

（供稿人：牛　欢）

四、上海设计院

（一）总体评价

2018 年，上海分公司认真组织学习十九大报告精神和习近平新时代中国特色社会主义思想，牢固树立“四个意识”，坚定“四个自信”，落实“两个维护”；积极宣传“四个一切”核工业精神和“两弹一艇”精神；结合“两巡视”意见，积极开展自查自纠工作，圆满完成了“两整改”的相关要求，形成了有效的长效机制。

上海分公司从事工业与民用建筑设计，建筑市场的发展形势及建筑行业的发展前景对未来的发展有着很大影响。为了防范各种经营风险，分公司不断完善内部管理，扩大经营地域，开拓新的业务领域，2018 年取得了一定的成绩，为今后的经营工作打下了良好的基础。

（二）组织机构及人力资源状况

截至 2018 年末，上海分公司在岗从业人员 23 人（合同制员工 16 人，技术服务员工 6 人，劳务派遣员工 1 人），其中高级工程师及以上职称员工 5 人、工程师 13 人。

上海分公司内设机构有总师办公室、综合办公室、经营合同部、质量管理部四个职能部门和建筑设计室、结构设计室、机电设计室三个生产部门，组织机构图如图 7-4 所示。

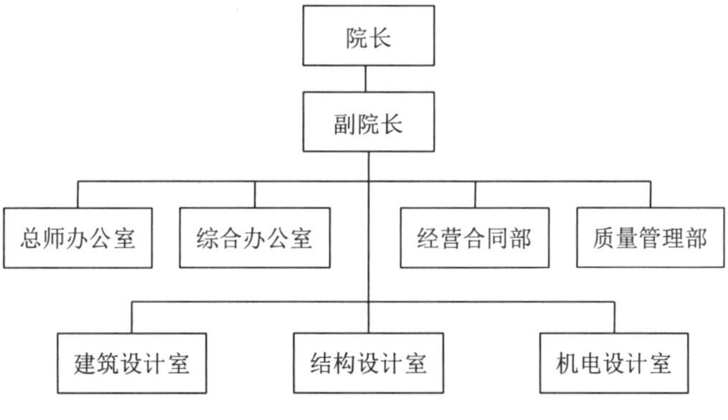

图 7-4　上海分公司组织机构图

（三）2018 年工作亮点

1. 认真履行职责，全面落实党风廉政建设和“一岗双责”

按照党风廉政建设责任制的相关规定，认真履行“一岗双责”，在抓好上海分公司业务工作的同时，把党风廉政建设作为一项主要工作，做到与业务工作一起部署、一起落实、一起考核。在党员干部中大力倡导学习之风，学政治、学正气、学业务，提高廉洁从业和拒腐防变能力。

2. 监督机制

2018 年 3 月，上海分公司增补两名支部委员，完善了分公司党支部组织建设，支委会成员间签订廉洁从业责任书，明确目标，强化责任，形成有效的闭合循环监督机制。认真执行“三重一大”政策，分公司重要事项均由支委会前置讨论进行决策，充分发挥党支部对分公司各项工作的领导作用和集体决策的优势，强化了相互监督职责，减少了决策失误。

3. 扩大经营地域，开拓新的领域

上海分公司加强经营工作，不断扩大经营地域，在海南成功中标文昌市人民医院锦山分院综合楼项目，在无锡成功中标新吴区区委投资建设的红蕾佳苑安居房方案设计项目；积极开拓新的业务领域，在无锡成功配合无锡市新区政府完成老旧小区配套设施升级改造的示范工程。

4. 加强对外合作

2018 年 1 月，上海分公司与同济大学建筑设计院（集团）有限公司正式签订长期合作框架协议，双方在部分项目上的合作已经开展，完成咨询合同额近 400 万元。

（四）2018 年完成的典型工程

（1）海南多功能模块化实验堆综合办公楼项目，总建筑面积 10 000 平方米，完成该项目的方案设计和初步设计；

（2）海南核电培训中心、档案库扩建项目，总建筑面积 7 000 平方米，完成该项目的方案设计；

（3）南华大学数理实验楼项目，总建筑面积 10 000 平方米，完成该项目的施工图设计；

（4）文昌市人民医院锦山分院综合楼项目，在海南中标的第一个项目，总建筑面积 10 000 平方米，完成该项目的方案设计、初步设计和施工图设计。

（五）2018 年完成的各项经济指标

完成经营合同额：857.07 万元　　　　较 2017 年增长 14.28%

完成财务收入：801 万元　　　　较 2017 年增长 7.80%

（六）管理工作

上海分公司作为主要从事工业与民用建筑设计的单位，经过二十多年在建筑设计市场中的激烈竞争，深刻体会到高水平的管理机制、高品质的设计产品、高质量的设计服务、良好的社会口碑是企业长期生存的根本。在加强经营力度的同时，时刻注意加强分公司内部管理机制的规范化、设计质量管理的严格化。

在公司总部党委的领导下，在配合总部财务、人力资源、监察审计、采购、合同管理等部门的监督检查之后，上海分公司不断完善各项规章制度，根据总部各部门的规章制度修订情况，2018 年完成了上海分公司固定资产管理规定，升版了分公司合同管理规定、公关接待管理规定、差旅补贴管理规定，完善了考勤制度管理规定和质量管理程序手册。

针对上海分公司规模小、组织架构不健全、兼职情况较多容易形成权力集中或“一言堂”的实际情况实施透明化管理。上海分公司 2018 年在各项管理工作中采取“制度先行、注重监督、年终考核”的工作方式，严格按制度办事，用制度管理和约束全体员工行为，做到公正、公开、公平。

（供稿人：孙忠贤）

五、深圳设计院

（一）2018 年工作总体评价

深圳设计院根据 2018 年初与公司总部签订的《2018 年度绩效考核责任

书》以及《2018 年度党风廉政建设责任书》，各项任务指标已完成。今年深圳设计院的经营主业依然是以垃圾焚烧发电为主的环保类设计领域，包括：

（1）城市固废综合处理环境园的规划、咨询服务；

（2）城市生活垃圾焚烧发电厂的前期咨询、工程设计；

（3）城市生活垃圾填埋场的工程设计；

（4）市政污泥、餐厨垃圾、医疗废弃物处理的工程设计；

（5）城市生活垃圾处理 EPC、BOT、PPP 项目的招、投标技术服务；

（6）污泥干化、烟气净化处理、垃圾渗滤液处理、飞灰稳定化处理技术的合作、开发等。

目前深圳设计院在固废处理设计领域的业绩数量和影响力处于国内前三名的优势地位，很好地起到了作为公司总部在市场化经营方面对外展示和宣传的窗口形象，同时深圳设计院的市政、环保设计业务也是公司总部维护综合甲级资质的重要组成部分。

深圳设计院院内各项业务活动如党风廉政建设、质量管理体系的建设、人力资源管理、员工培训机制及财务管理等都纳入到公司总部统一管理下，各项业务活动与公司总部同步并轨。

（二）组织机构设置及人力资源情况

深圳设计院领导班子有 3 人（院长 1 人，副院长 2 人），职能管理部门分为 1 室（综合办公室）、2 部（工程设计管理部，质量管理部），工程设计管理部下设 4 个专业室（土建、工艺、电气自控、给排水），2 个专业组（技经、档案管理），总共涵盖了 10 个专业。

2018 年深圳设计院直接聘用员工 23 人，除院长和两位副院长由公司总部直接任命外，其余人员由深圳设计院自主招聘。另外采用技术人员服务外包模式使用 53 人，实际全年使用人员共计 76 人。组织机构图如图 7-5 所示。

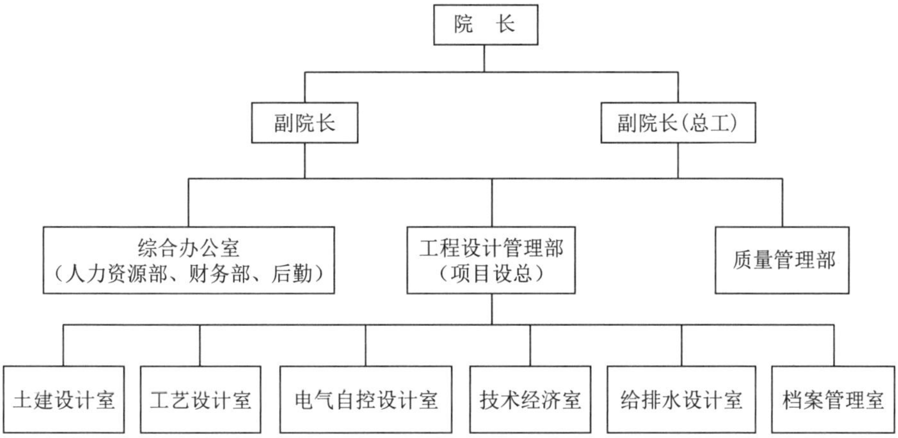

图 7-5　深圳设计院组织机构图

(三) 管理模式

深圳设计院的内部管理纳入公司总部统一管理下，院内的各项规章制度符合公司总部的框架制度。2018 年，深圳设计院根据今年中央和集团公司巡视以及各部门检查的反馈，对院内部门所有管理规章制度进行了核查并更新升版。

1. 质量管理

深圳设计院纳入在公司总部的质量管理体系下，外审机构（每两年一次）及公司质量安全部（每年一次）定期到深圳设计院进行 ISO 质量体系的检查，均顺利通过。2018 年 10 月，公司总部质量安全部针对深圳设计院进行了质量体系内审，深圳设计院根据审查意见均完成了回复和修改。

2. 合同及项目管理

设计项目定期（每月、每季度）向公司总部经营合同部汇报并汇总，项目完成后的归档最终也交由经营开发部留存。

3. 资质管理

深圳设计院目前使用公司总部的综合甲级设计资质和咨询资质承揽项目设计、咨询任务，在使用公司资质的过程中能严格按照公司相关规定，并在公司经营开发部的管理下进行。

4. 财务管理

财务方面，深圳设计院每年向公司总部上交一定的管理费用，另外人力资源部每年向深圳设计院下发工资奖金额度，院内财务遵守公司的规章并定期（每年两次）接受公司财务部检查。

5. 党群工作

深圳设计院于 2010 年 2 月成立了党支部，现有正式党员 6 名；2011 年成立分工会，深圳设计院的党建工作和工会工作都纳入到公司总部的统一管理之下。

（四）2018 年经济指标完成情况（见表 7–1）

表 7–1　2018 年经济指标完成情况

序　号	经济考核指标	考核目标值/万元	完成值/万元
1	主营业务收入、集团公司外主营收入	2 800	2 808
2	上缴管理费	100	100
3	上缴房屋租金	67. 92	67. 92
4	利润总额	57	66

（五）2018 年主要生产任务完成情况

2018 年深圳设计院已完成或正进行的垃圾焚烧发电项目设计、咨询任务主要有：

（1）义乌市垃圾焚烧发电厂提升改造项目施工设计（规模：日处理垃圾 3 000 吨）；

（2）章丘区生活垃圾焚烧发厂项目施工设计（规模：日处理垃圾 1 200 吨）；

（3）梧州市静脉产业园生活垃圾焚烧发电厂项目施工设计（规模：日处理垃圾 1 000 吨）；

（4）汕尾市生活垃圾无害化处理中心焚烧发电厂二期工程项目施工设

计（规模：日处理垃圾700吨）；

（5）鄄城县生活垃圾焚烧发电项目施工设计（规模：日处理垃圾1 200吨）；

（6）宣城市生活垃圾焚烧发电项目二期扩建工程项目施工设计（规模：日处理垃圾1 000吨）；

（7）海口市生活垃圾焚烧发电厂三期工程项目初步设计（规模：日处理垃圾1 800吨）；

（8）孝感市生活垃圾焚烧发电厂项目工程项目初步设计（规模：日处理垃圾1 500吨）；

（9）安溪县垃圾焚烧发电厂改扩建项目初步设计（规模：日处理垃圾750吨）；

（10）中节能（沧州）环保能源有限公司二期扩建项目可行性研究报告（规模：日处理垃圾800吨）。

另外还包括一些餐厨处理、污泥处理、垃圾填埋场和医废处理项目的前期咨询、设计以及去年部分项目收尾配合等工作。

由于这些环保垃圾电厂项目相对于一般工业民用项目的特点有所不同，即包括前期筹备的建设周期较长（一般两年以上），而设计过程又是不同于后者的先设计后施工，而是普遍采用边设计边施工的方式，设计周期及配合基本贯穿于整个项目的前期筹备和施工过程，因此以上项目基本均属于跨年度设计任务，今年上述项目设计完成工作量在50%~90%，明年仍存在较多收尾配合工作。

（六）党风廉政建设

2018年深圳设计院以党的十九大精神为指导思想，加强党风建设和反腐倡廉工作，全年工作顺利开展。

1. 严明纪律、加强党的作风

强化责任，以上率下，将作风建设落到实处，2018年度开展了“工作作风与廉政建设”为主题的组织生活会。使全员对纪律规矩、作风建设有了更深刻的认识。

氛围营造，通过短信、微信、邮件、内网等多平台渠道高频的提醒（总计17次数，187人次）如“节日期间作风纪律强化提醒”，时时刻刻牢记中央“八项规定”，明确领导干部及党员身份，高标准严格要求自己，牢固树立廉洁意识，提高拒腐蚀的自觉性，不敢腐的堤坝形成。

2. 充分落实“三重一大”制度

深圳设计院开展重点环节廉洁风险防控工作，充分落实“三重一大”决策制度，集体讨论决定“三重一大”事项，根据具体情况选择决策会议，如“院长办公会议、支委会、支部大会”等，表决结果和表决方式均记录在案。

3. 开展廉洁从业教育及廉洁谈话

形式多样的开展廉洁从业教育，如集中教育（观看视频）、微信平台等。

围绕落实“两个责任”“一岗双责”等要求，上半年利用春节、五一劳动节、中秋、国庆重点节日节点对干部队伍开展作风督查各1次，未发现严重问题；开展分管干部谈话，交心谈心、咬耳扯袖，对发现的苗头性、倾向性问题及时提醒纠正。

（供稿人：魏　嵘）

六、华东分公司

（一）2018年工作总体评价

2018年，华东分公司在党建、经营管理工作等方面取得较大进展。积极谋划、成立了华东分公司临时党委，围绕年度JYK重点任务和分公司全年生产经营目标，坚决落实公司总部决策部署要求，积极践行强军首责，以党建促业务，以巡视整改促改革发展，按照“做强做优核电调试主业、做大运维工程业务”的经营指导方针，全力推进华东分公司向利润中心的转型工作和向非法人的法人制分公司转化工作，承接的多项调试重要工作均取得较大进展。

华东分公司积极把握改革发展的方向和重点，以党的十九大精神为指引，坚持“从严治党”，持续深入开展“两学一做”等专题学习教育活动，持续加强党建工作。相关经营管理工作按计划稳步推进，各项工作取得了较好的成绩：实体化运作取得实质性进展，顺利地完成了向非法人的法人机制分公司运作模式切换准备；福清核电5号机组提前实现了220 kV可用、YA可用、主控室可用、5号机组泵房进水等重大节点；卡拉奇核电2号机组提前完成了2+9号机组调试规程编制75%、3号机组调试规程编写、调试准备工作计划完成率50%等支付控制考核点；821项目VPC工程向生产平稳过渡。截至2018年年末，公司总部下达的2018年重点工作任务基本完成，全年JYK考核重点任务执行情况良好，各项工作有序推进，较好地完成了部门主营业务合同收支目标。

（二）组织机构及人力资源情况

华东分公司下设党群工作部、综合管理部、计划合同部、安全质量与技术部、调试部、人才培训部、运维工程部等七个部门。截至2018年年末，现有在岗人员576人，其中在职员工205人，技术外包制员工315人，辅助外包制员工56人；硕士研究生59人，本科学历404人，大专学历103人，其他学历10人；具有副高级以上职称人员45人，中级职称170人；具有高级操纵员资历的7人，操纵员资历的9人；具有10年以上调试工作经验的28人，5年以上调试工作经验的364人，3年以上调试工作经验的514人，具有两台及以上机组调试经验的专业技术人员占比达76%。组织机构图如图7-6所示。

（三）经营情况

华东分公司紧扣公司总部全年工作任务部署和生产经营计划，根据自身特点，明确了“做强做优核电调试主业，做大做实运维工程业务”的经营方针。截至2018年年末，实现主营业务收入9 938. 94万元，营业总成本15 989. 85万元，成本费用比160. 88%；资产共计4 342. 26万元，负债共计8 818. 18万元，利润总额-6 050. 28万元。

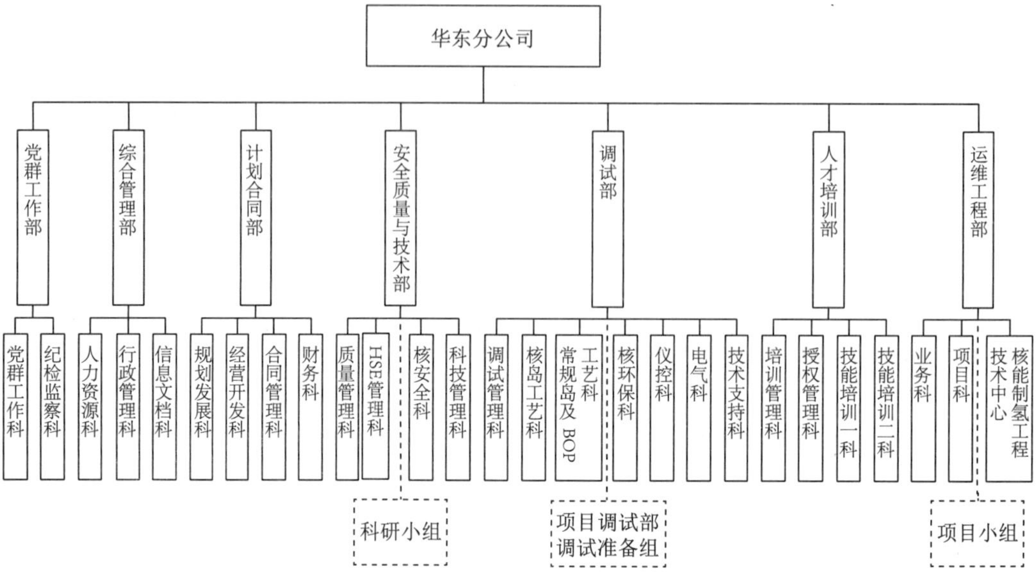

图 7-6　华东分公司组织机构图

（四）工程项目调试进展

1. 福清核电 5、6 号机组

福清核电 5 号机组作为“华龙一号”首堆，华东分公司积极响应公司总部打造“华龙一号”首堆精品工程要求，克服现场土建安装滞后、调试试验方法变化等多种不利情况影响，利用自身专业优势，全面提前介入土建安装，对 EESR 移交介入、调试领域风险管控、TOTO 移交流程等工作进行创新，采取“提前梳理、提前发现、提前解决”的负接口移交方式，主动协助解决现场技术问题，介入开展调试试验 70 余项，最大程度地节省调试主线工期，提前实现了 220 kV 可用、YA 可用、主控室可用、5 号机组泵房进水等重大调试节点。

2. 卡拉奇 2、3 号机组

卡拉奇项目是华东分公司承接的首个海外核电调试项目，更是“华龙”出海的首个项目，2018 年卡拉奇调试项目部工作主要围绕人员进场、文件准备、物资采购运输、专项准备、信息平台及综合后勤筹备等重心推进。虽然受上游进度滞后制约，但仍克服重重困难，提前完成 2+9 号机组调试规程编制 75%、3 号机组调试规程编写、调试准备工作计划完成率 50%等支付控制考核点，并于 8 月完成《卡拉奇核电厂二号、三号机组（K2/K3）试运行管理合同》的签订。

3. 821 项目

2018 年 7 月 82210 项目阶段Ⅰ冷调试工作正式启动，为推动 821 调试项目进展，践行“强军首责”，华东分公司联合调试队超负荷工作，共计开展冷调试试验 141 项，已经完成 69 项调试试验。通过前期调试，对 82210 项目主工艺系统重要设备及控制系统进行了试验，系统设备和控制系统可用，未发现影响系统安全运行的重大问题及颠覆性问题。

（五）党建情况

华东分公司临时党委于 2018 年 1 月正式成立，于 12 月组织召开党员大会，选举产生了中共中国核电工程有限公司华东分公司第一届委员会、中共中国核电工程有限公司华东分公司纪律检查委员会。

2018 年，分公司临时党委/党委组织全体党员深入学习贯彻习近平总书记新时代中国特色社会主义思想和党的十九大精神；落实主体责任，狠抓作风建设；坚持党管人才，强化干部管理，落实“一岗双责”；严格党员管理，凸显分公司特色，创建党建示范点。坚决落实巡视、巡察整改政治任务，通过召开巡察布置会和专题会议，编制《整改方案》并转化成《四单一表》台账，严格按计划组织相关问题整改，按时完成了整改任务项的落实整改情况的报送，共完成巡视整改行动项 179 项，巡察整改行动项 69 项，按期完成率 100%。

（六）模拟分公司模式实体化运作

全面优化和完善华东分公司治理体系，加速推进向利润中心转型工作，按照公司总部决策部署，华东分公司第一时间成立了按非法人的法人制分公司模式运作推进专项工作组，严格落实公司 2018 年中期工作会关于华东分公司按分公司模式运作的路线图和时间表的要求，全面梳理独立运作的权责界面及配套的规章制度和管理程序，以此次转型契机力促改革发展，全面协调推进分公司治理体系优化。2018 年 12 月，完成了华东分公司各部门与总部相关部门对口职能部门权责界面协议签订工作，以及配套必需的规章制度和管理程序升版工作，具备向非法人的法人制分公司模式运作切换条件。

（七）新业务开发

华东分公司市场化开发管理体系持续完善和优化，2018 年 6 月发布《华东分公司业务优先级指导意见书》，全面指导新业务开发工作，同步搭建新业务战略供应商合作伙伴库，多维度、多渠道推进新业务开发工作。2018 年成功开发了 7 个新业务，分别为石岛湾核电站安全质量监督服务项目、福清核电 1、2 号机组除盐水生产系统程序优化调试项目、秦山二厂辅助吊车改造项目、福清核电 302 大修机械类变更改造项目、福清核电电仪变更改造总包项目、福清核电通风系统改造总包外委项目和福清核电淡水厂变更改造总包外委项目。

2018 年 8 月，成功中标“石岛湾核电站调试安全质量监督项目”，该项目不仅是华东分公司参与公开招标并中标的首个项目，也是华东分公司独立承接的第一个中核集团外的新业务项目，成功介入四代核电堆型调试领域，对于华东分公司的市场开发工作具有重要的里程碑意义。

在运行核电厂技改领域，积极推进与公司总部运行技术服务中心的全方位对接工作，技改业务总承包模式在福建福清核电厂实现全面推广。

在核能制氢领域，由华东分公司牵头开发的核能制氢业务迅速推进，已完成全氢能产业链合作架构的初步搭建，正式开始涉猎新能源产业。

（八）科研、专利、实验室建设

2018 年完成“华龙一号”型号标准化科研项目（调试部分）集团考核点，完成 6 项企业标准报批。持续推进“华龙一号”国家重大工程标准化示范（三部委）课题，协助完成调试子专题标准梳理分析报告 B 版的编制。同时依托本项目，共计组织 7 项能源行业标准编制。持续推进标准化技术标准制定，完成 1 项能源行业标准制定项目报批，1 项能源行业标准化研究项目完成结题，2 项能源行业标准制定项目完成送审稿编制，6 项集团企业标准执行项目完成报批。11 项专利处在申请流程中，其中 4 项为 2018 年提出申请。2018 年华东分公司共有 3 项软著申请，并已经获得授权。

稳步推进实验室建设。各业务部门规划建设 18 个专业实验室，本年度完成实验室建设方案的发布并组织技术委员会专项会议对 18 个实验室是否具备条件建设进行评审，其中 8 个实验室具备条件启动，各实验室处于立项阶段。

（供稿人：金　林）

七、核工业第二研究设计院

（一）2018 年工作总体评价

2018 年，核二院全体干部职工深入学习贯彻党的十九大精神，以习近平新时代中国特色社会主义思想为指导，积极贯彻落实党中央关于党要管党、全面从严治党的要求，认真落实集团公司和公司的各项工作部署和安排，以“和谐稳定、健康发展”为宗旨，以“强化服务意识，共创和谐发展”为己任，围绕年初制定的重点工作任务，稳定、有序、扎实地开展工作，较好地完成了全年各项工作目标。全年未发生安全责任事故，未发现违法违纪案件。

（二）组织机构及人力资源情况

核二院下设 7 个部门，分别是离退休职工管理办公室、资产运营管理部、人力资源部、基建办公室、项目管理分部、财务部和综合办公室。组织机构如图 7-7 所示。

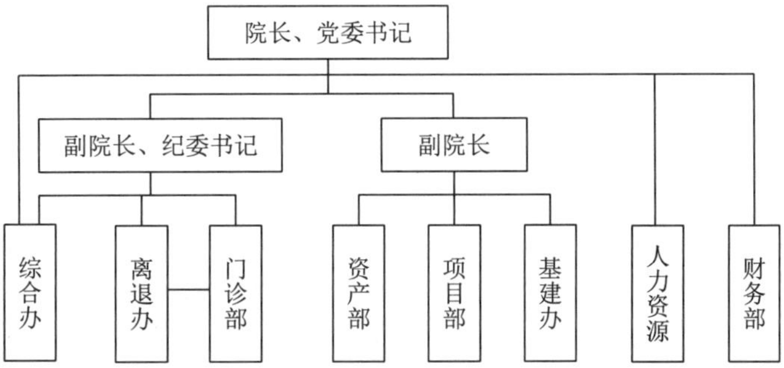

图 7-7　组织机构图

截至 2018 年年末，全院共有在职职工 28 人，其中劳务派遣职工 3 人，借调技服 1 人，待岗职工 7 人；离退休职工 1 308 人（其中离休人员 64 人，退休人员 1 244 人），内退职工 28 人。

（三）全年亮点工作

1. “三供一业”完成分离移交

老旧小区的供暖、供电、供水、物业管理的移交工作开展难度较大，需要协调北京市水、电、热力等多个专业部门配合执行，在施工改造过程中，还要做好小区居民的思想工作，取得其理解支持，确保施工改造顺利进行。为做好这项工作，2018 年 3 月，公司和核二院召开专题会议，成立了联合工作组，全面负责“三供一业”分离移交工作。面对这一全新的工作，核二院克服重重困难，先后组织召开 10 余次专题会议，根据集团公司和公司部署，发动全院职工参与，不等不靠，稳步扎实推进“三供一业”移交工作，确保了该项工作按期完成，走在了京区单位的前列。

2. 股权投资计划按期完成

按照集团公司年初下达的投资计划，5 月完成了对中核财务有限责任公司 1 056 万元的增资。

3. 切实落实离退休人员各项生活保障

按政策落实好离退休人员的生活和医疗待遇。离退休人员生活补贴按时足额发放，离退休人员医药费按时报销率达 100%。离休人员医疗费报销 1 200 人次，报销金额 370 余万元，完成异地医保报销 120 人次。同时，在核工业医院体检中心的支持下，完成了离退休人员的年度体检工作，历时 12 天，共有 1 059 人参加。

坚持“三会两制度”，落实离退休人员的政治待遇。通过召开离休干部例会、工作情况通报会、支部书记或支部委员会，及时向离退休人员传达学习中央和集团公司有关文件和会议精神、通报院工作情况，听取离退休人员的意见和建议；同时通过院领导联系支部制度、院领导接待日制度，加强了院领导与离退休人员的联系，畅通沟通渠道，为核二院和谐稳定、健康发展创造了条件。2018 年，召开离休干部例会 4 次，召开总支会、支部书记和支委会 20 次，发放学习材料 2 次，召开工作情况通报会 2 次。

坚持“四做到”服务工作。依据《核二院离退休人员走访慰问工作管理办法》规定的“四做到”要求，2018 年走访慰问离退休人员近千人次。其中，生日慰问 286 人，住院慰问 115 人次，遗属慰问 35 人，协助家属处理丧事 24 次；春节走访慰问离退休人员、支部书记、支委、老年艺术团骨干 297 人。慰问空巢、孤寡老人 24 人，联系问候 104 人次。通过走访慰问，为离退休人员带去各级党组织的关怀。

丰富离退休老同志的文化生活。为更好地落实集团公司工作会议精神及要求，加强对离退休老同志的服务，坚持注重正面引导，采取多种措施，引导离退休老同志为党的事业增添正能量。同时积极搭建文化养老平台，组织开展了适合离退休人员的各项文体活动。

4. 加强基础管理工作

继续做好市场业务拓展，核电现场服务项目稳步推进。2018 年，核二院为公司海南、漳州、福清、海盐、田湾、徐大堡等 6 个核电现场提供后勤服务工作。在各现场环境不同、条件不同、服务内容各异的情况下，从公司发展大局和工作要求出发，为近 3 000 现场工作人员提供了生活区宿舍管理服务、办公楼物业管理服务、食堂后勤服务、秩序维护服务等。2018 年先后获得中核集团核二院合格供应商证书以及核二院项目管理分部合格供应商证书，为核二院及项目管理分部今后拓展新业务、新项目奠定了良好的基础。

推进财务管理规范化。2017 年度财务决算和企业所得税第三方审计工作、资金支付管理自查和整改工作全部顺利完成。聘请第三方中介机构，对照近年来央企接受各类审计检查中发现的突出问题，进行了自查自纠专项审计，对审计提出的问题进行了整改并上报整改报告。通过以上审计和自查整改工作，查缺补漏，推进了财务管理规范化的进程。

理清家底，认真开展清产核资工作。根据公司清产核资专题会议要求，认真开展实物资产的核查、盘点工作。通过核实库房资产、实地调研门诊部、幼儿园、招待所、离退休老同事回忆、公司提供数据等方式，结合财务台账记录情况，对账面和固定资产共 300 余项进行了五轮的账实逐一核对。针对核实过程中暴露出来的问题提出了相应处理意见，并与公司召开了三次情况通报会，工作成果得到了公司的高度认可。

加强人事管理工作。加强人力资源信息化管理，建立核二院人力资源数据库，并按照集团公司最新的主数据业务标准更新数据库信息。完成 2017 年提任干部合规性审查，补充完善了相关材料。加强国家工作人员因私出国（境）管理，严格按照集团公司党组管理干部因私出国（境）证件申领、借用流程，对领导干部因私办理证件、出国（境）实施严格监管，保证国家安全。举办三次大讲堂专题培训，提升职工技能水平。

畅通渠道，加强信息化建设。实现与公司联网办公，畅通了沟通渠道，加强了信息的互联互通。同时完成了商网的搬迁和商网视频会议系统的安装调试工作。

加强舆论引导。完成了“情系核二院”微信公众号年审工作，运用“情系核二院”微信公众号共发稿 18 篇，其中老同志稿件 2 篇，推送集团新闻网稿件 2 篇。同时，在新办公楼设立宣传栏，及时宣传党的路线、方针、政策。

（四）加强党的建设，提高凝聚力

核二院党委始终把加强党的建设，提高党组织的凝聚力和战斗力作为头等大事来抓。

1. 抓思想认识统一

年初发布了《核工业第二研究设计院 2018 年度党委工作要点》，在学习教育、企业党建、党风廉政建设、人才管理四个方面对院党委全年的工作进行了部署和安排。制定了《核二院党委学习计划表》，重点组织学习习近平总书记系列重要讲话精神和治国理政新理念新思想新战略，学习党的十九大、十九届一中、二中、三中全会和十九届中央纪委二次全会精神，学习全国老干部局长会议、集团公司党建工作会议和年度工作会议、党风廉政建设和反腐败工作会议精神等。对党委中心组、在职党支部、离退休党支部的学习内容和形式分别提出了要求，引导广大党员干部自觉把思想和行动统一到十九大精神上来，着重强化思想引领、理论武装、学以致用，不断提高党员干部职工思想政治素质，增强工作责任心、使命感，提高解决处理问题的能力。

2018 年，共计召开中心组学习会 3 次、党员干部职工大会 4 次，核二院 3 名党组管理干部参加了集团公司组织的学习贯彻党的十九大精神轮训班，7 名中层领导干部参加了工程公司组织的学习贯彻党的十九大精神轮训班，并认真撰写学习心得。在离退休老同志中开展了党的十九大精神知识竞答活动，下发试卷 1 000 份，回收 800 多份，参答率 80%以上。

2. 落实巡查整改

根据《中核集团落实中央第十巡视组巡视反馈意见整改方案》（中核党发〔2018〕46 号）以及《中国核电工程有限公司党委落实中央第十巡视组巡视反馈意见整改方案》（核工党发〔2018〕78 号）文件精神，核二院深入开展了自查自纠整改工作。根据公司落实中央巡视整改工作动员大会有关精神，院党委根据中央巡视组提出的六大方面 30 个问题，结合核二院实际，认真排查，梳理问题，制定整改措施，并形成了《核工业第二研究设计院落实巡视整改要求开展自查自纠的报告》。同时，坚持立行立改，对发现的问题立即启动了整改，上报了《核工业第二研究设计院落实巡视整改工作进展情况的报告》。

3. 强化培训提能力

一是为提高“三会一课”质量，规范组织生活，提高党务工作者的业务水平，举办了党支部书记、支委参加的党建培训班；二是结合党员实际情况，开展党课教育 6 次；三是积极开展读书活动，在全体职工和离退休党员中开展读书活动，发放《习近平讲故事》一书人手一本。“七一”前后，16 个离退休党支部依次开展“讲述当年入党初心，牢记兴核强国使命”主题党日活动，充分发挥广大老党员的“三个优势”，在新时代建设核工业强国新征程中发挥老同志的经验智慧和传帮带作用。

4. 推进党风廉政建设

一是制定了《2018 年核工业第二研究设计院廉洁从业责任书》，明确了责任内容和要求，并采取“院领导对部门领导，部门领导对员工”的方式，层层签订，一级抓一级，形成了上下联动的责任机制。廉洁从业责任书签署率 100%；二是加强了重点环节领域的监督管理，成立了“核二院招标、物资采购及资产处置管理工作小组”，建立了全面、规范、高效、务实的招标、物资采购及资产处置管理工作机制；三是开展“以政治建设为统领，深入推进六大建设”为主题的反腐倡廉教育月活动，采取“学、讲、考、看”等多种形式，教育全体党员不忘初心，牢记使命，不断提高党性觉悟，营造风清气正的良好氛围；四是针对春节、端午、清明、中秋等重点节日通过发通知、集体廉洁谈话、发微信等多种方式早提醒、早预防，守住纪律红线，推动“八项规定”全面落实。

5. 加强员工队伍能力建设

先后组织举办“党支部书记、支委培训班”和“核二院大讲堂”，邀请了中央党校和北京市委党校的教授对“学习贯彻习近平新时代中国特色社会主义思想”和“党支部工作实务”以及“如何提升领导和管理水平”“传统文化与德行修养”和“公文写作”等进行讲解。授课有水平、有高度，开拓了个人视野，有效地提高了职工的理论水平和工作技能。

（供稿人：谢方苏）

八、核工业第五研究设计院

（一）2018 年全年工作总体评价

2018 年，在中核集团与中核建集团合并，集团公司产业结构不断调整的背景下，核工业第五研究设计院迎来了改制、板块调整、业务重新定位、“三供一业”分离移交、内部体制改革深入推进、生产经营不断转型等一系列工作。2018 年度共获得外部奖项 2 项，《临城李家村 50 兆瓦地面光伏电站项目》获河南省优秀勘察设计行业“创新奖”二等（工业类），《郑州丹尼斯大卫城项目餐饮店铺排油烟设计》获河南省优秀勘察设计行业“创新奖”一等（暖通类）。核五院全体干部职工始终保持忧患意识，持续秉承不等不靠不要的思想，主动面对市场挑战，适应经济发展新常态，管理工作有序开展，生产经营工作稳步推进，较好地完成了年度工作任务。

（二）组织机构及人力资源情况

核五院下设综合办公室、人力资源部、财会部、经营计划部、总工办、项目管理部、科技质安部、监察审计部、党群工作部、保障管理中心共 10 个职能部门；下辖直属生产单位 12 个，全资子公司及控股公司各 1 个。组织机构如图 7-8 所示。

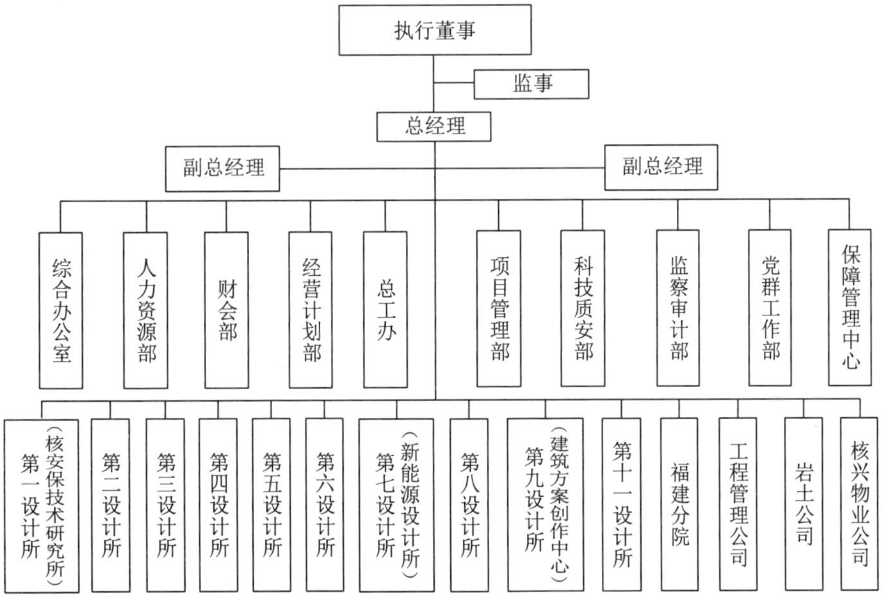

图 7-8　核工业第五研究设计院组织机构图

核五院现有从业人员 650 余人，其中劳动合同人员 345 人，劳务派遣合同人员 308 人。管理类人才 74 人，领导班子成员 4 人，中层干部 44 人，中层正职 22 人，副职 22 人；专业技术类人才 566 人，包括岩土及勘察类 38 人，监理、项目管理及工程总承包类 90 人，科研、咨询、设计类 438 人，其中，1 人享受国务院政府特殊津贴，3 人获得省级勘察设计大师称号。专业技术人才中，正高级职称占比 1%，副高级职称占比 14%，初、中级职称占比 85%。

公司各专业注册人数 123 人，一级注册建筑师 11 人，二级注册建筑师 2 人，一级注册结构工程师 11 人，注册土木工程师（岩土）3 人，注册公用设备工程师（暖通空调）4 人，注册公用设备工程师（给水排水）3 人，注册公用设备工程师（动力）3 人，注册电气工程师（发输变电）6 人，注册电气工程师（供配电）5 人，注册监理工程师 32 人，一级注册建造师 17 人，二级注册建造师 1 人，注册造价工程师 4 人，咨询专业 18 人，规划专业 4 人，安全专业 1 人。

（三）经济指标完成情况

作为中核集团下属市场化程度较高的企业，核工业第五研究设计院的运行和发展面对系统内、外两个“市场”。一方面，作为中央企业应承担的政治、经济和社会责任，核五院在集团公司内具有一定的业务定位；另一方面，作为市场化程度较高的勘察设计企业，国家宏观经济政策的调整，地方经济及行业政策的调整，以及各类大中小型设计企业的高度竞争，是核五院面对的一个外部市场。近年来，两个市场都既有机遇，也有挑战，大环境整体紧缩，管理与生产成本不断上升。面对复杂多变的内外部环境，全体干部职工能认真分析形势，调整思路，顺应市场；同时，民用设计、新能源设计、核安保、工程管理、岩土五大业务板块在稳步发展的基础上，通过提升优化项目品质，开拓新的项目领域，较好的完成了全年各项经济指标。

2018 年各项经济指标完成情况如下：

全年共签订有效经济合同总额 23 307. 11 万元；

实现营业收入 13 266 万元；

在提取往年的坏账准备，消化院改公司、筹备新公司成立、搬迁选址等的成本后，实现利润总额 48 万元；

实现产值总额 11 889 万元；

差旅费、会议费、业务招待费、办公费等四项费用控制在 368 万元。

（四）生产任务完成情况

基于核五院所属板块不断调整的实际情况，结合生产经营面临的现状，确定了“以民用建筑设计为基础，积极拓展非核新能源、核安保科研设计业务，大力培育核电工程配套设计力量，不断优化工程管理能力，努力发展成为具有核心竞争力的工程公司”的发展思路，及时响应集团公司产业布局调整和以核为主、多元发展的规划，有效适应了市场形势变化，生产经营工作在逆境中抢抓机遇，不断开拓，保持了一定的经济发展总量。

1. 民用建筑设计业务做精做优

2018 年，继续围绕民用住宅、城市综合体、医养、大型公建等领域开展工程设计，不断提升设计品质。在民用建筑设计的整体经营思路上，结合市场环境的不断变化，及时对经营方向和策略做出调整：一是通过与国内知名设计院以联合体形式参与大型公建和城市综合体项目，可以有效积累优质项目业绩，提升核五院品牌影响力；其次，根据未来公共财政投资建设的重点领域，紧跟郑州市及省内其他城市城中村改造、医院及学校建设、金融及商务中心、市政工程等项目，逐步扭转以往过度依赖民用住宅设计的状况；第三、在经营好现有客户关系的同时，进一步拓展优质客户，与绿城集团、蓝天集团、国浩物业等房地产开发商和国有物业管理公司进行合作，拓展业务领域，确保存量，争取增量。

2018 年度先后完成了一系列有代表性的项目，住宅类如三门峡经开华庭设计项目、潢川县商务中心区“五里村安置区”项目、中信广场（宏略明珠苑）项目、大唐·天龙郡、英地运河上苑（东苑）、海南奥兰花园二期、原阳颐养乐福·福园、中国电子科技集团公司第二十七研究所东区职工家属区物业管理分离移交改造项目等；公建类如郑东新区龙湖金融中心外环建筑群 TC3-04 地块项目、郑州银行股份有限公司金融服务中心项目、中原银行固始支行办公楼项目、海南“琼中新天地”民族风情旅游小镇项目、中共镇平县委党校搬迁建设项目等；医养类如郏县中医院康复综合楼设计项目、河南圣德医院健康养护中心等。民用建筑设计业务量与上年度基本持平，但在项目构成上，公建类项目比重持续提高。

2. 新能源设计业务不断增长

经过近几年的发展，新能源设计业务保持了持续的增长，以新能源项目设计为载体，全面培养和提升风电和光伏发电设计能力，并向生物质发电方向拓展。2018 年度签订新能源设计合同 1 000 余万元，完成目标产值 960 余万元，超过预期目标 13.11%。

此外，先后完成中民新能（鲁山）电力有限公司梁洼 20 MW 分布式光伏发电项目增容、临城土寨 20 MW 光伏扶贫项目、西藏扎囊 20 MW 光伏项目等多个风电、光伏等工程设计任务，完成华能淮阳一期风电项目建议书编制、三明烟草 3.0 MW 分布式光伏发电项目等多个高阶段科研项目，完成中核四〇四厂区上水管线隐患整治项目设计、以及中核四〇四有限公司 106 集控站光纤通信系统、106 变电所综保系统改造项目和 76 线改造等两个工业设计项目。积极拓展生物质发电项目，顺利完成新乡市汇能玉源发电有限公司生物质（糠醛渣）热电联产项目，配合公司风光电 EPC 工程总承包，完成多个风光电项目的科研咨询及设计任务。

同时，为了提升新能源配套土建专业的技术能力，积极开展民用设计与咨询业务，2018 年度共完成六冶洛阳生活区三供一业物业分离移交改造、青岛飞讯电子工程有限公司青岛华普大厦电缆井改造咨询等项目 37 个。

3. 监理、项目管理、工程总承包业务取得突破

持续加大监理、项目管理和工程总承包业务的经营力度，不断提升生产组织能力和项目交付品质。2018 年度先后中标中核汇能 2018—2019 年度监理标的、华润燃气 2019—2020 年度监理标的、国开新能源枣庄、大连金州 50 MW 地面光伏电站、汝州市北环路等三条道路工程等多个监理标的。成功签订了西藏国光发扎囊县 20 MW 并网光伏发电项目光伏厂区 EPC 总承包工程、瑞安市东山垃圾填埋集水池围堰及污水处理工程和营运服务项目、并一举中标中核甘肃黑崖子 50 MW EPC 风电总承包项目。

其中，中核黑崖子 50 MW EPC 风电总承包项目是建院以来单个总包合同额最大的项目，为核五院打造新能源核心设计能力、提升新能源 EPC 总承包竞争力创造了一次难得的机遇，也为不断优化内部业务结构提供了重要契机。该项目的成功中标既是持续紧跟集团公司新能源业务发展，强化系统内项目经营的结果，也是从风光电监理入手，逐步拓展至风光电项目管理和工程总承包，不断提升技术和服务能力，以优良的服务品质赢得系统内单位认可的结果。

2018 年度累计签订监理、项目管理及工程总承包经济合同 13 949 万元，其中 EPC 合同额 12 294 万元，监理项目合同 1 655 万元，完成目标产值 3 000 余万元。并与中核汇能有限公司就新能源市场开发与项目建设等多个领域签订长期战略合作协议，通过加强合作，整合双方资源、资金、管理及技术优势，共同助力中核集团新能源业务的发展。

4. 核安保业务长足发展

核五院先后与国家核安保中心签订《关于核安保领域战略合作的框架协议》，并与北京广利核系统工程有限公司、清华大学核能与新能源技术研究院、天核科工（北京）科技有限公司在北京签署了《核行业实物保护系统建设四方战略合作协议》。

核安保科研项目顺利通过中核集团军工部 2018 年度年中预先研究项目合同执行情况检查，国防科工局核材料管制标准项目审计等工作。

5. 岩土勘察业务平稳过度

岩土公司自 2017 年 4 月正式注册成立后，原勘察、测量等业务的后续服务工作持续跟进，因受核五院改制、资质动态考核、资质更名、转移等因素影响，较往年有效合同额和回款情况有所下滑，但勘察业务成功入围恒大、碧桂园、融信等供应商库，为后续发展奠定了一定基础。岩土勘察业务基本保持平稳过度。

6. 科研任务完成情况

在科研工作方面，核五院先后承揽了国防科工局、装备发展部等科研项目，核能开发“核设施实物保护评价技术研究”与“核安保设备信息安全测试技术研究”课题、陆上小型反应堆预研等项目有序推进。同时，完成了 10 项国军标的标准编制，并完成核材料与核设施实物保护出入口控制系统技术要求第 1 部分，以及通用要求等 10 项 EJ 核行业标准的编制报批工作，配合国家核安保中心开展核安保从业人员培训教材编制，完成《实物保护系统有效性评价》一书，该教材已正式发布。在设计咨询方面，共承接和开展 7 个核安保相关设计项目。目前已完成北京××实物保护工程、广利核产业研发中心、衡阳二七二厂核安保项目、某海军基地实物保护工程等多个项目的设计与咨询工作。

（供稿人：高瑞洁）

附录一　大　事　记

2018 年 1 月 2 日，公司举行了庄严的升旗仪式，公司董事长、党委书记卢洪早书记在总部仪式上致辞，公司总经理刘巍主持升旗仪式。

2018 年 1 月 3 日，时任公司董事长、党委书记卢洪早会见美国西屋电气公司副总裁、中国区总裁 Raj BHAN 一行。

2018 年 1 月 3 日，主题为“众志成城，决胜华龙，共迎 2018”的“华龙一号”安全管理反思暨工程建设动员会在福清现场顺利召开。

2018 年 1 月 9 日，时任公司副总经理钟华会见了法国 VELAN 公司总经理 Jean Luc MAZEL 先生一行。双方就合同执行过程中存在的问题进行了深入地交流讨论。

2018 年 1 月 9 日至 11 日，法国 EDF/NNB 公司来我司就英国 HPC 新建核电项目核岛通风烟囱 EPC 合同进行质保源地评审。

2018 年 1 月 11 日，经过历时 17 小时的连续施工，“华龙一号”首堆示范工程福清核电 5 号机组反应堆厂房正式完成结构封顶。

2018 年 1 月 11 日，海水开始从重要厂用取水构筑物厂房引入至 4 号机组冷却水泵房，田湾核电 4 号机组常规岛侧二阶段进海水节点圆满实现。

2018 年 1 月 12 日，集团公司总经理助理李晓明一行到廊坊项目现场调研指导，并对奋战在现场的一线全体员工表示慰问。

2018 年 1 月 17 日，公司第三届纪委第三次会议在公司总部召开。

2018 年 1 月 19 日，公司与同济大学建筑设计研究院（集团）公司签署了全方位合作战略合作协议。

2018 年 1 月 20 日，中核龙瑞科技有限公司与中国核电工程有限公司签订“示范快堆 MOX 燃料组件生产线建设项目工程总承包框架协议”，签字仪式在北京举行。

2018 年 1 月 26 日，“华龙一号”首堆示范工程福清核电 5 号机组核辅助厂房 24 m 屋面板最后一段混凝土浇筑顺利实现，标志着 5 号机组核辅助厂房封顶完成。

2018 年 1 月 31 日，公司召开了第二届第四次职工代表大会。会上审议通过了《公司年度工作报告》和《公司年度财务工作报告》，并顺利完成了各项议程。

2018 年 2 月 1 日，公司召开了 2018 年党建工作会。会议总结回顾了公司 2017 年党的建设工作情况，并对公司 2018 年党建工作进行了研究部署。

2018 年 2 月 2 日，中核集团 2018 年工程建设工作会暨工程公司 2018 年度工作会议在京召开，时任集团公司董事长、党组书记王寿君出席会并讲话。司属各单位负责人参加了会议。

2018 年 2 月 3 日，时任公司董事长、党委书记卢洪早会见德国 KAH/STEAG 联合体代表团。

2018 年 2 月 7 日，公司领导班子召开 2017 年度民主生活会，集团公司总经济师黄敏刚，集团公司第三督导组组长李长瑜，集团公司第三督导组成员霍颖颖出席会议。

2018 年 2 月 8 日，中核集团地热研究中心揭牌仪式在中国核电工程有限公司河北分公司举行，公司总经理刘巍出席仪式并揭牌。

2018 年 2 月 8 日，公司召开 2017 年度经验反馈工作年终总结会，时任公司董事长、党委书记卢洪早出席会议并发表讲话。会上宣布了公司 2017 年度经验反馈工作年终评比结果，并对获奖单位进行了颁奖表彰。

2018 年 2 月 8 日，公司总经理刘巍一行代表公司慰问郑州分公司及核五院的困难及退休职工，为他们送上公司的关怀和新年祝福。

2018 年 2 月 15 日，田湾核电厂 3 号机组顺利通过 100 小时满功率连续运行考核，标志着由公司总承包的第 9 座核电站具备商业运行条件。

2018 年 2 月 26 日，春节假期后第一个工作日，公司全体领导班子成员到各个单位的办公室看望慰问广大员工，并通过视频向项目部、分公司全体员工送上新春的祝福。

2018 年 3 月 2 日，“华龙一号”全球首堆示范工程福清核电 5、6 号机组 220 kV 倒送电节点顺利完成，为后续的工程建设奠定了良好基础。

2018 年 3 月 8 日，公司工会精心策划并组织开展了庆“三八”妇女节系列活动，时任公司董事长、党委书记卢洪早，副总经理、工会主席李强，总会计师温新利代表公司向广大女职工送上温馨的祝福。

2018 年 3 月 15 日，国防科工局黄明全副司长一行来公司进行调研，对公司所做的大量审评工作给予积极评价。

2018 年 3 月 16 日，约旦原子能委员会副主席 Kamal Al-Araj 一行来公司访问交流。

2018 年 3 月 20 日，公司学习贯彻党的十九大精神轮训班第一期开班，时任公司董事长、党委书记卢洪早为参加轮训的公司中层干部讲授第一堂课。

2018 年 3 月 21 日，福清核电 6 号机组穹顶吊装提较计划提前十天完成，福清 6 号机组全面进入设备安装阶段。

2018 年 3 月 23 日，公司总工程师邢继与美国 JENSEN HUGHES 公司签署《关于在民用核安全领域开展全面合作的谅解备忘录》。

2018 年 3 月 28 日，公司在科技楼报告厅举办了“核安全文化大讲堂”之《核安全法》宣贯。公司总部 100 余人现场参加，分会场视频连接参加。

2018 年 3 月 29 日，廊坊市安次区 2018 年重点项目集中开工活动在公司廊坊研发基地项目现场隆重举行。

2018 年 3 月 29 日，亚欧会议第五届核能安全研讨会在北京召开，公司总经理刘巍出席会议并做题为“华龙一号技术概述及福岛后技术改进”的专题报告。

2018 年 4 月 3 日，生态环境部华北核与辐射安全监督站刘瑞兰处长带队，会同核与辐射安全中心、组成专家组对我司进行核与辐射环评机构监督检查。

2018 年 4 月 8 日，时任集团公司董事长王寿君一行到 821 项目现场指导工作，时任公司董事长、党委书记卢洪早陪同指导。

2018 年 4 月 10 日，时任公司董事长、党委书记卢洪早，公司总工程师邢继会见了瑞典 Studsvik 公司总裁 Camilla Hoflund 一行。

2018 年 4 月 16 日，田湾核电站 5 号机组龙门吊 380 t 吊车载荷试验完成，标志着龙门吊完全可用，较计划提前 45 天。

2018 年 4 月 16 日，公司以较大优势中标海南文昌医院综合楼项目，这是公司通过市场竞争在海南承接的第一个民用建筑设计项目。

2018 年 4 月 16—17 日，公司组织广大党员、职工参观《世纪伟人腾飞梦——周恩来与两弹一星》展览，学习传承“热爱祖国、无私奉献，自力更生、艰苦奋斗，大力协同、勇于攀登”的“两弹一星”精神。

2018 年 4 月 27 日，田湾核电 5、6 号机组项目管理平台（ProMIS）正式上线运行，标志着公司“四柱一面”核电项目管理信息化体系在田湾核电 5、6 号项目的全面落地。

2018 年 5 月 5 日，田湾核电 6 号机组安全壳穹顶与筒体上口精准就位，穹顶吊装圆满完成，较计划提前 26 天。

2018 年 5 月 7 日，田湾核电 4 号机组一回路降至常温常压状态，热态功能试验顺利结束。

2018 年 5 月 7 日，821 高放废液玻璃固化工程项目生产线上最后两台主设备中放蒸发器安装完成，标志着 821 高放废液玻璃固化项目所有主设备安装工作已结束。

2018 年 5 月 9 日，国防科工局系统二司高洪滨副司长一行到 821 项目现场进行例行监督检查指导工作。

2018 年 5 月 11 日，公司股东会第十九次会议、第三届董事会第二次会议、第三届监事会第二次会议、股东会第二十次会议、第三届董事会第三次会议和第三届监事会第三次会议在京顺利召开。

2018 年 5 月 11 日，公司召开党委会学习传达习近平总书记在纪念马克思诞辰 200 周年大会上的重要讲话精神。

2018 年 5 月 15 日，国防科工局副局长王毅韧一行赴 821 项目现场检查指导工作。

2018 年 5 月 16 日，“华龙一号”首堆示范工程福清核电 5 号机组稳压器顺利吊装就位，至此福清核电 5 号机组一回路主设备吊装工作全部完成。

2018 年 5 月 19 日，公司工会组织职工参加了海淀区八里庄街道首届“玲珑杯”运动会。

2018 年 5 月 22 日，公司召开“五四”表彰暨青年员工座谈会。时任公司董事长、党委书记卢洪早，公司总经理刘巍同青年员工进行了交流互动，并对优秀青年团体和个人进行了表彰。

2018 年 5 月 24 日，公司与中科院等离子体物理研究所、核工业西南物理研究院、中国核工业二三建设有限公司在中国国际核聚变能源计划执行中心举行仪式，共同签署《磁约束核聚变能研究与开发四方战略合作框架协议》。

2018 年 5 月 24 日，集团公司总经理、党组副书记余剑锋一行到公司调研指导工作，对各项目的进展情况表示肯定。

2018 年 5 月 24 日，公司荣获江苏省“五一劳动奖状”荣誉称号。

2018 年 5 月 25 日，由公司总承包的秦山核电厂扩建项目（方家山核电工程）顺利通过最终竣工验收。

2018 年 5 月 25 日，由集团公司主办，公司承办的“CFETR 核安全体系研究课题启动会”在北京顺利召开。

2018 年 5 月 28—29 日，由核能行业协会主办，公司承办的“第六届核电厂防人因失误研讨会”在北京顺利召开。

2018 年 5 月 29 日，田湾核电厂 6 号机组常规岛汽轮机基座运转层顺利完成浇筑施工，实现常规岛施工又一关键节点。

2018 年 6 月 1 日，公司召开集团公司党组第一巡视组巡视中国核电工程有限公司党委工作动员会议。

2018 年 6 月 6 日，共青团中央正式发布出席团的十八大代表人选，公司优秀团员代表赵庆南当选。

2018 年 6 月 8—10 日，福清核站电 1 至 4 号机组项目档案顺利通过国家档案局专家组验收。

2018 年 6 月 12 日，时任公司董事长、党委书记卢洪早会见 AVEVA 全球高级副总裁、亚太区总裁 Evgeny Fedotov 一行。

2018 年 6 月 13 日，田湾核电 5、6 号机组排水隧洞两条隧洞全部掘进完成，节点较计划提前两个半月实现。

2018 年 6 月 14 日，公司总经理刘巍会见了源讯网源 Atos WorldGridTM 全球业务拓展总监 Dacruz 一行。

2018 年 6 月 21—23 日，中国工业经济联合会一行到公司及福清项目现场进行考察交流。

2018 年 6 月 25 日，“华龙一号”首堆示范工程福清核电厂 5 号机组核岛中压配电装置母线实现受电，6.6 kV倒送电节点提前实现。

2018年6月28日，公司与中核龙瑞科技有限公司签署乏燃料后处理工业示范厂项目《部分设备设计、采购与供货EP合同》及《部分子项EPC合同》。

2018年7月2日，公司举行党员突击队授旗仪式。时任公司董事长、党委书记卢洪早，集团公司首席专家、公司总工程师邢继分别为战狼突击队和P2P突击队授旗。

2018年7月3—6日，由我公司承办的国际原子能机构（IAEA）“核电厂寿期内的风险管理”技术会议在福建厦门成功召开。

2018年7月4—13日，公司接受了北京中设认证服务有限公司本审核周期内的三体系第一次监督审核，公司三体系认证审核顺利完成。

2018年7月5日，公司获得2018年度国家工程建设（勘察设计）QC小组活动优秀企业的荣誉称号。

2018年7月6日，公司在华东分公司召开见义勇为事迹表彰会，授予公司采购中心华东分部王翔飞同志“见义勇为奖”荣誉称号。

2018年7月6日，海南昌江核电项目1、2号机组档案通过预验收。

2018年7月10日，公司2018年新入职员工正式报到。时任公司董事长、党委书记卢洪早，总经理刘巍来到入职办公区看望新员工并仔细询问情况。

2018年7月16日，田湾核电5号机组压力容器顺利吊装就位。

2018年7月16日下午，公司2018届定向研究生毕业典礼暨学位授予仪式在核能大厦第一会议室隆重举行，公司总经理刘巍，公司总工程师邢继出席典礼仪式。

2018年7月18日，中国核电工程有限公司党建书苑正式揭牌成立。

2018年7月20日，公司成功举办“中核集团核电总承包合同定价机制创新暨福清核电总承包合同结算”专题研讨会，与福建福清核电有限公司正式签署《福建福清核电1~4号机组工程总承包合同结算协议》，为历时5年的福清一期工程结算工作画上圆满句号。

2018年7月22日至7月26日，时任公司董事长、党委书记卢洪早出席第26届国际核工程大会（ICONE26）开幕式并参加了公司“三代核电机组及新核电机组工程建设经验反馈”专题技术报告。

2018 年 7 月 24 日，“华龙一号”福清核电 5 号机组安全厂房低压安注泵、安全壳喷淋泵的安装工作顺利完成。

2018 年 7 月 31 日，国防科工局核应急安全司司长姚斌赴 821 项目玻璃固化工程现场视察。

2018 年 7 月 31 日，在八一建军节即将到来之际，公司专职党委副书记、纪委书记钱远华一行到驻司武警部队营房慰问武警官兵。

2018 年 8 月 4 日，福清核电 5 号机组 DCS 系统设备通讯网络投用，控制机柜具备处理功能，标志着“华龙一号”全球首堆示范工程 5 号机组主控室可用节点提前实现。

2018 年 8 月 10 日，公司成功举办“血液连接你我 · 核力与你同行”公益献血活动，公司员工无私奉献的精神和高度的社会责任感获得了北京市血液中心工作人员的一致认可和高度赞扬。

2018 年 8 月 14 日，集团公司总会计师陈书堂一行到公司郑州分公司调研指导工作。

2018 年 8 月 16 日，“华龙一号”首堆示范工程福清核电 7HX 子项制氯成功，首创中核工程泵房进水前制氯成功先例。

2018 年 8 月 21 日，福清核电 6 号机组环吊载荷试验完成，较计划提前 10 天完成环吊可用节点。

2018 年 8 月 23—24 日，集团公司军工部副主任李承一行到公司郑州分公司调研指导工作。

2018 年 8 月 24 日，公司 2018 年中期工作会在京召开。大会对 2018 年上半年工作完成情况进行了总结，并部署了下半年的重点工作。

2018 年 8 月 29 日，全国人大常委会办公厅机关事务管理局来司交流参观。

2018 年 8 月 29 日，田湾核电 4 号机组核岛特排水系统全部投用并正式移交业主。

2018 年 8 月 31 日，公司员工劳保物资电商集中采购平台正式上线。

2018 年 8 月 31 日，国际原子能机构副总干事兼核能司司长米哈伊尔 · 楚达科夫一行来公司参观访问。

2018 年 9 月 13 日，集团公司党组第一巡视组向公司党委反馈巡视情况。第一巡视组组长张国华代表巡视组反馈巡视情况，时任公司党委书记、董事长卢洪早主持巡视反馈会并就做好巡视整改工作作表态讲话。

2018 年 9 月 27 日，“华龙一号”首堆示范工程福清核电 5 号机组预应力施工全部完成，为机组后续重大节点的按时实现奠定了坚实的基础。

2018 年 9 月 20 日，公司与中核苏能核电有限公司、中核辽宁核电有限公司签署了《田湾核电站 7、8 号机组工程建设合作协议》与《辽宁徐大堡核电站 3、4 号机组工程建设合作协议》。

2018 年 9 月 29 日，“华龙一号”海外工程巴基斯坦卡拉奇核电 3 号机组顺利实现穹顶吊装。

2018 年 9 月 30 日，田湾核电项目 4 号机组堆芯顺利实现首次临界。

2018 年 10 月 5 日，田湾核电 4 号汽轮发电机组转速稳定在额定转速 1500/分，标志首次核蒸汽冲转节点顺利实现。

2018 年 10 月 10 日，集团公司总会计师陈书堂一行到公司调研指导工作。

2018 年 10 月 13 日，公司在首都师范大学运动场成功举办公司第七届职工运动会，运动会以“善建者 · 梦同行”为主题，展现出了中核工程人良好的精神面貌。

2018 年 10 月 15 日，公司组织 2018 年度优秀共产党员、优秀党务工作者代表，深入福清开展“新时代新担当新作为，我为党旗添光彩”宣讲活动。

2018 年 10 月 15 日，公司与英国代表团召开中英核能后端领域交流研讨会，双方以技术交流为基础，共同探讨了潜在的合作领域及合作机制。

2018 年 10 月 15 日，由公司承办的国际原子能机构“核电项目合同管理与工程建设”培训班开幕，国际原子能机构和国家原子能机构官员出席了开幕式。

2018 年 10 月 16—17 日，由公司承担的能源行业标准化研究项目《三代压水堆核电厂调试大纲研究》顺利通过专家组验收。

2018 年 10 月 19 日，《国防科工局安全中心与中国核电工程有限公司合作意向书》签字仪式在公司成功举行。

2018 年 10 月 26 日，中共中央组织部组织二局郑德辉处长一行来公司调研指导党建工作。

2018 年 10 月 26 日，工业和信息化部副部长、国防科工局局长张克俭，副局长张建华一行到 821 项目现场视察指导工作，科工局二司司长刘永德、计划司副司长徐洪亮、集团公司副总经理李定成陪同指导。

2018 年 10 月 27 日，田湾核电 4 号机组首次并网一次成功，公司在核电工程总承包领域达成又一个重要里程碑。

2018 年 10 月 28 日，公司与合作方联合研发的“核电用卡轨及配套紧固件”顺利通过专家组科技成果鉴定。

2018 年 10 月 30 日，由公司与合作方共同研发的“核电厂海水冷却水系统海洋生物防治技术”顺利通过专家组科技成果认定。

2018 年 10 月 30 日，时任公司副总经理袁旭在公司总部会见了海盐县副县长陈峰一行。

2018 年 11 月 1 日，公司荣获年度国防科技报告管理先进单位奖，集团公司充分肯定公司完善的 GF 报告建设与管理工作。

2018 年 11 月 5 日，公司开启“明纪律　知敬畏”警示教育纪委书记讲党课专题活动。公司专职党委副书记、纪委书记钱远华出席启动会，并带头宣讲了首场专题党课。

2018 年 11 月 6 日，国家核安全局副局长、生态环境部核设施安全监管司司长郭承站一行到 821 项目现场进行调研，对我司工程设计、项目管理等工作给予肯定。

2018 年 11 月 6 日，国家留学基金管理委员会“感知中国 · 首都行”中国政府奖学金留学生社会实践代表团到公司进行了参观学习。

2018 年 11 月 7 日，海南核电工程 1、2 号机组最终竣工验收签署仪式在昌江顺利举行。

2018 年 11 月 19 日，福清核电 6 号机组反应堆厂房正式完成结构封顶。

2018 年 11 月 22 日，国家核安全局副局长、生态环境部核电安全监管司司长汤搏一行来我司进行“加强核电厂运行安全监管”工作调研活动。

2018 年 11 月 22 日，集团公司党组书记、董事长余剑锋到 821 项目现场检查指导工作，与现场一线员工进行了亲切的沟通交流。

2018 年 12 月 5 日，国家电投集团总工程师王俊、国电投中央研究院党委书记兼副院长樊胜一行到公司研发中心廊坊基地进行技术交流。

2018 年 12 月 6 日，西北有色金属研究院院长张平祥、副院长杜明焕来公司交流访问。

2018 年 12 月 9 号，第五届中国工业大奖在北京人民大会堂揭晓，中国核电工程有限公司荣获“中国核工业大奖”，实现了核行业企业的历史性突破。

2018 年 12 月 14 日，集团公司总经理、党组副书记顾军在集团公司总经理助理李晓明的陪同下，来公司调研指导工作。

2018 年 12 月 15 日，公司“财务与预算管理系统业财一体化建设”荣获 2018 全国国企财务管理创新成果二等奖。

2018 年 12 月 19 日，中原对外工程有限公司总经理谢嘉杰一行到我司进行质量安全管理工作交流，公司总经理刘巍参加了交流活动。

2018 年 12 月 24 日，集团公司董事、党组副书记祖斌一行专程到福清项目现场指导党建工作，为基层党建联系点讲授专题党课。

2018 年 12 月 26 日，公司《核聚兰台——项目档案管理专题片》荣获“国家档案局建设项目档案工作专题片”评选一等奖。

附录二　荣　誉　栏

一、省部级及以上级别奖项（见附表 2-1）

附表 2-1　2018 年度省部级及以上级别奖项统计表

序号	获奖项目	奖项名称	奖项等级	颁奖机构	获奖日期	获奖集体或个人
1	实验快堆	国家科学技术进步奖	特等奖	国务院	2018-12	徐銤、万钢、张东辉、杨红义、王振兴、马大园、李中平、周培德、吴纯良、马振权、王洲、陈叔平、霍建明、张坚、李鹏辉、杨河涛、李蔚芳、晁志玉、吕飞、陆道纲、赵守智、刘国发、马子云、唐基本、陈树明、汪尧、于华、吕兆福、王钢、王彩霞、王明政、鲍杨民、杨福昌、张汝娴、喻宏、杜海鸥、许咏丽、余华金、刘桂娟、任丽霞、杨孔雳、孙刚、叶原武、王小蓉、刚直、洪顺章、谷继晶
2	研究生国家奖学金	硕士研究生国家奖学金	全国级	国家教育部	2018-11	郭娟娟

续表

序 号	获奖项目	奖项名称	奖项等级	颁奖机构	获奖日期	获奖集体或个人
3	天天向上 QC 小组	全国优秀质量管理小组	全国级	中国质量协会，中华全国总工会，中华全国妇女联合会，中国科学技术协会	2018-01	赵嘉明、于沛、马惠昀、孙奇、李妍、王广飞、丁亮、赵斌、宋立峰
4	核聚兰台-中国核电工程有限公司项目档案管理专题片	建设项目档案专题片奖	省部级一等奖	国家档案局	2018-12	中国核电工程有限公司
5	《提高田湾 5、6 号项目 EDG 设备采购合同接口文件按时关闭率》	2018 年度核工业部级工程建设 QC 小组成果奖	省部级一等奖	中国核工业勘察设计协会	2018-04	郑静、王卫、李嘉、郭润花、李可、吴京磊、宋芊千、高渊、周伟
6	《提高 DCS 系统类提资文件接口关闭率》	2018 年度电力建设优秀质量管理 QC 成果奖	省部级一等奖	中国电力建设企业协会	2018-03	史堃、刘帅、刘汪平、王希、张峥、王占斌、王鹤云、杨占杰、刘佳欣、雷文浩
7	缩短核电站化学品库施工图设计工艺提资用时	河南省勘察设计行业 2018 年度优秀质量管理小组	一等奖	河南省勘察设计行业协会	2018-04	中国核电工程有限公司郑州分公司
8	2018 年度核工业部级工程建设优秀 QC 小组成果奖	田湾 3、4 号机组首循环装载 TVS－2M 燃料组件一回路现实源项研究	一等奖	中国核工业勘察设计协会	2018-04	张丽莹、杨德锋、尤伟、米爱军、王晓霞、王炳衡、邱林、张晔、张普忠、谢思洋

续表

序 号	获奖项目	奖项名称	奖项等级	颁奖机构	获奖日期	获奖集体或个人
9	降低核电项目设计成品文件标识错误率	2018 年度核工业部级工程建设优秀 QC 小组	一等奖	中国核工业勘察设计协会	2018-04	韩国庆、李占全、梁文洁、邱尚莉、于莹、郭新月、张帅、王雪、蔡斌
10	降低核电项目设计成品文件标识错误率	2018 年度国家工程建设（勘察设计）优秀 QC 小组	一等奖	中国勘察设计协会	2018-09	韩国庆、李占全、梁文洁、邱尚莉、于莹、郭新月、张帅、王雪、蔡斌
11	集团公司科学技术奖	自主化核电核动力工程设计分析软件包开发与应用	一等奖	中国核工业集团有限公司	2018-01	李庆、刘东、卢宗健、林旭升、刘树斌、汤华鹏、冷贵君、于颖锐、芦韡、邓坚、李磊、陈树、陈平、姜乃斌、刘佳
12	自主化核电核动力工程设计分析包开发与应用	国防科学技术进步奖	一等奖	工业与信息化部	2018-12	李庆、刘东、卢宗健、林旭升、刘树斌、汤华鹏、冷贵君、于颖锐、芦韡、邓坚、李磊、陈树、陈平、姜乃斌、刘佳
13	降低总平面设计图校审差错率	2018 年度核工业部级工程建设优秀 QC 小组成果奖	一等奖	中国核工业勘察设计协会	2018-04	李友、吴静、廖略伶、李启超、苏宇琪、臧磊、胡树超、于艳强、李慧繁、贺萌
14	缩短核化工项目估算文件编制工时	2018 年度核工业部级工程建设优秀 QC 小组成果奖	一等奖	中国核工业勘察设计协会	2018-04	唐庆辉、石楠、胡江、尚鑫、张明、朱国正、卜占友、于洋、路梦雪、孙立巍

续表

序号	获奖项目	奖项名称	奖项等级	颁奖机构	获奖日期	获奖集体或个人
15	降低福清核电厂5、6 号机组核岛厂房钢筋工程预算审核造价	2018 年度核工业部级工程建设优秀 QC 小组成果奖	一等奖	中国核工业勘察设计协会	2018-04	张弘、王乐、王芳、韩兆兴、迟静、马丽娅、尹璐、杨欣鑫、赵云龙、曹海洋
16	缩短核化工项目估算文件编制工时	2018 年度国家工程建设（勘察设计）优秀质量管理（QC）小组	一等奖	中国勘察设计协会	2018-08	唐庆辉、石楠、胡江、尚鑫、张明、朱国正、卜占友、于洋、路梦雪、孙立巍
17	降低福清核电厂5、6 号机组核岛厂房钢筋工程预算审核造价	2018 年度国家工程建设（勘察设计）优秀质量管理（QC）小组	一等奖	中国勘察设计协会	2018-08	张弘、王乐、王芳、韩兆兴、迟静、马丽娅、尹璐、杨欣鑫、赵云龙、曹海洋
18	集团公司 2018 年度管理创新	华龙一号施工挣值管理体系的构建与创新实践	一等奖	中国核工业集团有限公司	2018-09	袁旭、徐春富、刘学姣、杨子春、杨昊林、康立秋、刘艳红、邱月、李丹丹、潘锐、吴维
19	H5 作品《我是第××位为中国核电工程有限公司十周年庆生的人》	集团公司改革开放 40 周年主题征文和中核品牌故事大赛	一等奖	中国核工业集团有限公司	2018-12	中国核电工程有限公司宣团部
20	《建设有中核工程特色的“四位一体”党员教育体系实践研究》	核工业政研会 2018 年度优秀课题研究成果	一等奖	中国核工业职工思想政治工作研究会	2019-01	卢洪早、李正华、耿攀、宁凯敏、毛晨、邢肖然

续表

序号	获奖项目	奖项名称	奖项等级	颁奖机构	获奖日期	获奖集体或个人
21	大学生科技创新作品	第七届大学生科技创新作品与专利成果展示推介会一等奖暨创新金奖	一等奖	北京市科学技术协会	2018-12	郭娟娟、刘仕倡、尚晓通、郭啸宇、黄善仿、王侃
22	2018年国际质量管理小组成果发表大会（ICQCC）	Development of IGA Lifting Rig 堆内测量机械结构吊具的研制	金奖	Singapore Productivity Association 新加坡生产力协会	2018-10	NONSTANDARD NUCLEAR EQUIPMENT QCC 核能非标设备QC小组
23	《提高田湾5、6号项目EDG设备采购合同接口文件按时关闭率》	2018年度国家工程建设（勘察设计）优秀QC小组二等奖	省部级二等奖	中国勘察设计协会	2018-09	郑静、王卫、李嘉、郭润花、李可、吴京磊、宋芊千、高渊、周伟
24	《"联学联做"在"两学一做"学习教育常态化制度化建设中的创新研究与实践》	中国核工业政研会2017年度优秀课题研究成果	省部级二等奖	中国核工业职工思想政治工作研究会	2018-01	周永强、戴芳芳、吴萍、所昊然、罗意、逄文秀、周辉、吕海慧
25	《提高田湾5&6项目EDG设备采购合同接口文件按时关闭率》	国家工程建设（勘察设计）优秀QC小组	省部级二等奖	中国勘察设计协会	2018-09	榫卯QC小组（王卫、李嘉、郑静、宋芊千、路鹏、郭润花、李可、高渊、吴京磊）
26	《降低DCS供应商执行程序的费用》	2018年度电力建设优秀质量管理QC成果奖	省部级二等奖	中国电力建设企业协会	2018-03	张晋、杨泽伟、盛夏、王唯、张效宁、张力、李京帅、许磊、赵帅、鲁陈林

续表

序 号	获奖项目	奖项名称	奖项等级	颁奖机构	获奖日期	获奖集体或个人
27	《“华龙一号”全球首堆示范工程大宗材料全周期一体化管理》	2018 年度国防科技工业企业管理创新成果奖	省部级二等奖	中国国防工业企业协会	2018-12	张继心、郃江、张智勇、乔海涛、朱明东、任晓明、周鹏、郑吉金、张冰
28	中国核能行业协会科技进步奖	六氟化铀到四氟化铀的干法转化工艺及设备	二等奖	中国核能行业协会	2018-12	宫本希、翟家海、李芳林、侯捷、严浩、张凡、李泽、李涛、郭国俊、张卓
29	六氟化铀到四氟化铀的干法转化工艺及设备	中国核能行业协会科技进步奖	二等奖	中国核能行业协会	2018-11	中国核电工程有限公司
30	提高核燃料棒全长透照装置检测灵敏度	河南省勘察设计行业2018 年度优秀质量管理小组	二等奖	河南省勘察设计行业协会	2018-04	中国核电工程有限公司郑州分公司
31	减少田湾 1、2 号机组技改设计图纸修改返工次数	河南省勘察设计行业2018 年度优秀质量管理小组	二等奖	河南省勘察设计行业协会	2018-04	中国核电工程有限公司郑州分公司
32	缩短核电站化学品库施工图设计工艺提资用时	2018 年度国家工程建设（勘察设计）优秀 QC 小组	二等奖	中国勘察设计协会	2018-09	中国核电工程有限公司郑州分公司豫核同行 QC 小组
33	核岛通风自动化出图辅助程序研发课题	2018 年度核工业部级工程建设优秀 QC 小组成果奖	二等奖	中国核工业勘察设计协会	2018-04	中国核电工程有限公司智能通风设计 QC 小组

续表

序 号	获奖项目	奖项名称	奖项等级	颁奖机构	获奖日期	获奖集体或个人
34	核电工艺管道工程量计算新方法的研究课题	2018 年度核工业部级工程建设优秀 QC 小组成果奖	二等奖	中国核工业勘察设计协会	2018-04	中国核电工程有限公司三维 QC 小组
35	一种基于 PDMS 三维平台下核工程电缆敷设新方法课题	2018 年度核工业部级工程建设优秀 QC 小组成果奖	二等奖	中国核工业勘察设计协会	2018-04	中国核电工程有限公司电气 QC 小组
36	提升实物保护门禁控制系统响应速度课题	2018 年度核工业部级工程建设优秀 QC 小组成果奖	二等奖	中国核工业勘察设计协会	2018-04	中国核电工程有限公司实物保护门禁设备研发 QC 小组
37	中国核工业集团公司科学技术奖	高温气冷堆新燃料原件运输、贮存容器研制	二等奖	中国核工业集团有限公司	2018-12	王庆、张洪军、李宁、谢亮、王晓江、卢可可、徐小刚、邵增、刘杨、田英男
38	2018 年度国家工程建设（勘察设计）优秀 QC 小组	田湾 3、4 号机组首循环装载 TVS-2M 燃料组件一回路现实源项研究	二等奖	中国勘察设计协会	2018-09	张丽莹、杨德锋、尤伟、米爱军、王晓霞、王炳衡、邱林、张晔、张普忠、谢思洋
39	2018 年度中国核工业集团公司科学技术奖	高温气冷堆新燃料元件运输、贮存容器研制	二等奖	中国核工业集团有限公司	2018-11	王庆、张洪军、李宁、谢亮、王晓江、卢可可、徐小刚、邵增、刘杨、田英男

续表

序 号	获奖项目	奖项名称	奖项等级	颁奖机构	获奖日期	获奖集体或个人
40	2018年度中国核能行业协会科学技术奖（科技进步奖）	高温气冷堆新燃料元件运输、贮存容器研制	二等奖	中国核能行业协会	2018-12	王庆、张洪军、李宁、谢亮、王晓江、罗宝军、董玉杰、卢可可、徐小刚、邵增、田英男、龚兵、王海涛、贺启超、李红克
41	安全壳过滤排放系统设计技术及试验研究	国防科学技术奖	二等奖	国防科学技术工业委员会	2018-12	邢继、朱京梅、李嫦月、刘长亮、孙中宁、杨理烽、王长东、荆春宁、吴明、王晓江
42	高温气冷堆新燃料元件运输、贮存容器研制	中国核工业集团公司科学技术奖	二等奖	中国核工业集团有限公司	2018-12	王庆、张洪军、李宁、谢亮、王晓江、卢可可、徐小刚、邵增、刘杨、田英男、龚兵、罗宝军、郑越、袁炜、王宇欣
43	ACP1000双层安全壳机械贯穿件研制	中国核工业集团公司科学技术奖	二等奖	中国核工业集团有限公司	2018-12	王宏杰、梁毅、于凤云、孙占、王红杨、孙英娜、杨志全、韩双、王恒、杜晓彬
44	内置换料水箱设计技术及试验研究	中国核工业集团公司科学技术奖	二等奖	中国核工业集团有限公司	2018-12	朱京梅、朱明华、张卫、赵斌、龚钊、邢继、荆春宁、马超、王长东、吴明
45	华龙一号（ACP1000）主给水隔离阀	中国核工业集团公司科学技术奖	二等奖	中国核工业集团有限公司	2018-12	吴辉、刘平、孙佳丽、汤晓刚、杨理烽、高志岗、朱京梅、严新虹、王兰群、周巍巍

续表

序 号	获奖项目	奖项名称	奖项等级	颁奖机构	获奖日期	获奖集体或个人
46	安全壳过滤排放系统设计技术及试验研究	中国核工业集团公司科学技术奖	二等奖	中国核工业集团有限公司	2018-12	邢继、朱京梅、李嫦月、刘长亮、孙中宁、杨理烽、王长东、荆春宁、吴明、王晓江
47	高温气冷堆新燃料元件运输、贮存容器研制（2018 年度中国核能行业协会科学技术奖 二等奖）	中国核能行业协会科学技术奖	二等奖	中国核能行业协会	2018-11	王庆、张洪军、李宁、谢亮、王晓江、罗宝军、董玉杰、卢可可、徐小刚、邵增、田英男、龚兵、王海涛、贺启超、李洪克
48	内置换料水箱设计技术及试验研究	中国核能行业协会科学技术奖	二等奖	中国核能行业协会	2018-11	朱京梅、朱明华、张卫、赵斌、龚钊、邢继、荆春宁、马超、王长东、胡月飞
49	宜施 QC 小组	国家级或省部（行业）级 QC 成果奖	二等奖	中国电力建设企业协会	2018-03	徐国飞、张蕊、吴永重、张手琴、刘刚、陈昊阳、林达平、王哲、赵丹峰、陈洪涛
50	中核集团公司科学技术奖	人因工程分析方法研究与平台开发	二等奖	中国核工业集团有限公司	2018-01	俞光卫、邓士光、周彧、田秀峰、刘京宫、姜兴伟、田晖、张帆、杨庆彧、王彦君
51	2018 年度中国核能行业协会科学技术奖（科技进步奖）	风险指引型维修规则的研究和应用	二等奖	中国核能行业协会	2018-12	张博平、李娟、依岩、黄志超、初永越、郗海英、孙金龙、王闯、汤搏、侯伟、韦力、宫宇、杨堤、闫修平、钱晓明

续表

序号	获奖项目	奖项名称	奖项等级	颁奖机构	获奖日期	获奖集体或个人
52	中核集团公司科学技术奖	二代改进型百万千瓦级核电厂功率工况内部事件二级 PSA	二等奖	中国核工业集团有限公司	2018-01	赵博、朱文韬、孙金龙、沙平川、曹勇、石雪垚、刘京宫、卢文魁、况慧文、罗洋
53	中核集团公司科学技术奖	华龙一号严重事故设备鉴定方法研究	二等奖	中国核工业集团有限公司	2019-01	王高鹏、荆春宁、喻新利、曲昌明、石雪垚、赵博、吕冬宝、孙占、孙金龙、王晓霞
54	提高燃烧炉温控系统精度	2018 年度电力建设优秀质量管理 QC 成果奖	二等奖	中国电力建设企业协会	2018-03	孙小凌、胡彬、徐凯杰、陈应明、张彦国、祝永刚、李顺成、苏源发、张伟超、赵召
55	质量管理 QC 成果	2018 年度电力建设优秀质量管理 QC 成果奖二等奖	二等奖	中国电力建设企业协会	2018-03	徐凯杰、孙小凌、胡彬、陈应明、张彦国、祝永刚、李顺城、苏源发、张伟超、赵召
56	降低 DCS 供应商执行程序的费用	2018 年度电力建设优秀质量管理 QC 成果奖	二等奖	中国电力建设企业协会	2018-03	张晋、杨泽伟、盛夏、王唯、张效宁、张力、李京帅、许磊、赵帅、鲁陈林
57	高温气冷堆新燃料原件运输、贮存容器研制	中核集团公司科学技术奖	二等奖	中国核工业集团有限公司	2018-11	王庆、张洪军、李宁、谢亮、王晓江、卢可可、徐小刚、邵增、刘杨、田英男
58	核岛结构抗商用大飞机撞击技术研究	中核集团公司科学技术奖	二等奖	中国核工业集团有限公司	2018-11	邢继、张超琦、王黎丽、蒋迪、蔡利建、李玉民、姚迪、王宝树、杨建华、宋孟燕

续表

序号	获奖项目	奖项名称	奖项等级	颁奖机构	获奖日期	获奖集体或个人
59	核电厂软岩地基试验研究	中核集团公司科学技术奖	二等奖	中国核工业集团有限公司	2018-11	王旭宏、耿学勇、杨球玉、吴春勇、胡继华、施晓文、王小元、李昶、吕涛、杨立建
60	核电厂建设工程预算定额（核岛工程 12 册）2015 版	中核集团公司科学技术奖	二等奖	中国核工业集团有限公司	2018-11	张弘、荣梅、王芳、迟静、韩兆兴、尚鑫、陈丽娟、余蓉、胡江、杨利荣
61	ACP1000 双层安全壳机械贯穿件研制	中核集团公司科学技术奖	二等奖	中国核工业集团有限公司	2018-11	王宏杰、梁毅、于凤云、孙占、王红扬、孙英娜、杨志全、韩双、王恒、杜晓彬
62	安全壳过滤排放系统设计技术及试验研究	中核集团公司科学技术奖	二等奖	中国核工业集团有限公司	2018-11	邢继、朱京梅、李嫦月、刘长亮、孙中宁、杨理烽、王长东、荆春宁、吴明、王晓江
63	内置换料水箱设计技术及试验研究	中核集团公司科学技术奖	二等奖	中国核工业集团有限公司	2018-11	朱京梅、朱明华、张卫、赵斌、龚钊、邢继、荆春宁、马超、王长东、吴明
64	华龙一号严重事故设备鉴定方法研究	中核集团公司科学技术奖	二等奖	中国核工业集团有限公司	2018-11	王高鹏、荆春宁、喻新利、曲昌明、石雪垚、赵博、吕冬宝、孙占、孙金龙、王晓霞
65	华龙一号（ACP1000）主给水隔离阀	中核集团公司科学技术奖	二等奖	中国核工业集团有限公司	2018-11	吴辉、刘平、孙佳丽、汤晓刚、杨理烽、高志岗、朱京梅、严新虹、王兰群、周巍巍

续表

序号	获奖项目	奖项名称	奖项等级	颁奖机构	获奖日期	获奖集体或个人
66	高温气冷堆新燃料元件运输、贮存容器研制	中国核能行业协会科学技术奖	二等奖	中国核能行业协会	2018-12	王庆、张洪军、李宁、谢亮、王晓江、罗宝军、董玉杰、卢可可、徐小刚、邵增、田英男、龚兵、王海涛、贺启超、李红克
67	六氟化铀到四氟化铀的干法转化工艺及设备	中国核能行业协会科学技术奖	二等奖	中国核能行业协会	2018-12	宫本希、翟家海、李芳林、侯捷、严浩、张凡、李泽、李涛、郭国俊、张卓
68	风险指引型维修规则的研究和应用	中国核能行业协会科学技术奖	二等奖	中国核能行业协会	2018-12	张博平、李娟、依岩、黄志超、初永越、郗海英、孙金龙、王闯、汤搏、侯伟、韦力、宫宇、杨堤、闫修平、钱晓明
69	内置换料水箱设计技术及试验研究	中国核能行业协会科学技术奖	二等奖	中国核能行业协会	2018-12	朱京梅、朱明华、张卫、赵斌、龚钊、邢继、荆春宁、马超、王长东、刘玉林、薛静、曲昌明、魏峰、张手琴、胡月飞
70	安全壳过滤排放系统设计技术及试验研究	国防科学技术进步奖	二等奖	工业与信息化部	2018-12	邢继、朱京梅、李嫦月、刘长亮、孙中宁、杨理烽、王长东、荆春宁、吴明、王晓江

续表

序号	获奖项目	奖项名称	奖项等级	颁奖机构	获奖日期	获奖集体或个人
71	核岛结构抗商用大飞机撞击技术研究	中核集团科学技术奖	二等奖	中国核工业集团有限公司	2018-07	邢继、张超琦、王黎丽、蒋迪、蔡利建、李玉民、姚迪、王宝树、杨建华、宋孟燕
72	核电厂软岩地基试验研究	中核集团科学技术奖	二等奖	中国核工业集团有限公司	2018-07	王旭宏、耿学勇、杨球玉、吴春勇、胡继华、施晓文、王小元、李昶、吕涛、杨立建
73	核电厂建设工程预算定额（核岛工程 12 册）2015 版	中核集团科学技术奖	二等奖	中国核工业集团有限公司	2018-07	张弘、荣梅、王芳、迟静、韩兆兴、尚鑫、陈丽娟、余蓉、胡江、杨利荣
74	降低华龙一号核岛安装工程预算书编制人力成本	2018 年度核工业部级工程建设优秀 QC 小组成果奖	二等奖	中国核工业勘察设计协会	2018-04	李文安、荣梅、陈丽娟、郑保军、于倩、赖晓丰、法丹、史扬、陈向婷、徐良
75	缩短柴油发电机组电气施工图设计周期	2018 年度核工业部级工程建设优秀 QC 小组成果奖	二等奖	中国核工业勘察设计协会	2018-04	周晓斌、窦慧元、费云艳、冉慧敏、许玫、尹小丽、李保柱、姚立珊、盛龙
76	降低总平面设计图校审差错率	2018 年度国家工程建设（勘察设计）优秀质量管理（QC）小组	二等奖	中国勘察设计协会	2018-08	李友、吴静、廖略伶、李启超、苏宇琪、臧磊、胡树超、于艳强、李慧繁、贺萌

续表

序号	获奖项目	奖项名称	奖项等级	颁奖机构	获奖日期	获奖集体或个人
77	中国国防工业企业协会管理创新	核电项目管理及人力资源配置标准化建设	二等奖	中国国防工业企业协会	2018-12	袁旭、徐春富、于航、李小栟、李国英、郭锋、王彩香、葛育勤、王嘉莫、董红、赵天宇、赵文昭
78	卧式剪切机科研样机剪切工艺试验研究	中核集团2018年质量管理小组活动成果发表奖	二等奖	中国核工业集团有限公司	2018-07	中国核电工程有限公司
79	集团新闻宣传中心优秀作品《爱国奋斗丨如果你爱核电，那你一定要去做一次设计代表》、《技术派党建的“节奏”与“变奏”》、《川藏线上的国道318》、《决不能在我这掉链子》、《华龙一号：从邂逅到坚守 为了我们的三周年》	集团新闻宣传中心业务评比	二等奖、三等奖	中核集团新闻宣传中心	2018-12	王冬梅、隋春光、王冠通、曾师斯、李曼莉、张殿元、范思雨
80	《核电设备质量监督的点检监督技术构建与创新》	集团公司2018年度管理创新成果奖	省部级三等奖	中国核工业集团有限公司	2018-09	张增强、康春雨、赵利勇、钟华、周辉、马云玉、刘磊、孟蕾、赵素朝
81	《核电设备质量监督的点检监督技术构建与实施》	2018年度国防科技工业企业管理创新成果获	省部级三等奖	中国国防工业企业协会	2018-09	张增强、康春雨、赵利勇、钟华、周辉、马云玉、刘磊、孟蕾、赵素朝

续表

序号	获奖项目	奖项名称	奖项等级	颁奖机构	获奖日期	获奖集体或个人
82	《构建采购领域“不能腐”防范机制研究》	中国核工业政研会 2017 年度优秀课题研究成果	省部级三等奖	中国核工业职工思想政治工作研究会	2018-01	周永强、王志宏、段维莉、李昭、李学军、于妍
83	《核电设备采购合同执行全过程信息化管理研究实践》	集团公司管理创新成果	省部级三等奖	中国核工业集团有限公司	2018-09	钟华、施旭、栗忠魁、迟照华、宗岳良、田宜、李鑫、张增强、周辉、郭亚宁、杜婧、林琳、王瑶
84	《新时代核电DCS提资链管理体系建设与实践》	2018 年度中核集团管理创新成果奖	省部级三等奖	中国核工业集团有限公司	2018-12	梁凯、吴德波、陈铁军、钟滔、田宜、李青、齐森、刘汪平、钟华、余森、所昊然、刘帅、别金磊
85	《新时代核电DCS提资链管理体系建设与实践》	2018 年度国防科技工业企业管理创新成果奖	省部级三等奖	中国国防工业企业协会	2018-12	梁凯、吴德波、陈铁军、钟滔、田宜、李青、齐森、刘汪平、钟华、余森、所昊然、刘帅、别金磊
86	《“华龙一号”全球首堆示范工程大宗材料全周期一体化管理》	2018 年中核集团管理创新奖	省部级三等奖	中国核工业集团有限公司	2018-09	张继心、任晓明、赵海存、张智勇、郑吉金
87	中国仪器仪表学会科学技术奖	1E 级调速控制器	科技进步三等奖	中国仪器仪表学会	2018-10	郭林、刘俊、范海平、王俊、肖代云、陈日罡、张云波、尚雪莲、郭一朝、刘桂兴、马利江、何文斌

续表

序号	获奖项目	奖项名称	奖项等级	颁奖机构	获奖日期	获奖集体或个人
88	中国核能行业协会科技进步奖	核电站主给水流量测量用文丘里管研制	科技进步三等奖	中国核能行业协会	2018-12	郭林、上官宗剑、肖代云、魏华彤、黄瑞鹤、尚雪莲、张云波、刘莉、陈日罡、黄瑞祥、黄文早、洪晨君、黄立好、林敏、吴登人、雷小春、邵刚
89	中国核工业集团有限公司科技进步奖	智能型组件自动组装装置	三等奖	中国核工业集团有限公司	2018-12	吕雷、于俊涛、侯捷、李建华、翟家海
90	中国核工业集团有限公司科技进步奖	AP 系列核级管道支吊架手册研究	三等奖	中国核工业集团有限公司	2018-12	张步岭、刘宏林、牛艳颖、杨晓丽、张磊
91	AP 系列核级管道支吊架手册研究	中国核工业集团公司科学技术奖	三等奖	中国核工业集团有限公司	2018-11	中国核电工程有限公司
92	中国核工业集团公司科学技术奖	ACP1000 关键设备研制 ACP1000 乏燃料贮存格架设计与研制	三等奖	中国核工业集团有限公司	2018-12	刘慧芳、唐兴贵、谢亮、杨林民、易璇
93	集团公司科学技术奖	核电厂应急响应与辅助决策系统开发	三等奖	中国核工业集团有限公司	2018-03	刘新建、高健伟、纪运哲、程远、黄树明
94	集团公司 2018 年度科学技术奖	核电站安全事项重要度确定程序的开发与应用	三等奖	中国核工业集团有限公司	2018-01	中国核电工程有限公司

续表

序 号	获奖项目	奖项名称	奖项等级	颁奖机构	获奖日期	获奖集体或个人
95	集团公司 2019 年度科学技术奖	概率安全分析（PSA）方法在核电厂防火设计的应用研究	三等奖	中国核工业集团有限公司	2018-11	中国核电工程有限公司
96	国防科学技术进步奖	田湾核电站 3、4 号机组国产化设备材料与俄方材料焊接相容性研究	三等奖	中华人民共和国工业和信息化部	2018-12	江苏核电有限公司、中国核电工程有限公司、中国核工业二三建设有限公司，姚刚、王勇、韩红桂、王恒、张伟栋
97	2017 年度集团科学技术奖	田湾核电站 3、5 号机组国产化设备材料与俄方材料焊接相容性研究	三等奖	中国核工业集团有限公司	2018-03	江苏核电有限公司、中国核电工程有限公司、中国核工业二三建设有限公司，姚刚、王勇、韩红桂、王恒、张伟栋
98	AP 系列核级管道支吊架手册研究	中国核工业集团公司科学技术奖	三等奖	中国核工业集团有限公司	2018-12	张步岭、刘宏林、牛艳颖、杨晓丽、张磊
99	华龙一号安全壳延伸功能地坑阀	中国核工业集团公司科学技术奖	三等奖	中国核工业集团有限公司	2018-12	吴辉、刘平、薛卫光、苏丽华、李栋梁
100	安全壳过滤排放系统设计技术及试验研究	中国核能行业协会科学技术奖	三等奖	中国核能行业协会	2018-11	邢继、朱京梅、李嫦月、刘长亮、孙中宁、杨理烽、王长东、荆春宁、吴明、王晓江
101	华龙一号（ACP1000）主给水隔离阀	中国机械工业科学技术奖	三等奖	中国机械工业科学技术奖里管理委员会	2018-12	吴辉、刘平、孙佳丽、汤晓刚、杨理烽、高志岗、朱京梅、严新虹、王兰群、周巍巍

续表

序号	获奖项目	奖项名称	奖项等级	颁奖机构	获奖日期	获奖集体或个人
102	混凝土高整体容器设计和制造技术研究	中国核能行业协会科学技术奖	科技技术奖三等奖	中国核能行业协会	2018-12	中国核电工程有限公司
103	中核集团科学技术奖	华龙一号严重事故专用后备盘设计研究	三等奖	中国核工业集团有限公司	2018-11	卢文魁、喻新利、李溪韵、杜宇、孙金龙
104	2018 年度中国核能行业协会科学技术奖（科技进步奖）	风险指引技术在田湾核电站 1、2 号机组的应用	三等奖	中国核能行业协会	2018-12	崔方水、孙金龙、张琴芳、姚刚、吴立村、魏国军、鲍振利、丁小川、刘晓云、于文革
105	2018 年度中国核工业集团公司科学技术奖	概率安全分析（PSA）方法在核电厂防火设计的应用研究	三等奖	中国核工业集团有限公司	2018-11	赵庆南、赵博、闫林、曹勇、况慧文
106	2018 年度中国核工业集团公司科学技术奖	风险指引技术在田湾核电站 1、2 号机组的应用	三等奖	中国核工业集团有限公司	2018-11	崔方水、孙金龙、张琴芳、姚刚、吴立村
107	中核集团公司科学技术奖	二代改进型百万千瓦级核电厂全工况严重事故管理导则	三等奖	中国核工业集团有限公司	2018-01	赵博、武玲珺、刘卫华、沙平川、王高鹏
108	中核集团公司科学技术奖	华龙一号严重事故专用后备盘设计研究	三等奖	中国核工业集团有限公司	2019-01	卢文魁、喻新利、李溪韵、杜宇、孙金龙
109	核电多项目调试管理系统研制及应用	中核集团公司科学技术奖	三等奖	中国核工业集团有限公司	2018-01	巴军、钟小华、汪骥宇、官洋、宗皓

续表

序号	获奖项目	奖项名称	奖项等级	颁奖机构	获奖日期	获奖集体或个人
110	智能型组件自动组装装置	中核集团公司科学技术奖	三等奖	中国核工业集团有限公司	2018-11	吕雷、于俊涛、侯捷、李建华、翟家海
111	地下实验室处置工艺现场试验需求与条件分析研究	中核集团公司科学技术奖	三等奖	中国核工业集团有限公司	2018-11	王旭宏、杨球玉、吕涛、侯伟、李昶
112	华龙一号严重事故专用后备盘设计研究	中核集团公司科学技术奖	三等奖	中国核工业集团有限公司	2018-11	卢文魁、喻新利、李溪韵、杜宇、孙金龙
113	核电厂应急响应与辅助决策系统开发	中核集团公司科学技术奖	三等奖	中国核工业集团有限公司	2018-11	刘新建、高建伟、纪运哲、程远、黄树明
114	AP 系列核级管道支吊架手册研究	中核集团公司科学技术奖	三等奖	中国核工业集团有限公司	2018-11	张步岭、刘宏林、牛艳颖、杨晓丽、张磊
115	ACP1000 关键设备研制 ACP1000 乏燃料贮存格架设计与研制	中核集团公司科学技术奖	三等奖	中国核工业集团有限公司	2018-11	刘慧芳、唐兴贵、谢亮、杨林民、易璇
116	概率安全分析（PSA）方法在核电厂防火设计的应用研究	中核集团公司科学技术奖	三等奖	中国核工业集团有限公司	2018-11	赵庆南、赵博、闫林、曹勇、况慧文
117	风险指引技术在田湾核电站 1、2 号机组的应用	中核集团公司科学技术奖	三等奖	中国核工业集团有限公司	2018-11	崔方水、孙金龙、张琴芳、姚刚、吴立村
118	田湾核电站 3、4 号机组国产化设备材料与俄方材料焊接相容性研究	中核集团公司科学技术奖	三等奖	中国核工业集团有限公司	2018-11	姚刚、王勇、韩洪佳、王恒、张伟栋

续表

序号	获奖项目	奖项名称	奖项等级	颁奖机构	获奖日期	获奖集体或个人
119	华龙一号（AP1000）安全壳延伸功能地坑阀	中核集团公司科学技术奖	三等奖	中国核工业集团有限公司	2018-11	吴辉、刘平、薛卫光、苏丽华、李栋梁
120	小元件解体剪切装置科研样机研制——小元件剪切装置科研样机研制	中国核能行业协会科学技术奖	三等奖	中国核能行业协会	2018-12	杨宏悦、夏国正、吴华、张毅、明玉周、张果、臧少锋、欧阳立华、杨颖姝、唐克强
121	混凝土高整体容器设计和制造技术研究	中国核能行业协会科学技术奖	三等奖	中国核能行业协会	2018-12	张志银、蔡挺松、姚燕、李克非、蒋迪、吴浩、赵文浩、包良进、吕飞、吴明
122	风险指引技术在田湾核电站 1、2 号机组的应用	中国核能行业协会科学技术奖	三等奖	中国核能行业协会	2018-12	崔方水、孙金龙、张琴芳、姚刚、吴立村、魏国军、鲍振利、丁小川、刘晓云、于文革
123	核电站主给水流量测量用文丘里管研制	中国核能行业协会科学技术奖	三等奖	中国核能行业协会	2018-12	郭林、上官宗剑、肖代云、魏华彤、黄瑞鹤、尚雪莲、刘莉、黄瑞祥、黄文早、洪晨君
124	华龙一号 1E 级 K1 类热缩套管（核级电缆附件）	中国核能行业协会科学技术奖	三等奖	中国核能行业协会	2018-12	姜庆水、康树峰、周晓斌、王志勇、顾燕春、张定雄、熊宇、饶喜梅、范遂、胡习富
125	安全壳过滤排放系统设计技术及试验研究	中国核能行业协会科学技术奖	三等奖	中国核能行业协会	2018-12	邢继、朱京梅、李嫦月、刘长亮、孙中宁、杨理烽、王长东、荆春宁、吴明、王晓江

续表

序号	获奖项目	奖项名称	奖项等级	颁奖机构	获奖日期	获奖集体或个人
126	核岛结构抗商用大飞机撞击技术研究	中国核能行业协会科学技术奖	三等奖	中国核能行业协会	2018-12	邢继、张超琦、王黎丽、蒋迪、蔡利建、李玉民、姚迪、王宝树、杨建华、宋孟燕
127	ACP1000内层安全壳结构设计研究	中国核能行业协会科学技术奖	三等奖	中国核能行业协会	2018-12	王黎丽、孟剑、赵金涛、姚迪、吴茜婷、张春龙、张超琦、李玉民、杨建华、刘玉林
128	核电厂建设工程预算定额（核岛工程 12 册）2015版	中国核能行业协会科学技术奖	三等奖	中国核能行业协会	2018-12	胡江、荣梅、杨利荣、张弘、王芳、余蓉、迟静、韩兆兴、尚鑫、陈丽娟
129	田湾核电站3，4号机组国产化设备材料与俄方材料焊接相容性研究	国防科学技术进步奖	三等奖	工业与信息化部	2018-12	姚刚、王勇、韩红佳、王恒、张伟栋
130	1E级调速控制器	中国仪器仪表学会	三等奖	中国仪器仪表学会	2018-10	郭林、刘俊、范海平、王俊、肖代云、陈日罡、张云波、尚雪莲、郭一朝、刘桂兴、马利江、何文斌
131	集团公司 2018年度管理创新	核电项目管理及人力资源配置标准化建设	三等奖	中国核工业集团有限公司	2018-9	袁旭、徐春富、李小栟、于航
132	小元件解体剪切装置科研样机研制—小元件剪切装置科研样机研制	中国核能行业协会科学技术奖	三等奖	中国核能行业协会	2018-11	中国核电工程有限公司

续表

序号	获奖项目	奖项名称	奖项等级	颁奖机构	获奖日期	获奖集体或个人
133	正交面齿轮传动设计的关键技术	2018 年江苏省教育教学与研究成果奖（研究类）	三等奖	江苏省教育厅	2018-08	中国核电工程有限公司
134	视频作品《无名英雄之工业联盟》、文字作品《华龙总师邢继：用成长行迹绘核电强国图》	集团公司改革开放 40 周年主题征文和中核品牌故事大赛	三等奖	中国核工业集团有限公司	2018-12	中国核电工程有限公司北京工业研究设计院、中国核电工程有限公司宣团部
135	《核电设备制造单位核安全文化评估的实践及建议》	中国核能行业协会“2018 核安全文化建设经验交流会”优秀论文	省部级优秀论文	核能行业协会	2018-11	赵利勇、康春雨、李俊校
136	《核安全设备质量管理中的思考-降低人因风险》	中国核能行业协会“2018 核安全文化建设经验交流会”优秀论文	省部级优秀论文	核能行业协会	2018-11	雷新凯、马云玉
137	《核电厂国产化止回阀质量计划优化管理》	中国核能行业协会“2018 核安全文化建设经验交流会”优秀论文	省部级优秀论文	核能行业协会	2018-11	郑庆吉
138	“优秀党务工作者”称号	“中国核工业集团有限公司优秀党务工作者”称号	省部级	中国核工业集团有限公司	2018-08	吴萍

续表

序号	获奖项目	奖项名称	奖项等级	颁奖机构	获奖日期	获奖集体或个人
139	/	河南省勘察设计行业2018年度质量管理小组优秀企业	省部级	河南省勘察设计行业协会	2018-04	中国核电工程有限公司郑州分公司
140	核工程总承包项目HSE培训管理体系建设	2017年度电力建设领域安全管理成果	二级成果	国家能源局综合司	2018-07	中国核工业集团有限公司中国核电工程有限公司
141	中国仪器仪表学会科学技术奖	核电站主给水流量测量用文丘里管研制	优秀产品奖	中国仪器仪表学会	2018-10	郭林、上官宗剑、肖代云、魏华彤、黄瑞鹤、尚雪莲、张云波、刘莉、陈日罡、黄瑞祥、黄文早、洪晨君、黄立好、林敏、吴登人、雷小春、邵刚
142	集团公司2018年度标准化工作先进	集团公司2018年度标准化工作先进个人	先进个人	中国核工业集团有限公司	2019-03	袁霞
143	第十九届中国专利奖	非能动安全壳热量导出系统	优秀奖	国家知识产权局	2018-01	于勇、宋代勇、赵光辉、袁霞、李军、郭强、曲昌明、王志刚、李伟
144	第二十届中国专利奖	一种核电站能动与非能动结合的堆芯剩余热量排出系统	优秀奖	国家知识产权局	2018-12	赵侠、于勇、宋代勇、李军、张雪霜、袁霞
145	集团公司2017年度财务信息化建设	2017年度财务信息化建设组织工作先进单位	省部级	中国核工业集团有限公司	2018-02	中国核电工程有限公司

续表

序号	获奖项目	奖项名称	奖项等级	颁奖机构	获奖日期	获奖集体或个人
146	集团公司 2017 年度财务信息化建设	2017 年度财务信息化建设推进工作先进个人	省部级	中国核工业集团有限公司	2018-02	虎全胜
147	国家核安全局先进个人	国家核安全局先进个人	省部级	国家核安全局	2018-07	赵树峰
148	集团先进基层党组织	2018 年度先进基层党组织	省部级	中国核工业集团有限公司	2018-08	核工程院基层党委
149	文字作品《海外故事：在二十一世纪丝绸之路上奋斗》、《默默核化工人：兴核强国怀梦想》	集团公司改革开放 40 周年主题征文和中核品牌故事大赛	优秀奖	中国核工业集团有限公司	2018-12	任显成、范思雨
150	华龙一号虚拟展示系统开发与应用	中核集团 2018 年“十分精彩”青年创新创效报告会优秀奖	优秀奖	中国核工业集团有限公司	2018-05	郑州分公司核电工艺设计所
151	核电站主给水流量测量用文丘里管研制	优秀产品奖	省部级	中国仪器仪表学会	2018-10	郭林、上官宗剑、肖代云、魏华彤、黄瑞鹤、尚雪莲、张云波、刘莉、陈日罡、黄瑞祥、黄文早、洪晨君、黄立好、林敏、吴登人、雷小春、邵刚
152	高放废液处理设施工艺青年突击队	2017 - 2018 年度强军突击队	省部级	中国核工业集团有限公司	2018-05	核化工院高放废液处理设施工艺青年团队

续表

序号	获奖项目	奖项名称	奖项等级	颁奖机构	获奖日期	获奖集体或个人
153	设备先锋青年突击队	2017 - 2018年度金牌突击队	省部级	中国核工业集团有限公司	2018-05	核工程院“设备先锋”装卸料机创新设计青年团队
154	优秀青年标兵	2017 - 2018年度优秀青年标兵	省部级	中国核工业集团有限公司	2018-05	徐琰
155	优秀青年标兵	2017 - 2018年度优秀青年标兵	省部级	中国核工业集团有限公司	2018-05	袁巍
156	质量管理	2018年度质量工作先进单位	省部级	中国核工业集团有限公司	2019-03	中国核电工程有限公司
157	QC小组	2018年度国家工程建设（勘察设计）QC小组活动优秀企业	省部级	中国勘察设计协会	2018-09	中国核电工程有限公司
158	QC小组	2018年度国家工程建设（勘察设计）QC小组活动优秀推进者	省部级	中国勘察设计协会	2018-09	张琳

二、公司优秀评选

（一）公司 2018 年度十佳员工（见附表 2-2）

附表 2-2　公司 2018 年度“十佳员工”名单及事迹简介

序　号	单　位	姓　名	性　别	年　龄	事　迹　简　介
1	华东分公司	王伟华	男	41	王伟华，男，41 岁，中共预备党员，高级工程师，民用核设施高级操纵员。2014 年 11 月由中核核电运行管理有限公司调入中国核电工程有限公司，2014 年 11 月至 2017 年 9 月任福清 34 号机组项目调试部副总经理，2017 年 9 月至今担任华东分公司卡拉奇调试项目部负责人。他是福清 34 号机组现场调试系统试验的执行指挥和华龙海外首堆调试项目的掌舵人
2	工程院	李广慧	男	45	李广慧，男，45 岁，高级工程师、高级项目管理师，1996 年 7 月进入核工业第二研究设计院（现中国核电工程有限公司）工作，先后担任岭澳二期设总、方家山与福清项目设总、设计副经理，现任巴基斯坦卡拉奇 K2/K3 核电项目设计经理。在设计管理提升等方面取得了显著成绩，凸显了核工业人能创新、讲奉献优良传统，为华龙一号设计的开展及各项里程碑的顺利完成做出了突出贡献
3	工业院	陈　健	男	41	陈健，男，41 岁，中共党员，研究员级高工，一级注册结构工程师，2006 年 7 月硕士研究生毕业后进入核二院建筑所从事核电结构设计工作，2014 年起担任北京工业研究设计院建筑结构所结构二室主任。陈健先后参与了岭澳二期、海南昌江、方家山、福清、K2/K3、T 项目等多个核电项目设计和科研工作。2015 年至 2018 年，陈健带领 T 项目核岛结构设计团队，攻坚克难，勇挑重担，为 T 项目的顺利推进作出了重要贡献

续表

序 号	单 位	姓 名	性 别	年 龄	事 迹 简 介
4	田湾项目部	朱海宇	男	33	朱海宇，男，33 岁，中共党员。先后负责田湾3/4、5/6 号机组设备安装管理，曾在海南、福清项目部工作，2017 年 12 月至今任田湾项目部工程管理二部实习经理兼机械设备科科长。曾获公司“青年岗位能手”“安全先进个人”“优秀团员”等荣誉称号；多次组织 QC 小组活动，成果分别获核工业部级二等奖、中国电力建设企业协会一等奖、公司一等奖
5	福清项目部	李 伊	女	36	李伊，女，36 岁，高级工程师，先后参与了岭澳二期和福清核电建设，现任福清项目部项目控制部经理助理，主要负责项目风险、考核、费用等工作。在各级领导、部门支持下，李伊同志结合项目实际，构建了“华龙一号”风险管理体系，革新了项目考核管理机制。她多次获得公司、项目部荣誉称号，2018 年获得公司“巾帼建功标兵”称号；积极参与集团、公司的管理创新活动并多次获奖项
6	宣团部	田益凡	女	31	田益凡，女，31 岁，中共党员，2011 年 7 月硕士毕业于清华大学管理科学与工程专业，直接进入公司办公室工作，2016 年通过公开竞聘任公司团委副书记（主持工作）。不论是在公司办公室，还是公司团委，她始终保持着对工作的执着与热爱，以饱满的工作热情、扎实的工作作风、优异的工作成绩完成各项工作
7	运行技术服务中心	张 莉	女	50	张莉，女，50 岁，正高级工程师，1997 年 4 月进入核工业第二研究设计院工作。2016 年 8 月至今担任运行技术服务中心副总工。作为一名核电工程设计及运维领域的管理者和技术带头人，张莉同志团结和带领部门员工积极创新、勇于开拓，在数字化核电厂设计、“华龙一号”事故处理策略开发及验证等公司首创性工作方面做出了突出贡献，并且有力提升了公司及集团在运维领域的核心竞争力

续表

序 号	单 位	姓 名	性 别	年 龄	事 迹 简 介
8	郑州分公司	江保军	男	39	江保军，男，39岁，中共党员，高级工程师，2003年7月进入郑州分公司（原核五院）工作至今，主要从事核工程专用设备的设计与技术研发，现任工程公司郑州分公司核工程研究设计所设备室主任。作为某专项副总设计师，江保军同志积极钻研设备研发中的新技术、开拓新思路，并与项目组成员一起勇挑重担、攻坚克难、锐意创新，在专用设备研发中取得多项重大突破，专项工程年度重大节点全部实现，有力保障了后续工作的顺利开展，为专项工程设备研发能力的提升做出了显著贡献
9	工业院（团委推荐）	姚 迪	男	35	姚迪，男，35岁，中共党员，硕士，高级工程师，国家一级注册结构工程师，现任结构一室副主任，所党支部副书记。2009年7月毕业于哈尔滨工业大学，加入中国核电工程有限公司建筑结构所工作至今，致力于核岛结构设计和研究工作，在流固耦合、抗飞机撞击、安全壳设计等前沿技术领域取得了优异的成绩，近三年获得科技进步奖7项、申请专利6项、发表论文11篇，获得公司青年岗位能手、优秀党员等荣誉称号6项
10	化工院	吴德慧	男	36	吴德慧，男，36岁，2005年进入核工业第二研究设计院化工所工作，现任核化工院设备所二室主任。曾先后参加我国核燃料后处理中试厂设计代表及核燃料后处理放化实验设施的设计工作。作为技术骨干独立承担了中试厂固体废物转型站的热室线设计工作。先后参与并担任核能开发、总装备部及后处理专项等多项重要课题负责人。在α密封技术领域及后处理尾端装备技术领域上有较深的研究，著有国防发明，国家发明专利等40余项。带队承担R专项全厂的主工艺子项及三废子项的箱室设备设计工作，担任103、104两个关键子项的箱室设备工种负责人，并圆满完成节点任务

续表

序 号	单 位	姓 名	性 别	年 龄	事 迹 简 介
11	河北分公司	胡文娜	女	33	胡文娜，女，33 岁，中共党员，高级工程师，注册化工工程师。2011 年毕业于浙江大学，硕士研究生，同年进入河北分公司，主要从事核化工设计和项目设总工作，参与多个核军工项目的建设。2018 年担任公司特级项目设总，在集团重点专项徐大堡池式供热堆示范工程中助力团队在半年内将“燕龙”首堆设计从选址阶段推进到安分报告，为公司按时完成全部设计节点并得到集团考核加分奖励做出突出贡献
12	设备成套中心	张 林	男	37	张林，男，37 岁，高级工程师，利物浦大学核物理学士、伯明翰大学核反应堆工程硕士、哈尔滨工程大学项目管理硕士。2011 年 6 月至今在中国核电工程有限公司工作，负责核反应堆冷却剂泵（主泵）采购管理工作，现任职设备成套中心采购执行部机械一科副科长。作为一名基层管理者，多年来他一直冲在各项工作的前列，带领团队打赢了一场又一场攻坚战，先后完成方家山、福清 3、4 项目的主泵供货任务，现主要管理福清核电 5、6 号机组、田湾核电 5、6 号机组、漳州核电 1、2 号机组主泵项目

（二）公司 2018 年度优秀共产党员（见附表 2-3）

附表 2-3 公司 2018 年度“优秀共产党员”名单

序 号	姓 名	性 别	所属党组织
1	唐 涛	女	运行技术服务中心党支部
2	李大波	男	科技部党支部
3	杨 冰	男	经营开发部党支部
4	郭晓博	男	规划发展部党支部
5	王经建	男	北京民用设计院党支部
6	李 芳	女	监察审计部党支部
7	曹永刚	男	公司办公室党支部

续表

序 号	姓 名	性 别	所属党组织
8	侯辉娟	女	北京核化工研究设计院党委核设施退役工程所党支部
9	侯学锋	男	北京核化工研究设计院党委后处理工程所党支部
10	姜百华	女	北京核化工研究设计院党委院部党支部
11	徐 琰	女	北京核化工研究设计院党委放射性废物管理工程所党支部
12	张 博	男	北京核化工研究设计院党委核化工仪控所党支部
13	喻新利	男	北京核工程研究设计院党委总体所严重事故管理室党支部
14	邓 伟	男	北京核工程研究设计院党委总体所概率安全分析室党支部
15	赵德鹏	男	北京核工程研究设计院党委总体所总体设计二室党支部
16	于 沛	女	北京核工程研究设计院党委系统与布置设计所系统一室党支部
17	王艳苹	男	北京核工程研究设计院党委系统与布置设计所力学室党支部
18	王 欣	男	北京核工程研究设计院党委仪控设计所辐射监测室党支部
19	王晓霞	女	北京核工程研究设计院党委反应堆工艺研究所辐射安全室党支部
20	杨仲元	男	北京核工程研究设计院党委核设备所核燃料运输与工艺室党支部
21	郭 林	男	北京核工程研究设计院党委仪控设计所仪控二室党支部
22	孙 占	男	北京核工程研究设计院党委科研设计管理部党支部
23	姚 迪	男	北京工业研究设计院党委建筑结构所党支部
24	陈怀宇	男	北京工业研究设计院党委电气设计所党支部
25	韩兆兴	男	北京工业研究设计院党委工程经济所党支部
26	尚 鑫	男	北京工业研究设计院党委工程经济所党支部
27	贺 萌	女	北京工业研究设计院党委总图地质所党支部
28	汤本靖	男	北京工业研究设计院党委公用系统所党支部
29	康 丹	女	采购中心党委综合管理部党支部
30	翟亚伟	男	采购中心党委党群工作部党支部
31	李 鑫	男	采购中心党委合同执行部机械二处党支部
32	刘 帅	男	采购中心党委 DCS 部党支部
33	张涪民	男	施工中心党委 821 项目部党支部
34	叶 松	男	施工中心党委福清项目部第三党支部
35	许 明	男	施工中心党委施工中心党支部
36	吴英占	男	施工中心党委田湾项目部第二党支部
37	郭计增	男	施工中心党委田湾项目部第三党支部
38	曹旭光	男	施工中心党委廊坊项目部党支部

续表

序 号	姓 名	性 别	所属党组织
39	杨毓琼	女	施工中心党委福清项目部第三党支部
40	李春林	男	施工中心党委漳州项目部第一党支部
41	张鹏飞	男	施工中心党委长阳项目部党支部
42	张庆国	男	华东分公司临时党委福清调试第一党支部
43	刘文杰	男	华东分公司临时党委福清调试第二党支部
44	王文祥	男	华东分公司临时党委计划合同党支部
45	杨 剑	男	华东分公司临时党委 821 调试党支部
46	高 鹏	男	河北分公司党委核工程研究设计所党支部
47	贾卫超	男	河北分公司党委电力工程研究设计所党支部
48	杨 勇	男	河北分公司党委电力工程研究设计所党支部
49	李 智	男	河北分公司党委建筑结构所党支部
50	王雪彦	女	河北分公司党委建筑结构所党支部
51	王智勇	男	河北分公司党委电气自动化所党支部
52	陈凤新	女	郑州分公司党委电气仪控设计所党支部
53	江保军	男	郑州分公司党委核工程研究设计所第一党支部
54	蒋 涛	男	郑州分公司党委核工程研究设计所第三党支部
55	雷红岩	男	郑州分公司党委民用建筑设计研究院第三党支部
56	李秋锋	男	郑州分公司党委职能部门党支部
57	李云龙	男	郑州分公司党委核电工艺设计所系统与辅助工艺党支部
58	刘 明	男	郑州分公司党委核技术应用与无损检测研究所党支部
59	芦 杉	男	郑州分公司党委实物保护技术研究所党支部
60	张胜军	男	郑州分公司党委工程管理部党支部

（三）公司 2018 年度考核优秀名单

公司 2018 年度考核优秀干部（见表 2-4）。

附表 2-4 2018 年度考核优秀干部名单

序 号	所属单位	姓 名	人员编号	职务/岗位	人员类别
1	公司领导	荆春宁	10010105	副总经理	劳动合同制
2	规划发展部	余 佳	10010433	部门副主任	劳动合同制
3	科技部	袁 坤	10010256	部门主任	劳动合同制

续表

序号	所属单位	姓名	人员编号	职务/岗位	人员类别
4	监察审计部	李　芳	10010420	部门主任	劳动合同制
5	群工部	齐安生	10010063	部门副主任	劳动合同制
6	信息文档部	王冬梅	10010522	部门副主任	劳动合同制
7	信息文档部	吴　华	10010755	一般员工	劳动合同制
8	北京核化工研究设计院	马　敬	10011240	研究设计院副院长	劳动合同制
9	北京核化工研究设计院	韩国庆	10010157	研究设计院部门主任	劳动合同制
10	北京核化工研究设计院	李　鑫	10011228	副所长	劳动合同制
11	北京核工程研究设计院	毛亚蔚	10010793	研究设计院院长	劳动合同制
12	北京核工程研究设计院	毛喜道	10010144	部门副主任	劳动合同制
13	北京核工程研究设计院	孙　涛	10010888	副所长	劳动合同制
14	北京核工程研究设计院	霍小东	10010814	研究设计院副院长	劳动合同制
15	北京核工程研究设计院	邱　林	10010774	所总工程师	劳动合同制
16	北京工业研究设计院	王宝树	10011599	研究设计院院长	劳动合同制
17	北京工业研究设计院	宋建军	10010884	研究设计院副院长	劳动合同制
18	北京工业研究设计院	陈　兵	10010094	研究设计院部门副主任	劳动合同制
19	北京工业研究设计院	杨建华	10011649	副所长	劳动合同制
20	北京工业研究设计院	白　玮	10011647	副所长	劳动合同制
21	北京工业研究设计院	王旭宏	10011182	所　长	劳动合同制
22	设备成套中心	陈学营	10010264	中心总经理	劳动合同制
23	设备成套中心	周永强	10010591	党总支书记	劳动合同制
24	设备成套中心	张增强	10020393	中心部门主任	劳动合同制
25	运行技术服务中心	于　涛	11005811	部门副主任	劳动合同制
26	福清项目部	赵加雪	11000175	项目部总经理	劳动合同制
27	田湾项目部	李现军	10140289	项目部副总经理	劳动合同制
28	821 项目部	郝文江	10011233	项目部总经理	劳动合同制
29	河北分公司	陈士良	10020005	分公司纪委书记	劳动合同制
30	河北分公司	康　乐	10020183	所　长	劳动合同制
31	河北分公司	李建敏	10020055		劳动合同制
32	河北分公司	尹增广	10020172	所总工程师	劳动合同制
33	河北分公司	武文广	10020047	所　长	劳动合同制
34	郑州分公司	陈力得	10030001	分公司总经理	劳动合同制

续表

序 号	所属单位	姓 名	人员编号	职务/岗位	人员类别
35	郑州分公司	王 刚	10030037	党委书记	劳动合同制
36	郑州分公司	王洪普	10030374	部门主任	劳动合同制
37	郑州分公司	孙瑞平	10030291	部门主任	劳动合同制
38	郑州分公司	周燕林	10030035	部门副主任	劳动合同制
39	郑州分公司	田 沁	10030052	部门副主任	劳动合同制
40	郑州分公司	李海成	10030042	分公司副总工程师	劳动合同制
41	郑州分公司	巫利兵	10030143	所 长	劳动合同制
42	821 项目部	陈应明	11002323	项目部副总经理	劳动合同制

公司 2018 年度考核优秀员工（见附表 2–5）。

附表 2–5 2018 年度考核优秀员工名单

序 号	所属单位	姓 名	人员编号	职务/岗位	人员类别	考核等级
1	党委工作部	宁凯敏	11005739	党建管理岗	劳动合同制	A
2	党委工作部	潘丽君	11005681	党建管理岗	技术派遣	A
3	党委工作部	王 哲	11005031	干部管理岗	劳动合同制	A
4	公司办公室	张 倩	11000292	综合科副科长	劳动合同制	A
5	公司办公室	胡 杰	11001524	公共关系管理	技术派遣	A
6	公司办公室	姜冬雪	11003632	董事会管理专员	劳动合同制	A
7	公司办公室	田玲瑜	11000420	公文员	劳务派遣	A
8	公司办公室	熊 凯	11000421	技术秘书	劳动合同制	A
9	公司办公室	王新迎	11003746	出国管理专员	技术派遣	A
10	公司办公室	闫 飞	10010344	行政秘书	劳动合同制	A
11	规划发展部	郭晓博	10010416	计划管理科副科长（主持工作）	劳动合同制	A
12	规划发展部	梁 攀	11000481	固定资产投资	劳动合同制	A
13	规划发展部	张 弛	11000048	综合管理科副科长（主持工作）	劳动合同制	A
14	人力资源部	叶 芊	10010298	人才科科长	劳动合同制	A
15	人力资源部	李学硕	11002405	招聘管理	劳务派遣	A
16	人力资源部	吴海鹏	11004939	培训管理	劳动合同制	A

续表

序　号	所属单位	姓　名	人员编号	职务/岗位	人员类别	考核等级
17	人力资源部	贺淑相	11005565	人力资源规划管理	劳动合同制	A
18	财会部	路鑫溢	10010320	文档管理	劳务派遣	A
19	财会部	张佳玲	11005533	费用核算	劳动合同制	A
20	财会部	崔大帅	11002069	副科长（主持工作）	劳动合同制	A
21	财会部	李治国	11005297	河北分公司财务负责人	劳动合同制	A
22	财会部	王玉川	11005246	项目财务核算	劳动合同制	A
23	财会部	范成林	10010325	文档管理	劳务派遣	A
24	财会部	董思璐	11002290	文档管理	劳务派遣	A
25	财会部	胡瑞华	10010525	预算成本管理	劳动合同制	A
26	财会部	杜明金	11005532	预算管理	技术派遣	A
27	科技部	刘世光	11001609	科研管理科副科长	劳动合同制	A
28	科技部	张　帆	10010384	成果转化科副科长	劳动合同制	A
29	科技部	杨晓卿	10010257	综合科副科长	劳动合同制	A
30	科技部	李　岩	11004707	科研项目主管	技术派遣	A
31	科技部	徐辰燕	11001573	综合管理	劳务派遣	A
32	科技部	李大波	10010258	知识产权科科长	劳动合同制	A
33	保密部	刘　哲	11000591	科　长	劳动合同制	A
34	经营开发部	辛海涛	10010386	处室干部	劳动合同制	A
35	经营开发部	赵宁宁	10010414	处室干部	劳动合同制	A
36	经营开发部	崔　聪	11004102	一般员工	劳务派遣	A
37	经营开发部	李海彬	11000438	一般员工	劳务派遣	A
38	经营开发部	陈　郁	11004906	一般员工	技术派遣	A
39	经营开发部	王云飞	11003743	一般员工	技术派遣	A
40	经营开发部	盛　丹	11003690	一般员工	技术派遣	A
41	经营开发部	王孝民	11005504	一般员工	技术派遣	A
42	项目管理部	王嘉莫	11003693	项目管理	劳动合同制	A
43	项目管理部	刘霞光	10010092	进度控制	劳动合同制	A
44	项目管理部	唐　嫘	11005566	费用控制	劳动合同制	A
45	项目管理部	赵　毅	11004894	进度控制	劳动合同制	A
46	项目管理部	梁　硕	11005517	进度控制	劳动合同制	A
47	项目管理部	朱智勇	10030135	进度控制	劳动合同制	A

续表

序 号	所属单位	姓 名	人员编号	职务/岗位	人员类别	考核等级
48	安全管理部	姬宗锋	10010748	HSE 信息主管	劳动合同制	A
49	安全管理部	公 力	11004030	监督检查主管	劳动合同制	A
50	质量保证部	戴 莹	11003864	大纲管理主管	技术派遣	A
51	质量保证部	李 岩	11005075	采购质保	劳动合同制	A
52	质量保证部	尹 释	10011702	设计质量管理	劳动合同制	A
53	质量保证部	任志远	11003418	核安全接口管理	技术派遣	A
54	质量保证部	刘小会	10010721	JYK 管理	劳动合同制	A
55	监察审计部	马瑞璞	11004289	纪检专员	劳动合同制	A
56	监察审计部	杨永春	10020056	监督执纪科副科长	劳动合同制	A
57	监察审计部	史文静	11005377	纪检专员	技术派遣	A
58	监察审计部	闫婷婷	11002403	审计专员	技术派遣	A
59	宣团部	田益凡	11000540	团委副书记	劳动合同制	A
60	宣团部	汪 鹏	11003585	新闻品牌科科长	劳动合同制	A
61	信息文档部	钱红美	11003472	系统管理员	技术派遣	A
62	信息文档部	冯 斌	11003449	系统开发工程师	技术派遣	A
63	信息文档部	张李伟	11004083	信息资产主管	技术派遣	A
64	信息文档部	张松婷	11000231	综合管理	劳务派遣	A
65	信息文档部	郑丝琳	10010635	科 长	劳动合同制	A
66	信息文档部	林 森	11003744	文档资源开发	技术派遣	A
67	信息文档部	孔成成	10010207	涉密载体管理	技术派遣	A
68	信息文档部	张霄旭	11002067	科 长	劳动合同制	A
69	信息文档部	童 琳	11001653	文件整编员	劳务派遣	A
70	信息文档部	凌培培	10120022	文件整编员	劳务派遣	A
71	运行技术服务中心	张志强	11005889	工程师	劳动合同制	A
72	运行技术服务中心	宋绍闯	11005150	助理工程师	劳动合同制	A
73	运行技术服务中心	李 昊	11005042	助理工程师	劳动合同制	A
74	运行技术服务中心	郎蒙怜	11005126	工程师	技术派遣	A
75	运行技术服务中心	蔡 锐	11000086	工程师	劳动合同制	A
76	运行技术服务中心	邱 桐	11000623	工程师	劳动合同制	A
77	运行技术服务中心	张 莉	10010840	部门副总工	劳动合同制	A
78	运行技术服务中心	武爱平	10020380	工程师	劳动合同制	A

续表

序　号	所属单位	姓　名	人员编号	职务/岗位	人员类别	考核等级
79	运行技术服务中心	韩晓瑜	11004844	一般员工	劳务派遣	A
80	建造管理中心	闵昌军	10030801	行政管理科副科长（主持工作）	劳动合同制	A
81	建造管理中心	雷震波	10020360	行政管理	劳动合同制	A
82	建造管理中心	李河橘	11000075	计划管理员	劳动合同制	A
83	建造管理中心	杨　宇	10010334	建安合同主管	劳动合同制	A
84	建造管理中心	周连禹	10010342	基建管理科副科长（主持工作）	劳动合同制	A
85	建造管理中心	罗　涛	10030703	项目开发科科长	劳动合同制	A
86	建造管理中心	赵校波	10010366	施工管理处处长	劳动合同制	A
87	建造管理中心	宋晓青	10070022	党务管理专员	技术派遣	A
88	建造管理中心	孙彦来	10070013	施工合同管理	技术派遣	A
89	建造管理中心	白春淼	11004320	施工技术支持工程师	技术派遣	A
90	北京民用设计院	王经建	10011811	结构室/主任	劳动合同制	A
91	北京民用设计院	李雪辉	10011802	给排水设计	劳动合同制	A
92	北京民用设计院	李英川	11001804	暖通设计	劳动合同制	A
93	北京民用设计院	李永胜	10011803	电气设计	劳动合同制	A
94	北京民用设计院	王黔豫	11005205	建筑设计	劳动合同制	A
95	北京民用设计院	张　持	11005534	建筑设计	劳动合同制	A
96	北京民用设计院	要戈辉	11002404	技术经济	技术派遣	A
97	设备成套中心	石青娟	11003447	纪检主管	技术派遣	A
98	设备成套中心	储　珺	11005358	组织干事	技术派遣	A
99	设备成套中心	王　超	11004520	宣传干事	劳动合同制	A
100	设备成套中心	康　丹	11000589	综合管理科副科长	劳动合同制	A
101	设备成套中心	王璐瑶	11004262	行政主管	劳动合同制	A
102	设备成套中心	宋凯磊	10020445	项目一科副科长、福清 5、6 号机组副采购经理	劳动合同制	A
103	设备成套中心	赵　昱	10010639	计划协调工程师	劳动合同制	A
104	设备成套中心	祁　静	10010690	计划管理	技术派遣	A
105	设备成套中心	周　婵	11003364	计划工程师	技术派遣	A

续表

序　号	所属单位	姓　名	人员编号	职务/岗位	人员类别	考核等级
106	设备成套中心	吴世日	11002886	采购经理助理	技术派遣	A
107	设备成套中心	周　鹏	11002336	计划协调工程师	技术派遣	A
108	设备成套中心	罗　斌	11005191	计划工程师	劳动合同制	A
109	设备成套中心	李显枫	10010529	采购管理	劳动合同制	A
110	设备成套中心	樊　晶	11003592	计划协调工程师	劳动合同制	A
111	设备成套中心	贾　硕	11005664	绩效工程师	劳动合同制	A
112	设备成套中心	王　萌	11005394	计划协调工程师	技术派遣	A
113	设备成套中心	张　林	11000458	副科长	劳动合同制	A
114	设备成套中心	卢　璇	10010671	副科长	劳动合同制	A
115	设备成套中心	郭亚宁	11002166	项目经理	技术派遣	A
116	设备成套中心	杜　婧	11005028	项目经理	技术派遣	A
117	设备成套中心	吴声龙	11003287	项目经理	劳动合同制	A
118	设备成套中心	隋　鑫	11004215	项目经理/监造工程师	技术派遣	A
119	设备成套中心	宋金良	10010520	项目经理	劳动合同制	A
120	设备成套中心	丁大伟	11003790	监造工程师/项目经理	技术派遣	A
121	设备成套中心	杨炜韬	11004370	项目经理	劳动合同制	A
122	设备成套中心	韩凝晖	11005765	项目经理	劳动合同制	A
123	设备成套中心	贺子健	10010656	项目经理	劳动合同制	A
124	设备成套中心	王染思	11005300	项目经理	技术派遣	A
125	设备成套中心	屈卫涛	11002185	项目经理	技术派遣	A
126	设备成套中心	高　峥	11004523	项目经理	劳动合同制	A
127	设备成套中心	师金斌	11002197	项目经理	技术派遣	A
128	设备成套中心	刘丽娜	10010477	计划工程师	技术派遣	A
129	设备成套中心	王　卫	10010543	项目经理	劳动合同制	A
130	设备成套中心	刘景政	11005040	项目经理	技术派遣	A
131	设备成套中心	窦毅玮	11005549	项目经理	技术派遣	A
132	设备成套中心	杨夏飞	10010680	项目经理	劳动合同制	A
133	设备成套中心	郭　晶	11000550	项目经理	劳动合同制	A
134	设备成套中心	马丽娜	10010601	项目经理	劳动合同制	A
135	设备成套中心	周　武	11003419	项目经理	技术派遣	A
136	设备成套中心	魏　文	11005273	党务专员	技术派遣	A

续表

序　号	所属单位	姓　名	人员编号	职务/岗位	人员类别	考核等级
137	设备成套中心	杨淑芳	10010498	项目经理	劳动合同制	A
138	设备成套中心	刘　慧	11004380	项目经理	劳动合同制	A
139	设备成套中心	李　文	11003411	项目经理	技术派遣	A
140	设备成套中心	李文清	11005305	项目经理	技术派遣	A
141	设备成套中心	马　毅	11000638	项目经理	劳动合同制	A
142	设备成套中心	田　浩	10010571	项目经理	劳动合同制	A
143	设备成套中心	唐　鑫	11005661	项目经理	劳动合同制	A
144	设备成套中心	邢玉林	10010606	组　长	劳动合同制	A
145	设备成套中心	邵妙娟	11003429	计划主管	技术派遣	A
146	设备成套中心	黄　瑞	11003995	组　长	技术派遣	A
147	设备成套中心	张湘君	11005530	采购主管	劳动合同制	A
148	设备成套中心	葛天然	11005100	采购主管	劳动合同制	A
149	设备成套中心	武　博	11005500	采购主管	技术派遣	A
150	设备成套中心	张　杨	10010659	采购主管	劳动合同制	A
151	设备成套中心	王先卓	11005302	采购主管	劳动合同制	A
152	设备成套中心	赵伟超	11005030	采购主管	技术派遣	A
153	设备成套中心	何文红	11004676	费控主管	技术派遣	A
154	设备成套中心	梅文晓	11005269	组　长	技术派遣	A
155	设备成套中心	刘晓亮	10020436	采购主管	劳动合同制	A
156	设备成套中心	王占斌	11005066	项目负责人	技术派遣	A
157	设备成套中心	刘少杰	11001652	采购主管	劳动合同制	A
158	设备成套中心	张　峥	11004943	项目负责人	技术派遣	A
159	设备成套中心	王　唯	11005463	采购工程师	技术派遣	A
160	设备成套中心	别金磊	11004660	项目负责人	技术派遣	A
161	设备成套中心	王鹤云	11005220	采购工程师	劳动合同制	A
162	设备成套中心	张效宁	11004995	采购工程师	劳动合同制	A
163	设备成套中心	周　辉	10010561	质保监造部副主任	劳动合同制	A
164	设备成套中心	张加平	10020414	副科长	劳动合同制	A
165	设备成套中心	陈家宁	11005399	驻厂监造工程师	技术派遣	A
166	设备成套中心	张立强	10020442	监造一队队长	劳动合同制	A
167	设备成套中心	朱向东	10020401	驻厂监造工程师	劳动合同制	A

续表

序 号	所属单位	姓 名	人员编号	职务/岗位	人员类别	考核等级
168	设备成套中心	逄增辉	10010492	电仪监造队长	劳动合同制	A
169	设备成套中心	张金元	10020430	核岛容器监造组组长	劳动合同制	A
170	设备成套中心	徐 磊	10020483	辅助设备监造队长	劳动合同制	A
171	设备成套中心	张 强	11003104	副科长	劳动合同制	A
172	设备成套中心	韩惠霞	10020454	西核强驻点负责人	劳动合同制	A
173	设备成套中心	田利凯	11000482	主泵监造队队长	劳动合同制	A
174	设备成套中心	康春雨	11000483	监造二队队长	劳动合同制	A
175	设备成套中心	孙建民	11000480	监造四队队长	劳动合同制	A
176	设备成套中心	关 朝	11005049	支部党务工作	技术派遣	A
177	设备成套中心	杜新宇	10020449	外部监查监督组长	劳动合同制	A
178	设备成套中心	陈增芳	10020447	监造工程师	劳动合同制	A
179	设备成套中心	贾江水	10020417	核化工与核一级设备监造组组长	劳动合同制	A
180	设备成套中心	张 沙	11004109	监造工程师	技术派遣	A
181	设备成套中心	辛建军	11000222	驻厂监造工程师	技术派遣	A
182	设备成套中心	李 彦	11003912	监管协调工程师	技术派遣	A
183	设备成套中心	王志宏	10010539	招标管理部副主任	劳动合同制	A
184	设备成套中心	赵利辉	11000246	招标管理	劳动合同制	A
185	设备成套中心	齐 菲	10010626	文档/计划工程师	劳务派遣	A
186	设备成套中心	屈俊苹	11000646	文档员	劳务派遣	A
187	设备成套中心	朱艳婷	10010627	文档员	劳务派遣	A
188	设备成套中心	夏玉风	11003751	文 档	劳务派遣	A
189	设备成套中心	邓 兴	11005329	运维专员	劳务派遣	A
190	设备成套中心	方淑艳	11003052	费控助理	劳务派遣	A
191	设备成套中心	田 苗	11001627	文档兼项目经理	劳务派遣	A
192	设备成套中心	周巧妹	11004284	行政秘书	劳务派遣	A
193	设备成套中心	李方圆	11005596	文 档	劳务派遣	A
194	设备成套中心	任华卫	11002301	行政助理/行政文档	劳务派遣	A
195	福清项目部	郝祥伟	10030667	总经理助理	劳动合同制	A
196	福清项目部	李 伊	10080066	处长助理兼综合科科长	劳动合同制	A
197	福清项目部	李祥东	11000770	科 长	劳动合同制	A

续表

序号	所属单位	姓名	人员编号	职务/岗位	人员类别	考核等级
198	福清项目部	房丽萍	11004414	常规岛设计管理工程师	劳动合同制	A
199	福清项目部	陈飞	10140209	经理助理兼科长	劳动合同制	A
200	福清项目部	于洪程	10140257	副处长	劳动合同制	A
201	福清项目部	刘博	10080029	科长	劳动合同制	A
202	福清项目部	赵长军	11000762	土建工程师	劳动合同制	A
203	福清项目部	曹钟引	11004403	副科长	业主公司	A
204	福清项目部	张宗裴	11000752	机械工程师	劳动合同制	A
205	福清项目部	刘鹏涛	10030497	科长	劳动合同制	A
206	福清项目部	赵海存	10020364	副处长	劳动合同制	A
207	福清项目部	翁风武	10080009	数据组组长	劳动合同制	A
208	福清项目部	张海江	11003771	科长	劳动合同制	A
209	福清项目部	王盟	11002374	副科长	技术派遣	A
210	福清项目部	张鹏	11000378	控制系统工程师	技术派遣	A
211	福清项目部	吴维	10030168	副处长	劳动合同制	A
212	福清项目部	邢辉	11001087	副科长	劳动合同制	A
213	福清项目部	黄文彪	10010332	科长	劳动合同制	A
214	福清项目部	张宏巍	11000772	副科长	劳动合同制	A
215	福清项目部	马丽	11002516	副科长	劳动合同制	A
216	海南项目部	赵涛	10140032	副经理	劳动合同制	A
217	海南项目部	程浩	11000768	商务管理	劳动合同制	A
218	田湾项目部	马新朝	10140223	总经理助理	劳动合同制	A
219	田湾项目部	霍如路	10030579	合同管理工程师	劳动合同制	A
220	田湾项目部	郎彦	11001972	行政科副科长（主持工作）	劳动合同制	A
221	田湾项目部	陈苏萍	11002470	党群管理	劳动合同制	A
222	田湾项目部	张栋	11000412	信息文档处处长助理	劳动合同制	A
223	田湾项目部	刘鹤群	10070112	3、4 号机组项目管理处处长助理	劳动合同制	A
224	田湾项目部	朱豫秦	10140199	3、4 号机组项目管理处处长助理	劳动合同制	A

续表

序 号	所属单位	姓 名	人员编号	职务/岗位	人员类别	考核等级
225	田湾项目部	吴建华	10140124	3、4号机组项目管理处处长助理	劳动合同制	A
226	田湾项目部	许洪柱	10010523	设计管理处副处长	劳动合同制	A
227	田湾项目部	李志富	10010238	项目控制处副处长	劳动合同制	A
228	田湾项目部	马景卫	10070045	设备管理处副处长	劳动合同制	A
229	田湾项目部	王其利	11004002	3、4号项目采购经理助理	技术派遣	A
230	田湾项目部	姜绍鹏	11004177	5、6号现场采购代表负责人	技术派遣	A
231	田湾项目部	石 坚	10110053	综合科副科长（主持工作）	劳动合同制	A
232	田湾项目部	王小利	10080102	到货计划工程师	劳动合同制	A
233	田湾项目部	王声桓	11003355	机械科副科长	技术派遣	A
234	田湾项目部	聂小华	11004214	机械工程师	技术派遣	A
235	田湾项目部	郑思峰	11005118	电仪科科长	技术派遣	A
236	田湾项目部	李婷婷	11003097	计划科副科长	技术派遣	A
237	田湾项目部	孟 帅	10030664	工程管理处实习处长兼土建科科长	劳动合同制	A
238	田湾项目部	朱海宇	10030595	工程管理处实习处长兼机械设备科科长	劳动合同制	A
239	田湾项目部	殷先伟	10030825	综合管理科副科长	劳动合同制	A
240	田湾项目部	鲁永苍	10020351	土建科副科长	劳动合同制	A
241	田湾项目部	周 波	10030585	总平面管理工程师	劳动合同制	A
242	田湾项目部	李雪涛	10080018	电仪科科长	劳动合同制	A
243	工程管理部	胡建锋	10140064	工程管理部经理	劳动合同制	A
244	设计管理部	陈尚锐	11002572	设计管理部副经理	劳动合同制	A
245	漳州项目部	李振东	11002232	安全监督部副经理	劳动合同制	A
246	漳州项目部	陈 锋	10080006	设计管理部副经理	劳动合同制	A
247	漳州项目部	丁德忠	10070025	土建科科长	劳动合同制	A
248	廊坊项目部	刘兆月	11002988	执照主管	技术派遣	A
249	群工部	杜晓颖	11000225	一般员工	技术派遣	A

续表

序号	所属单位	姓名	人员编号	职务/岗位	人员类别	考核等级
250	821Z项目部	张涪民	10130004	项目总经理助理	劳动合同制	A
251	821Z项目部	佟振华	10030627	综合管理部副经理	劳动合同制	A
252	821Z项目部	殷继承	10030645	施工部经理	劳动合同制	A
253	821Z项目部	胡蓉	10011279	技术协调经理	劳动合同制	A
254	核化工院后处理工程所	秦永泉	10011359	工艺布置室副主任（主持工作）兼主任工程师	劳动合同制	A
255	核化工院后处理工程所	陈云清	10011273	核化工设计	劳动合同制	A
256	核化工院后处理工程所	侯媛媛	10011321	核化工设计	劳动合同制	A
257	核化工院后处理工程所	逯迎春	10011255	核化工设计	劳动合同制	A
258	核化工院后处理工程所	刘继连	10011330	核化工设计	劳动合同制	A
259	核化工院后处理工程所	熊佳丽	11003656	核化工设计	劳动合同制	A
260	核化工院后处理工程所	汪宗太	11004424	核化工设计	劳动合同制	A
261	核化工院后处理工程所	董文杰	11004428	工艺布置室 研发设计	劳动合同制	A
262	核化工院后处理工程所	欧阳再龙	11004449	工艺布置室 研发设计	劳动合同制	A
263	核化工院后处理工程所	李银华	11004466	核化工设计	劳动合同制	A
264	核化工院后处理工程所	纪雷鸣	11005522	核化工设计	劳动合同制	A
265	核化工院放射性废物管理工程所	武毓勇	10011270	二室主任	劳动合同制	A
266	核化工院放射性废物管理工程所	高瑞发	10011459	一室主任兼主任工程师	劳动合同制	A

续表

序 号	所属单位	姓 名	人员编号	职务/岗位	人员类别	考核等级
267	核化工院放射性废物管理工程所	刘铁军	10011389	二室副主任兼主任工程师	劳动合同制	A
268	核化工院放射性废物管理工程所	董海龙	10011344	一室副主任	劳动合同制	A
269	核化工院放射性废物管理工程所	叶欣楠	11001697	放射性废物管理系统设计	劳动合同制	A
270	核化工院放射性废物管理工程所	孟祥达	11002437	放射性废物管理	劳动合同制	A
271	核化工院放射性废物管理工程所	杨翠玲	11004333	放射性废物管理	技术派遣	A
272	核化工院放射性废物管理工程所	翁 展	11004423	放射性废物管理	劳动合同制	A
273	核化工院放射性废物管理工程所	阮崑秩	11004441	放射性废物管理	劳动合同制	A
274	核化工院放射性废物管理工程所	梅 杰	11005843	核化工科研与设计	劳动合同制	A
275	核化工院核设施退役工程所	李 昕	10011212	室副主任兼主任工程师	劳动合同制	A
276	核化工院核设施退役工程所	侯辉娟	10011295	核设施退役设计	劳动合同制	A
277	核化工院核设施退役工程所	刘自强	11005228	核设施退役设计	劳动合同制	A
278	核化工院核设施退役工程所	谢珍妮	11005655	核设施退役	劳动合同制	A
279	核化工院核化工仪控所	刘 宇	10011245	仪控设计管理	劳动合同制	A
280	核化工院核化工仪控所	曾 鑫	10011265	仪控设计管理	劳动合同制	A
281	核化工院核化工仪控所	杨庆彧	10011060	研发设计	劳动合同制	A

续表

序　号	所属单位	姓　名	人员编号	职务/岗位	人员类别	考核等级
282	核化工院 核化工仪控所	唐立学	10011049	研发设计	劳动合同制	A
283	核化工院 核化工仪控所	丁长富	10011154	研发设计	劳动合同制	A
284	核化工院 核化工仪控所	崔国华	10011319	核化工仪控室主任 工程师	劳动合同制	A
285	核化工院 核化工仪控所	冯存强	10011314	核化工仪控室主任	劳动合同制	A
286	核化工院 核化工设备所	吴德慧	10011230	核化工设备二室主任	劳动合同制	A
287	核化工院 核化工设备所	明玉周	11000563	科研设计	劳动合同制	A
288	核化工院 核化工设备所	李光俊	11003428	研发设计	技术派遣	A
289	核化工院 核化工设备所	郭和一	11003666	科研设计	劳动合同制	A
290	核化工院 核化工设备所	肖　然	11004453	科研设计	劳动合同制	A
291	核化工院 核化工设备所	周冠辰	11004475	科研设计	劳动合同制	A
292	核化工院 核化工设备所	沈　琪	11004458	科研设计	劳动合同制	A
293	核化工院 核化工设备所	崔　凯	11004525	科研设计	劳动合同制	A
294	核化工院 核化工设备所	宋红攀	11004950	科研设计	劳动合同制	A
295	核化工院 核化工设备所	贾云全	11005014	科研设计	劳动合同制	A
296	核化工院 核化工设备所	王路森	11005165	科研设计	劳动合同制	A

续表

序 号	所属单位	姓 名	人员编号	职务/岗位	人员类别	考核等级
297	核化工院 核化工设备所	许 聪	11005162	科研设计	劳动合同制	A
298	核化工院 核化工设备所	杨宏悦	10011239	核化工设备一室 主任工程师	劳动合同制	A
299	党群工作部	李承龙	11004713	纪检与风险管理	技术派遣	A
300	核化工院 科研设计管理部	牛景玉	10030193	核化工院特级项目 副设总	劳动合同制	A
301	核化工院 科研设计管理部	麻锦琳	10010815	设计管理处处长	劳动合同制	A
302	核化工院 科研设计管理部	陆紫薇	10010223	综合管理	技术派遣	A
303	核化工院 科研设计管理部	冯 潇	10010073	科研设计管理	劳动合同制	A
304	核化工院 综合管理部	马 力	10011323	综合管理	劳动合同制	A
305	核化工院 综合管理部	高 杨	11000031	计划管理	劳动合同制	A
306	核化工院 综合管理部	苏凤玲	11003362	综合管理	劳务派遣	A
307	核化工院 综合管理部	殷 爽	11005980	薪酬管理	技术派遣	A
308	核化工院 综合管理部	易全伟	10010607	综合管理部主任助理 （主持工作）	劳动合同制	A
309	核化工院 设备成套部	杨玲玲	11000298	计划工程师	劳动合同制	A
310	核工程院 综合管理部	王 静	11000553	副科长	劳动合同制	A
311	核工程院 综合管理部	石 琳	11000441	一般员工	技术派遣	A

续表

序　号	所属单位	姓　名	人员编号	职务/岗位	人员类别	考核等级
312	核工程院 综合管理部	齐景伟	11000468	一般员工	技术派遣	A
313	核工程院 党群工作部	侯　峭	10011400	副科长	劳动合同制	A
314	核工程院 党群工作部	黄　照	11003650	一般员工	劳动合同制	A
315	核工程院 党群工作部	朱美旗	11004282	一般员工	劳动合同制	A
316	核工程院 党群工作部	李　力	10010841	科　长	劳动合同制	A
317	核工程院 科研设计管理部	孙　凤	10010835	设　总	劳动合同制	A
318	核工程院 科研设计管理部	吕永飞	10140136	设　总	劳动合同制	A
319	核工程院 科研设计管理部	李广慧	10010085	设计经理	劳动合同制	A
320	核工程院 科研设计管理部	林小凤	10010274	设　总	劳动合同制	A
321	核工程院 科研设计管理部	魏　峰	10010137	设计经理	劳动合同制	A
322	核工程院 科研设计管理部	范　瑾	10020204	设　总	劳动合同制	A
323	核工程院 科研设计管理部	王艳丽	11000581	一般员工	劳动合同制	A
324	核工程院 科研设计管理部	陈月琴	11000588	一般员工	劳动合同制	A
325	核工程院 科研设计管理部	姜萍萍	10010239	一般员工	劳动合同制	A
326	核工程院 科研设计管理部	曾保罗	11006024	一般员工	技术派遣	A

续表

序 号	所属单位	姓 名	人员编号	职务/岗位	人员类别	考核等级
327	核工程院 科研设计管理部	赵 冉	11001522	一般员工	劳务派遣	A
328	核工程院 科研设计管理部	王静瑶	11004200	一般员工	劳务派遣	A
329	核工程院 科研设计管理部	郭新月	11004884	一般员工	劳务派遣	A
330	核工程院 科研设计管理部	蔡 斌	11005457	一般员工	劳务派遣	A
331	核工程院 科研设计管理部	朱降宇	11005401	一般员工	劳务派遣	A
332	核工程院 科研设计管理部	韩习文	11005608	一般员工	劳务派遣	A
333	核工程院 科研设计管理部	南 希	11005719	一般员工	劳务派遣	A
334	核工程院 科研设计管理部	王 晰	11000454	一般员工	劳动合同制	A
335	核工程院 核电安全研究中心	马如冰	10010849	室主任	劳动合同制	A
336	核工程院 核电安全研究中心	杨小明	11002329	室主任工程师	劳动合同制	A
337	核工程院 核电安全研究中心	刘 卓	11004536	一般员工	劳动合同制	A
338	核工程院 核电安全研究中心	李 炜	11004630	一般员工	劳动合同制	A
339	核工程院 核电安全研究中心	刘 冉	11005240	一般员工	劳动合同制	A
340	核工程院 核电安全研究中心	张祎王	11005699	一般员工	劳动合同制	A
341	核工程院 核安全审评中心	刘 潇	10030726	一般员工	劳动合同制	A

续表

序号	所属单位	姓名	人员编号	职务/岗位	人员类别	考核等级
342	核工程院仪控设计所	郭　林	10011135	室主任	劳动合同制	A
343	核工程院仪控设计所	李玉荣	10011056	一般员工	劳动合同制	A
344	核工程院仪控设计所	秦虎成	11004726	一般员工	技术派遣	A
345	核工程院仪控设计所	于　蕾	11003665	一般员工	劳动合同制	A
346	核工程院仪控设计所	高永新	11004944	一般员工	技术派遣	A
347	核工程院仪控设计所	聂洪权	10011106	一般员工	劳动合同制	A
348	核工程院仪控设计所	汪　勇	10011161	一般员工	劳动合同制	A
349	核工程院仪控设计所	王梦月	11004369	一般员工	劳动合同制	A
350	核工程院仪控设计所	廖圣勇	10011103	一般员工	劳动合同制	A
351	核工程院仪控设计所	徐思敏	10011158	一般员工	劳动合同制	A
352	核工程院仪控设计所	白江斌	10011012	一般员工	劳动合同制	A
353	核工程院仪控设计所	刘　娜	11000539	一般员工	劳动合同制	A
354	核工程院仪控设计所	李　颖	11005871	一般员工	劳动合同制	A
355	核工程院仪控设计所	刘　颖	10011152	一般员工	劳动合同制	A
356	核工程院仪控设计所	李溪韵	11001666	一般员工	劳动合同制	A
357	核工程院仪控设计所	张　伟	10011057	室副主任	劳动合同制	A
358	核工程院仪控设计所	刘伟容	11002432	一般员工	劳动合同制	A
359	核工程院仪控设计所	边　华	10011142	一般员工	劳动合同制	A
360	核工程院仪控设计所	杨　康	11002393	一般员工	劳动合同制	A
361	核工程院仪控设计所	王　欣	10011052	所副总工	劳动合同制	A
362	核工程院仪控设计所	吴　萍	11004412	一般员工	劳动合同制	A
363	核工程院仪控设计所	何志军	11000269	一般员工	劳动合同制	A
364	核工程院仪控设计所	侯长治	11004693	一般员工	劳动合同制	A
365	核工程院仪控设计所	张　旭	10011151	一般员工	技术派遣	A
366	核工程院堆工所	刘　莎	11001909	一般员工	劳务派遣	A
367	核工程院堆工所	易　璇	10010771	室主任	劳动合同制	A
368	核工程院堆工所	陈　添	11005629	一般员工	劳动合同制	A
369	核工程院堆工所	张浩然	11005718	一般员工	劳动合同制	A
370	核工程院堆工所	孙燕宇	11003629	一般员工	劳动合同制	A
371	核工程院堆工所	方　俊	11002327	一般员工	劳动合同制	A
372	核工程院堆工所	周　潇	11005017	一般员工	劳动合同制	A

续表

序 号	所属单位	姓 名	人员编号	职务/岗位	人员类别	考核等级
373	核工程院堆工所	贺 楷	10010805	一般员工	劳动合同制	A
374	核工程院堆工所	王炳衡	10010773	室主任工程师	劳动合同制	A
375	核工程院堆工所	张丽莹	11005106	一般员工	劳动合同制	A
376	核工程院堆工所	陈宗欢	11004531	一般员工	劳动合同制	A
377	核工程院堆工所	李晓静	11005043	一般员工	劳动合同制	A
378	核工程院堆工所	朱 好	11000548	一般员工	劳动合同制	A
379	核工程院堆工所	赵艳飞	11004281	一般员工	劳动合同制	A
380	核工程院堆工所	李 璐	11005669	一般员工	劳动合同制	A
381	核工程院堆工所	黄树明	10010768	一般员工	劳动合同制	A
382	核工程院堆工所	高健伟	11003646	一般员工	劳动合同制	A
383	核工程院堆工所	刘 蕴	11005717	一般员工	劳动合同制	A
384	核工程院堆工所	孙 婧	10010799	一般员工	劳动合同制	A
385	核工程院堆工所	王贺南	11004514	一般员工	劳动合同制	A
386	核工程院堆工所	常 愿	11005660	一般员工	劳动合同制	A
387	核工程院系布所	赵 斌	10011454	所长助理兼 系统一室主任	劳动合同制	A
388	核工程院系布所	王振中	10011402	室副主任（主持工作）	劳动合同制	A
389	核工程院系布所	赵莹芳	11002986	一般员工	劳务派遣	A
390	核工程院系布所	牛艳颖	10011466	室主任工/高工	劳动合同制	A
391	核工程院系布所	王 超	10011443	室副主任/高工	劳动合同制	A
392	核工程院系布所	程 岳	11005647	一般员工	劳动合同制	A
393	核工程院系布所	齐云飞	11005716	一般员工	劳动合同制	A
394	核工程院系布所	梁慧茹	10011411	一般员工	劳动合同制	A
395	核工程院系布所	黄小云	11005944	一般员工	技术派遣	A
396	核工程院系布所	吴永重	10011520	室副主任	劳动合同制	A
397	核工程院系布所	叶晓丽	10011394	一般员工	劳动合同制	A
398	核工程院系布所	林达平	11004279	一般员工	劳动合同制	A
399	核工程院系布所	康伟平	11005303	一般员工	技术派遣	A
400	核工程院系布所	刘加志	10011489	一般员工	劳动合同制	A
401	核工程院系布所	郭 晴	10020123	一般员工	劳动合同制	A
402	核工程院系布所	孙兰飞	11005685	一般员工	劳动合同制	A

续表

序　号	所属单位	姓　名	人员编号	职务/岗位	人员类别	考核等级
403	核工程院系布所	李志静	11005539	一般员工	劳动合同制	A
404	核工程院系布所	钟　桦	11003683	一般员工	技术派遣	A
405	核工程院系布所	张　进	10011547	一般员工	劳动合同制	A
406	核工程院系布所	李栋梁	10011421	室副主任	劳动合同制	A
407	核工程院系布所	孙佳丽	10010602	一般员工	劳动合同制	A
408	核工程院系布所	孙超杰	11004269	一般员工	劳动合同制	A
409	核工程院系布所	林兆娣	10011529	一般员工	劳动合同制	A
410	核工程院系布所	陆　松	10011516	一般员工	劳动合同制	A
411	核工程院系布所	温　华	10011501	一般员工	劳动合同制	A
412	核工程院系布所	刘鹏飞	10011403	一般员工	劳动合同制	A
413	核工程院系布所	杜文学	10011365	一般员工	劳动合同制	A
414	核工程院系布所	刘嘉一	10011409	一般员工	劳动合同制	A
415	核工程院系布所	唐雨建	10011490	一般员工	劳动合同制	A
416	核工程院系布所	叶　奇	11004275	一般员工	劳动合同制	A
417	核工程院系布所	杨林民	10011374	一般员工	劳动合同制	A
418	核工程院系布所	彭星铭	11002401	一般员工	劳动合同制	A
419	核工程院系布所	余顺利	10011493	一般员工	劳动合同制	A
420	核工程院系布所	宁庆坤	10011467	一般员工	劳动合同制	A
421	核工程院系布所	兰天宝	11005018	一般员工	劳动合同制	A
422	核工程院系布所	薛　静	10011505	主任工程师	劳动合同制	A
423	核工程院系布所	皮　月	11003587	一般员工	劳动合同制	A
424	核工程院系布所	侯　婷	11003660	一般员工	劳动合同制	A
425	核工程院系布所	王佳卓	11002399	一般员工	劳动合同制	A
426	核工程院系布所	刘亚光	10020465	一般员工	劳动合同制	A
427	核工程院系布所	李丽娟	10011441	一般员工	劳动合同制	A
428	核工程院系布所	许海营	90036	一般员工	借调人员	A
429	核工程院系布所	刁盼盼	131	一般员工	借调人员	A
430	核工程院总体所	白晋华	10010845	所副总工/研高	劳动合同制	A
431	核工程院总体所	王利萍	10010854	专项工作	劳动合同制	A
432	核工程院总体所	吴　慧	10010199	一般员工	技术派遣	A
433	核工程院总体所	吴宇翔	10010906	室副主任/研高	劳动合同制	A

续表

序 号	所属单位	姓 名	人员编号	职务/岗位	人员类别	考核等级
434	核工程院总体所	蒋慧黠	10010872	一般员工	劳动合同制	A
435	核工程院总体所	王诚诚	11005167	一般员工	劳动合同制	A
436	核工程院总体所	史海富	10010896	一般员工	劳动合同制	A
437	核工程院总体所	贺克羽	10010905	主任工程师	劳动合同制	A
438	核工程院总体所	李永华	10010913	一般员工	劳动合同制	A
439	核工程院总体所	赵 强	10010909	一般员工	劳动合同制	A
440	核工程院总体所	王玉卿	11002328	一般员工	劳动合同制	A
441	核工程院总体所	冯楚然	11003651	一般员工	劳动合同制	A
442	核工程院总体所	杜金雁	11003441	一般员工	技术派遣	A
443	核工程院总体所	李艳丽	10010889	室副主任	劳动合同制	A
444	核工程院总体所	王 乐	10010878	室主任工程师	劳动合同制	A
445	核工程院总体所	高 超	11002465	室副主任	劳动合同制	A
446	核工程院总体所	刘 勇	10010894	一般员工	劳动合同制	A
447	核工程院总体所	楚济如	11002425	一般员工	劳动合同制	A
448	核工程院总体所	姜舒婷	11004612	一般员工	劳动合同制	A
449	核工程院总体所	刘海宇	10010834	一般员工	劳动合同制	A
450	核工程院总体所	陆 斌	10010868	一般员工	劳动合同制	A
451	核工程院总体所	李原野	11004444	一般员工	劳动合同制	A
452	核工程院总体所	司天琪	11005041	一般员工	劳动合同制	A
453	核工程院总体所	朱文韬	11001668	一般员工	劳动合同制	A
454	核工程院总体所	卢文魁	11001669	一般员工	劳动合同制	A
455	核工程院核设备所	张洪军	10010942	室主任	劳动合同制	A
456	核工程院核设备所	袁 巍	11000546	一般员工	劳动合同制	A
457	核工程院核设备所	沈艳祥	10010940	一般员工	劳动合同制	A
458	核工程院核设备所	战蓉洁	11004420	一般员工	劳动合同制	A
459	核工程院核设备所	胡月飞	10010953	一般员工	劳动合同制	A
460	核工程院核设备所	王晓轩	10010949	室主任	劳动合同制	A
461	核工程院核设备所	李海涛	10010952	室主任工程师	劳动合同制	A
462	核工程院核设备所	陈 科	10010962	一般员工	劳动合同制	A
463	核工程院核设备所	梁文元	10011003	一般员工	劳动合同制	A
464	核工程院核设备所	李 华	11002392	一般员工	劳动合同制	A

续表

序　号	所属单位	姓　名	人员编号	职务/岗位	人员类别	考核等级
465	核工程院核设备所	刘国彪	10010958	室主任工程师	劳动合同制	A
466	核工程院核设备所	马佳珍	11000034	一般员工	劳动合同制	A
467	核工程院核设备所	郭建伟	11001692	一般员工	劳动合同制	A
468	核工程院核设备所	王　恒	10010983	一般员工	劳动合同制	A
469	核工程院核设备所	郭城湘	11005560	一般员工	劳动合同制	A
470	核工程院核设备所	郑　越	10010975	室副主任	劳动合同制	A
471	核工程院核设备所	袁　炜	10010991	一般员工	劳动合同制	A
472	核工程院核设备所	李　宁	10010963	室副主任	劳动合同制	A
473	核工程院核设备所	郝建生	11003635	一般员工	劳动合同制	A
474	核工程院核设备所	郑岳山	10011002	一般员工	劳动合同制	A
475	核工程院核设备所	刘　轩	11005233	一般员工	劳动合同制	A
476	核工程院数字化设计研发中心	王雪飞	11005611	一般员工	劳动合同制	A
477	核工程院数字化设计研发中心	范翠丽	11004294	一般员工	技术派遣	A
478	核工程院数字化设计研发中心	高　洁	11004110	一般员工	技术派遣	A
479	工业院电气设计所	张爱珊	11005646	文　秘	劳务派遣	A
480	工业院电气设计所	袁晓菲	11005909	文　秘	技术派遣	A
481	工业院电气设计所	蔡晶慧	11004956	四级设计师	劳动合同制	A
482	工业院电气设计所	李保柱	10011024	三级设计师	劳动合同制	A
483	工业院电气设计所	覃红玉	11002940	三级设计师	劳动合同制	A
484	工业院电气设计所	许　玫	10011108	三级设计师	劳动合同制	A
485	工业院电气设计所	蒋戈凌	10011138	三级设计师	劳动合同制	A
486	工业院电气设计所	肖孟男	10011081	室副主任	劳动合同制	A
487	工业院电气设计所	白琳琳	11005605	一级设计员	劳动合同制	A
488	工业院电气设计所	姜博文	11005690	一级设计员	劳动合同制	A
489	工业院电气设计所	张文磊	10011731	室主任工程师	劳动合同制	A
490	工业院电气设计所	王　猛	10011341	电气设计	劳动合同制	A
491	工业院电气设计所	赵晓燕	10011698	电气设计	劳动合同制	A
492	工业院电气设计所	马　琳	11000068	仪控设计	劳动合同制	A

续表

序 号	所属单位	姓 名	人员编号	职务/岗位	人员类别	考核等级
493	工业院电气设计所	陈 琛	11001722	电气设计	劳动合同制	A
494	工业院电气设计所	张 晨	10011067	通信设计	劳动合同制	A
495	工业院电气设计所	吴银伟	10011058	通信设计	劳动合同制	A
496	工业院电气设计所	郭韶华	10011558	弱电工程设计	劳动合同制	A
497	工业院电气设计所	孙梓凯	11003648	弱电工程设计	技术派遣	A
498	工业院电气设计所	王 可	11004355	弱电工程设计	技术派遣	A
499	工业院电气设计所	王小锋	10011157	一级设计员	劳务派遣	A
500	工业院电气设计所	韩 冬	11004717	四级设计师	技术派遣	A
501	工业院电气设计所	丛晓东	10011150	四级设计师	劳动合同制	A
502	工业院电气设计所	于 玺	10011054	四级设计师	劳动合同制	A
503	工业院总图地质所	杨球玉	10011187	所副总工	劳动合同制	A
504	工业院总图地质所	李 友	11000599	总图运输	劳动合同制	A
505	工业院总图地质所	胡树超	10011183	总图运输	劳动合同制	A
506	工业院总图地质所	于艳强	11004478	总图运输	劳动合同制	A
507	工业院总图地质所	李正强	11000262	总图运输	劳动合同制	A
508	工业院总图地质所	杨张伟	11003662	总图运输	劳动合同制	A
509	工业院总图地质所	李 昶	11002091	放废处置、岩土设计	劳动合同制	A
510	工业院总图地质所	康宝伟	11003262	放废处置、岩土设计	劳动合同制	A
511	工业院总图地质所	李星宇	11004080	放废处置、岩土设计	劳动合同制	A
512	工业院总图地质所	王小元	11000544	岩土工程	劳动合同制	A
513	工业院总图地质所	施晓文	11000545	岩土工程	劳动合同制	A
514	工业院总图地质所	耿学勇	10011173	岩土工程	劳动合同制	A
515	工业院工程经济所	曲 珺	10011745	室副主任	劳动合同制	A
516	工业院工程经济所	薄美芳	10011765	室主任工程师	劳动合同制	A
517	工业院工程经济所	唐庆辉	11001017	工程师	劳动合同制	A
518	工业院工程经济所	于 洋	11005696	助 工	劳动合同制	A
519	工业院工程经济所	付 翌	10011753	室副主任	劳动合同制	A
520	工业院工程经济所	李文安	11000452	室主任工程师	劳动合同制	A
521	工业院工程经济所	于 倩	11002079	工程师	劳动合同制	A
522	工业院工程经济所	法 丹	11003521	工程师	劳动合同制	A
523	工业院工程经济所	马丽娅	11003333	工程师	劳动合同制	A

续表

序号	所属单位	姓名	人员编号	职务/岗位	人员类别	考核等级
524	工业院工程经济所	杨欣鑫	11003799	工程师	技术派遣	A
525	工业院工程经济所	曹海洋	11005372	专　员	技术派遣	A
526	工业院工程经济所	蔡雨彤	11005555	专　员	技术派遣	A
527	工业院公用系统所	杨若冰	11000044	室主任工程师	劳动合同制	A
528	工业院公用系统所	胡跃恒	11003223	普通员工	技术派遣	A
529	工业院公用系统所	毛雨佳	11004079	普通员工	劳动合同制	A
530	工业院公用系统所	孙　飞	11003329	普通员工	技术派遣	A
531	工业院公用系统所	张文杰	11005727	普通员工	劳动合同制	A
532	工业院公用系统所	王彦龙	10011634	室主任	劳动合同制	A
533	工业院公用系统所	王　瑞	11005179	普通员工	劳动合同制	A
534	工业院公用系统所	李　奇	10011559	普通员工	劳动合同制	A
535	工业院公用系统所	武　婕	10011707	室主任	劳动合同制	A
536	工业院公用系统所	郝志会	10011631	普通员工	劳动合同制	A
537	工业院公用系统所	李园园	10011564	室主任	劳动合同制	A
538	工业院公用系统所	张冰芝	11005955	普通员工	技术派遣	A
539	工业院公用系统所	郑雨兰	11005367	普通员工	技术派遣	A
540	工业院公用系统所	张阳光	10011607	普通员工	劳动合同制	A
541	工业院公用系统所	颜龙飞	11005493	普通员工	技术派遣	A
542	工业院公用系统所	田　竹	11006014	普通员工	劳务派遣	A
543	工业院建筑结构所	赵　薇	10011729	室主任	劳动合同制	A
544	工业院建筑结构所	李园園	10011342	建筑科研设计	劳动合同制	A
545	工业院建筑结构所	李禧婧	11005192	建筑科研设计	劳动合同制	A
546	工业院建筑结构所	冯金祺	10011706	室主任	劳动合同制	A
547	工业院建筑结构所	赵　月	11003588	建筑设计	劳动合同制	A
548	工业院建筑结构所	赵书娴	11002390	建筑设计	劳动合同制	A
549	工业院建筑结构所	朱　琳	11004334	建筑设计	技术派遣	A
550	工业院建筑结构所	姚　迪	10011718	室副主任	劳动合同制	A
551	工业院建筑结构所	刘玉林	10011590	室主任工程师	劳动合同制	A
552	工业院建筑结构所	隋　然	11003598	结构设计	劳动合同制	A
553	工业院建筑结构所	刘　昱	11004974	结构设计	技术派遣	A
554	工业院建筑结构所	陈　健	10011571	室主任	劳动合同制	A

续表

序 号	所属单位	姓 名	人员编号	职务/岗位	人员类别	考核等级
555	工业院建筑结构所	梁靖峰	10011705	结构设计	劳动合同制	A
556	工业院建筑结构所	赵 丹	11004382	结构设计	技术派遣	A
557	工业院建筑结构所	陈超群	11003293	结构设计	技术派遣	A
558	工业院建筑结构所	徐国祯	11004627	结构设计	劳动合同制	A
559	工业院建筑结构所	于 跃	10011611	结构设计	劳动合同制	A
560	工业院建筑结构所	沈 亮	11004247	结构设计	劳动合同制	A
561	工业院建筑结构所	王彦超	11004406	结构设计	技术派遣	A
562	工业院建筑结构所	靳金平	10011708	室主任	劳动合同制	A
563	工业院建筑结构所	林 海	10011581	室副主任	劳动合同制	A
564	工业院建筑结构所	任焱焱	11003320	结构设计	技术派遣	A
565	工业院建筑结构所	万松琳	11004429	结构设计	技术派遣	A
566	工业院建筑结构所	刘 敏	10011628	室主任	劳动合同制	A
567	工业院建筑结构所	王东旭	11004825	结构设计	劳动合同制	A
568	工业院建筑结构所	张 睿	11005354	结构设计	劳动合同制	A
569	工业院建筑结构所	张 剑	11003137	结构设计	技术派遣	A
570	工业院建筑结构所	孙晓颖	10011709	室副主任	劳动合同制	A
571	工业院建筑结构所	宋孟燕	11003558	结构设计	劳动合同制	A
572	工业院建筑结构所	迟学猛	10011697	主 管	劳动合同制	A
573	工业院科设设计管理部	南 薇	10011609	特级项目专职设总	劳动合同制	A
574	工业院科设设计管理部	岳 媛	11000590	科研管理	劳动合同制	A
575	工业院科设设计管理部	尚海娜	11000291	项目管理秘书	劳务派遣	A
576	工业院科设设计管理部	吕志锋	10011601	特级项目专职设总	劳动合同制	A
577	工业院前期工作部	付 斌	10010795	特级项目设总	劳动合同制	A
578	工业院综合管理部	周 非	10010090	费用管理	劳动合同制	A
579	工业院综合管理部	刘 媛	10110002	人事管理	技术派遣	A
580	工业院综合管理部	陈茜茜	11000464	合同管理	劳务派遣	A
581	工业院党群工作部	王 欣	11000406	群工专员	劳动合同制	A
582	工业院党群工作部	刘 菲	11005384	党群工作	劳务派遣	A
583	河北分公司	王 璐	11000495	行政科副科长（主持工作）	劳动合同制	A
584	河北分公司	徐建东	10020210	副设总	劳动合同制	A

续表

序　号	所属单位	姓　名	人员编号	职务/岗位	人员类别	考核等级
585	河北分公司	甄天雷	10020163	副设总	劳动合同制	A
586	河北分公司	邱立超	10020294	管　理	劳动合同制	A
587	河北分公司	吕晓光	11004685	管　理	技术派遣	A
588	河北分公司	白　璐	10020002	管　理	劳动合同制	A
589	河北分公司	周新娴	10020007	管　理	技术派遣	A
590	河北分公司	唐　博	11005677	会　计	劳动合同制	A
591	河北分公司	梁晓晔	10020037	管　理	劳动合同制	A
592	河北分公司	庞　金	11005642	管　理	劳动合同制	A
593	河北分公司	张　帆	10020249	科研、技术管理	劳动合同制	A
594	河北分公司	陈园园	11000379	管　理	技术派遣	A
595	河北分公司	李丕陆	10020161	设　计	劳动合同制	A
596	河北分公司	吕　航	10020168	设　计	劳动合同制	A
597	河北分公司	梁向东	11005267	设　计	技术派遣	A
598	河北分公司	耿博远	11003863	设　计	技术派遣	A
599	河北分公司	王国龙	10020169	设　计	劳动合同制	A
600	河北分公司	张　勇	10020108	设　计	劳动合同制	A
601	河北分公司	廖　涛	11000515	设　计	劳动合同制	A
602	河北分公司	王永士	11002597	设　计	技术派遣	A
603	河北分公司	田伟龙	11003435	设　计	技术派遣	A
604	河北分公司	杨恩泽	10020130	设　计	劳动合同制	A
605	河北分公司	徐周雷	11004256	设　计	技术派遣	A
606	河北分公司	郑伟青	10020131	设　计	劳动合同制	A
607	河北分公司	刘建栋	11002506	设　计	技术派遣	A
608	河北分公司	孙　强	10020110	设　计	劳动合同制	A
609	河北分公司	张海波	10020111	设　计	劳动合同制	A
610	河北分公司	李伟正	11004365	设　计	技术派遣	A
611	河北分公司	张伟明	10020201	主任工程师	劳动合同制	A
612	河北分公司	张晓云	10020224	设　计	劳动合同制	A
613	河北分公司	张剑冰	10020248	设　计	劳动合同制	A
614	河北分公司	李伟霞	10020261	设　计	劳动合同制	A
615	河北分公司	封昊伟	11002260	设　计	技术派遣	A

续表

序　号	所属单位	姓　名	人员编号	职务/岗位	人员类别	考核等级
616	河北分公司	王智勇	10020257	设　计	劳动合同制	A
617	河北分公司	尤志敏	11000504	设　计	劳动合同制	A
618	河北分公司	刘艳菊	11000498	设　计	劳动合同制	A
619	河北分公司	刘玉磊	10020223	设　计	劳动合同制	A
620	河北分公司	李　鹏	10020253	设　计	劳动合同制	A
621	河北分公司	赵忠臣	11005301	设　计	技术派遣	A
622	河北分公司	周丽红	11000499	设　计	劳动合同制	A
623	河北分公司	周少培	11002508	设　计	技术派遣	A
624	河北分公司	李　智	11000491	设　计	劳动合同制	A
625	河北分公司	梁卿达	11000490	设　计	劳动合同制	A
626	河北分公司	张秉灿	11004608	设　计	劳动合同制	A
627	河北分公司	梁耀龙	10020295	设　计	劳动合同制	A
628	河北分公司	李　欣	11001122	设　计	技术派遣	A
629	河北分公司	杨　熙	10020319	主任工程师	劳动合同制	A
630	河北分公司	申浩	11003837	设　计	技术派遣	A
631	河北分公司	贾卫超	10020303	室主任	劳动合同制	A
632	河北分公司	杨　勇	10020049	室主任工程师	劳动合同制	A
633	河北分公司	池云莉	10020185	所副总工	劳动合同制	A
634	河北分公司	范振中	11005099	设　计	技术派遣	A
635	河北分公司	石立超	10020318	设　计	劳动合同制	A
636	河北分公司	吕　扬	10020158	设　计	劳动合同制	A
637	河北分公司	刘　莹	10020148	设　计	劳动合同制	A
638	河北分公司	梁寒光	10020186	设　计	劳动合同制	A
639	河北分公司	郝庆福	11000503	设　计	劳动合同制	A
640	河北分公司	刘文峰	10020221	设　计	劳动合同制	A
641	河北分公司	胡文娜	11000516	设总/设计	劳动合同制	A
642	河北分公司	魏世航	11004577	设　计	技术派遣	A
643	河北分公司	陈志华	10020125	设　计	劳动合同制	A
644	河北分公司	聂羽飞	11004251	设　计	技术派遣	A
645	河北分公司	宋长飞	10020147	室主任工	劳动合同制	A
646	河北分公司	胡肖静	10020320	设　计	劳动合同制	A

续表

序　号	所属单位	姓　名	人员编号	职务/岗位	人员类别	考核等级
647	河北分公司	许雪松	11003997	设　计	劳动合同制	A
648	河北分公司	贾福辰	10020200	设　计	劳动合同制	A
649	河北分公司	张　旭	10020143	设　计	劳动合同制	A
650	河北分公司	杨震宇	10020190	设　计	劳动合同制	A
651	河北分公司	黄　楠	11002527	设　计	劳动合同制	A
652	河北分公司	李尚武	10020189	室副主任	劳动合同制	A
653	河北分公司	常　亮	10020042	室主任	劳动合同制	A
654	河北分公司	朱国春	10020116	设　计	劳动合同制	A
655	河北分公司	白彦飞	11004318	设　计	劳动合同制	A
656	河北分公司	徐德旺	11005465	设　计	技术派遣	A
657	河北分公司	王威威	11001617	设　计	劳动合同制	A
658	河北分公司	刘晓倩	11005815	设　计	技术派遣	A
659	郑州分公司	余　游	30357	质量安全部经理	劳动合同制	A
660	郑州分公司	张海杰	30560	项目控制部副经理（主持工作）	劳动合同制	A
661	郑州分公司	贾明哲	30945	质保工程师	劳动合同制	A
662	郑州分公司	刘科均	33210	出　纳	劳动合同制	A
663	郑州分公司	魏　来	30801	综合管理	劳动合同制	A
664	郑州分公司	秦成立	30168	室主任/仪控设计	劳动合同制	A
665	郑州分公司	陶明杰	30183	室副主任/仪控设计	劳动合同制	A
666	郑州分公司	刘　琦	30584	仪控设计	劳动合同制	A
667	郑州分公司	齐　冲	30866	仪控设计	劳动合同制	A
668	郑州分公司	杨东勃	30641	仪控设计	劳动合同制	A
669	郑州分公司	崔海波	30586	室副主任/仪控设计	劳动合同制	A
670	郑州分公司	黄　彪	30176	室副主任/电气设计	劳动合同制	A
671	郑州分公司	王　鹏	30606	通信设计	劳动合同制	A
672	郑州分公司	景　欣	30728	仪控设计	劳动合同制	A
673	郑州分公司	葛双波	30539	三维设计	劳动合同制	A
674	郑州分公司	徐　轲	30601	室副主任/电气设计	劳动合同制	A
675	郑州分公司	陶旭阳	30867	电气设计	劳动合同制	A
676	郑州分公司	侯同京	30611	项目经理	劳动合同制	A

续表

序　号	所属单位	姓　名	人员编号	职务/岗位	人员类别	考核等级
677	郑州分公司	毕明智	30343	综合科科长	劳动合同制	A
678	郑州分公司	曹元寿	30563	专业工程师	劳动合同制	A
679	郑州分公司	蔡晓丹	30668	设　计	劳动合同制	A
680	郑州分公司	霍　星	30534	设　计	劳动合同制	A
681	郑州分公司	江　漪	30664	设　计	劳动合同制	A
682	郑州分公司	张志豪	33110	设　计	劳动合同制	A
683	郑州分公司	陈　晨	30533	设　计	劳动合同制	A
684	郑州分公司	刘桂林	30114	设　计	劳动合同制	A
685	郑州分公司	张　磊	30146	设　计	劳动合同制	A
686	郑州分公司	徐　图	33066	设　计	劳动合同制	A
687	郑州分公司	范坤良	30508	设　计	劳动合同制	A
688	郑州分公司	王思远	30975	设　计	劳动合同制	A
689	郑州分公司	刘亚春	30128	所副总工	劳动合同制	A
690	郑州分公司	张　平	30304	设　计	劳动合同制	A
691	郑州分公司	马金波	30729	科　研	劳动合同制	A
692	郑州分公司	张　雷	30331	科　研	劳动合同制	A
693	郑州分公司	李向阳	30335	核电役检技术服务	劳动合同制	A
694	郑州分公司	陈　起	11000699	一般员工	劳动合同制	A
695	郑州分公司	张照明	11005316	一般员工	劳动合同制	A
696	郑州分公司	张洪培	30319	土建室主任工	劳动合同制	A
697	郑州分公司	吕兴晔	10030079	一般员工	劳动合同制	A
698	郑州分公司	杨　莹	11002493	一般员工	劳动合同制	A
699	郑州分公司	徐林林	30302	招投标/资质管理	劳动合同制	A
700	郑州分公司	崔　浩	30869	专项工程计划管理	劳动合同制	A
701	郑州分公司	姚正纲	30767	实物保护设计	劳动合同制	A
702	郑州分公司	雷蕊平	30597	实物保护设计	劳动合同制	A
703	郑州分公司	芦　杉	30501	室主任	劳动合同制	A
704	郑州分公司	万许辉	30674	结构设计	劳动合同制	A
705	郑州分公司	尤培华	30648	结构设计	劳动合同制	A
706	郑州分公司	张　博	30649	结构设计	劳动合同制	A
707	郑州分公司	丁　丹	30976	给排水设计	劳动合同制	A

续表

序 号	所属单位	姓 名	人员编号	职务/岗位	人员类别	考核等级
708	郑州分公司	吴 黎	30265	室主任工/给排水设计	劳动合同制	A
709	郑州分公司	陈国惠	30608	结构设计	劳动合同制	A
710	郑州分公司	祝玉斌	30757	结构设计	劳动合同制	A
711	郑州分公司	张乐乐	30275	室副主任	劳动合同制	A
712	郑州分公司	刘 鹏	30550	结构设计	劳动合同制	A
713	郑州分公司	张俊涛	30766	建筑设计	劳动合同制	A
714	郑州分公司	王庆伟	30293	室主任/结构设计	劳动合同制	A
715	郑州分公司	穆康修	30257	给排水设计	劳动合同制	A
716	郑州分公司	白维卿	30326	所副总工程师	劳动合同制	A
717	郑州分公司	张 楠	31211	综合服务管理	劳动合同制	A
718	郑州分公司	鲁晓旭	30235	室主任	劳动合同制	A
719	郑州分公司	曹维科	30763	设 计	劳动合同制	A
720	郑州分公司	贾大焕	30642	设 计	劳动合同制	A
721	郑州分公司	郑光绪	30625	设 计	劳动合同制	A
722	郑州分公司	齐小赞	30226	室主任	劳动合同制	A
723	郑州分公司	马文峰	30717	设 计	劳动合同制	A
724	郑州分公司	马伟光	30242	室主任工程师	劳动合同制	A
725	郑州分公司	单利伟	30879	设 计	劳动合同制	A
726	郑州分公司	宋冬霞	30214	室主任	劳动合同制	A
727	郑州分公司	鲍永健	30651	设 计	劳动合同制	A
728	郑州分公司	田高磊	30659	室主任工程师	劳动合同制	A
729	郑州分公司	伍成凯	30591	室主任	劳动合同制	A
730	郑州分公司	赵 婧	30216	室主任	劳动合同制	A
731	郑州分公司	赵柏玲	30223	室主任工程师	劳动合同制	A
732	郑州分公司	王振华	30203	室主任	劳动合同制	A
733	郑州分公司	宋安坤	30654	室主任工程师	劳动合同制	A
734	郑州分公司	李 明	30070	室副主任	劳动合同制	A
735	郑州分公司	魏定池	30083	室主任	劳动合同制	A
736	郑州分公司	蒋 涛	30090	室主任	劳动合同制	A
737	郑州分公司	聂兰强	30094	室主任	劳动合同制	A
738	郑州分公司	江保军	30081	室主任	劳动合同制	A

续表

序 号	所属单位	姓 名	人员编号	职务/岗位	人员类别	考核等级
739	郑州分公司	于俊涛	30075	室副主任	劳动合同制	A
740	郑州分公司	苗顺占	30573	室副主任（主持工作）	劳动合同制	A
741	郑州分公司	李冠华	30571	工艺设计	劳动合同制	A
742	郑州分公司	何广昌	30520	工艺设计	劳动合同制	A
743	郑州分公司	张智罡	30966	工艺设计	劳动合同制	A
744	郑州分公司	黄永锋	32001	工艺设计	劳动合同制	A
745	郑州分公司	伊万里	30753	辐射安全设计	劳动合同制	A
746	郑州分公司	宋芳媛	30793	辐射安全设计	劳动合同制	A
747	郑州分公司	徐阵涛	30871	非标设备设计	劳动合同制	A
748	郑州分公司	鲍景明	33180	非标设备设计	劳动合同制	A
749	郑州分公司	毛新征	30451	结构设计	劳动合同制	A
750	郑州分公司	李王朋	30973	总图设计	劳动合同制	A
751	郑州分公司	曾园金	30570	给排水设计	劳动合同制	A
752	郑州分公司	吴运良	30655	暖通设计	劳动合同制	A
753	郑州分公司	张运阳	32021	电气设计	劳动合同制	A
754	郑州分公司	马桂林	30722	给排水设计	劳动合同制	A
755	郑州分公司	李晓轲	30634	非标设备设计	劳动合同制	A
756	郑州分公司	张首飞	30688	结构设计	劳动合同制	A
757	郑州分公司	李秋锋	30604	培训职称管理	劳动合同制	A
758	郑州分公司	杨晓亮	30530	三维技术研发/工程师	劳动合同制	A
759	郑州分公司	张 森	30691	仪控设计	技术派遣	A
760	郑州分公司	刘 洪	30935	项目管理	技术派遣	A
761	郑州分公司	王俊哲	32072	设 计	技术派遣	A
762	郑州分公司	郭 振	30960	设 计	技术派遣	A
763	郑州分公司	马喜鹏	32038	设 计	技术派遣	A
764	郑州分公司	张识渊	30614	设 计	技术派遣	A
765	郑州分公司	罗 浩	30855	科 研	技术派遣	A
766	郑州分公司	王建永	10030376	一般员工	技术派遣	A
767	郑州分公司	朱 夏	30936	纪检监察与风险管理	技术派遣	A
768	郑州分公司	秦小冉	30893	建筑设计	技术派遣	A
769	郑州分公司	黄志超	32043	暖通设计	技术派遣	A

续表

序　号	所属单位	姓　名	人员编号	职务/岗位	人员类别	考核等级
770	郑州分公司	周世国	30656	岩土勘察	技术派遣	A
771	郑州分公司	李林玉	33164	设　计	技术派遣	A
772	郑州分公司	李承鑫	33083	设　计	技术派遣	A
773	郑州分公司	苏　博	30886	设　计	技术派遣	A
774	郑州分公司	董保金	30953	设　计	技术派遣	A
775	郑州分公司	李春辉	33184	设　计	技术派遣	A
776	郑州分公司	魏文涛	30961	设　计	技术派遣	A
777	郑州分公司	孙豫帅	30796	设　计	技术派遣	A
778	郑州分公司	刁志鹏	30714	设　计	技术派遣	A
779	郑州分公司	张　磊	30954	设　计	技术派遣	A
780	郑州分公司	李梦杰	30949	设　计	技术派遣	A
781	郑州分公司	罗　涛	30843	设　计	技术派遣	A
782	郑州分公司	杨岳西	30711	设　计	技术派遣	A
783	郑州分公司	王记川	30628	设　计	技术派遣	A
784	郑州分公司	张长奎	30458	三维技术研发	技术派遣	A
785	华东分公司	朱　飞	11002910	副主任（主持工作）	劳动合同制	A
786	华东分公司	张　翔	10030640	科　长	劳动合同制	A
787	华东分公司	高国甫	10030790	副科长（主持工作）	劳动合同制	A
788	华东分公司	张明刚	11005396	副科长（主持工作）	劳动合同制	A
789	华东分公司	朱　峰	10030685	副科长（主持工作）	劳动合同制	A
790	华东分公司	赵怡春	11002017	副科长（主持工作）	劳动合同制	A
791	华东分公司	刘光伟	10030582	队　长	劳动合同制	A
792	华东分公司	柳　鹏	10030737	队　长	劳动合同制	A
793	华东分公司	高　峰	10030657	队　长	劳动合同制	A
794	华东分公司	祝永刚	10030630	副经理	劳动合同制	A
795	华东分公司	唐启军	10030577	副总经理	劳动合同制	A
796	华东分公司	蔡茂生	10030687	经　理	劳动合同制	A
797	华东分公司	李锦荣	10030707	经　理	劳动合同制	A
798	华东分公司	陈　兴	10030632	经　理	劳动合同制	A
799	华东分公司	张燕晓	11000727	一般员工	劳动合同制	A
800	华东分公司	惠爽爽	11000780	一般员工	劳动合同制	A

续表

序 号	所属单位	姓 名	人员编号	职务/岗位	人员类别	考核等级
801	华东分公司	孙艳荣	11005245	一般员工	劳动合同制	A
802	华东分公司	张阿敏	10030717	一般员工	劳动合同制	A
803	华东分公司	张瑞利	10030817	一般员工	劳动合同制	A
804	华东分公司	王 琪	11003613	一般员工	劳动合同制	A
805	华东分公司	付 伟	10030612	一般员工	劳动合同制	A
806	华东分公司	王文华	10030695	一般员工	劳动合同制	A
807	华东分公司	陈言达	11000707	一般员工	劳动合同制	A
808	华东分公司	檀 鹏	11004260	一般员工	劳动合同制	A
809	华东分公司	赵 青	10030621	一般员工	劳动合同制	A
810	华东分公司	刘 元	10030660	一般员工	劳动合同制	A
811	华东分公司	牛 强	10030783	一般员工	劳动合同制	A
812	华东分公司	郭 亮	10030793	一般员工	劳动合同制	A
813	华东分公司	王伟华	11004121	一般员工	劳动合同制	A
814	华东分公司	王文祥	10030807	一般员工	劳动合同制	A

（四）公司 2017 年度“巾帼建功标兵”（见附表 2-6）

附表 2-6 公司 2017 年度“巾帼建功标兵”名单

序 号	所属单位	姓 名
1	公司办公室	田玲瑜
2	规划发展部	余 佳
3	人力资源部	叶 芊
4	科技部	杨晓卿
5	质量保证部	张 琳
6	监察审计部	马瑞璞
7	党委工作部	赵 晶
8	宣团部	马翔燕
9	群工部	杜晓颖
10	北京核化工研究设计院	彭 思
11	北京核化工研究设计院	刘 郢
12	北京核工程研究设计院	高娟娟

续表

序　号	所属单位	姓　名
13	北京核工程研究设计院	余　淼
14	北京核工程研究设计院	王宏杰
15	北京工业研究设计院	张　晅
16	北京工业研究设计院	郭　璇
17	采购中心	陈铁军
18	采购中心	戴芳芳
19	福清项目部	李　伊
20	田湾项目部	陈苏萍
21	海南项目部	蔡小娜
22	漳州项目部	李文静
23	821项目部	顾　琼
24	北京民用设计院	黄　珂
25	运行技术服务中心	唐　涛
26	华东分公司	蔡欢星
27	河北分公司	邱立超
28	河北分公司	池云莉
29	郑州分公司	袁玉静
30	郑州分公司	何　超

（供稿：杜晓颖）

附录三　规章制度清单

附表 3-1　规章制度清单

总序	分序	制度文号	制度名称	编制部门	现行版次	领域类别
基本管理制度						
1	1	核工董发〔2011〕1 号	中国核电工程有限公司董事会议事规则	公司办公室	V1	公司治理
2	2	核工办发〔2018〕67 号	中国核电工程有限公司贯彻落实“三重一大”决策制度实施办法	公司办公室	V3	公司治理
3	3	核工办发〔2018〕29 号	中国核电工程有限公司治理授权规定	公司办公室	V2	公司治理
4	4	核工财发〔2016〕22 号	中国核电工程有限公司担保管理办法	财会部	V2	财务管理
5	5	核工财发〔2017〕24 号	中国核电工程有限公司全面预算管理办法	财会部	V4	财务管理
6	6	核工财发〔2018〕63 号	中国核电工程有限公司产权流转管理办法	财会部	V1	资产管理
7	7	核工总发〔2015〕20 号	中国核电工程有限公司固定资产管理办法	公司办公室	V2	资产管理
8	8	核工规发〔2017〕110 号	中国核电工程有限公司战略规划管理办法	规划发展部	V5	战略绩效
9	9	核工财发〔2016〕27 号	中国核电工程有限公司融资管理办法	财会部	V2	投资管理
10	10	核工审发〔2016〕21 号	中国核电工程有限公司内部审计工作规定	监察审计部	V3	审计管理
11	11	核工综发〔2009〕39 号	中国核电工程有限公司全面风险管理工作规定	监察审计部	—	风险管理
12	12	核工人发〔2018〕28 号	中国核电工程有限公司薪酬管理制度	人力资源部	V2	人力资源

续表

总序	分序	制度文号	制度名称	编制部门	现行版次	领域类别
基本党管制度						
13	1	核工党发〔2018〕106 号	中国核电工程有限公司党建工作考核评价办法	党委工作部	V1	党建管理
14	2	核工党发〔2018〕88 号	中国核电工程有限公司党委工作规则	党委工作部	V3	党建管理
15	3	核工办发〔2018〕64 号	中国核电工程有限公司党委关于深入贯彻落实中央八项规定精神进一步加强作风建设具体措施	公司办公室	V3	党建管理
16	4	核工党发〔2018〕44 号	中国核电工程有限公司党委会议事规则	党委工作部	V3	党建管理
17	5	核工党发〔2018〕137 号	中国核电工程有限公司党委理论学习中心组学习制度	党委工作部	V5	党建管理
18	6	核工党发〔2018〕113 号	中国核电工程有限公司干部管理工作暂行办法	党委工作部	V3	党建管理
19	7	核工党发〔2017〕63 号	中国核电工程有限公司干部选拔任用工作管理规定	党委工作部	V5	党建管理
20	8	核工人发〔2014〕106 号	中国核电工程有限公司干部职数编制管理规定	人力资源部	V1	党建管理
21	9	核工人发〔2018〕98 号	中国核电工程有限公司首席专家、科技（学科）带头人与专业带头人管理规定	人力资源部	V3	党建管理
22	10	核工人发〔2018〕38 号	中国核电工程有限公司型号（工程项目）总设计师、系统总设计师与分系统总设计师管理规定	人力资源部	V2	党建管理
23	11	核工党发〔2018〕92 号	中国核电工程有限公司中层干部综合考核评价管理办法	党委工作部	V1	党建管理
24	12	核工人发〔2018〕58 号	中国核电工程有限公司招聘管理规定	人力资源部	V3	人力资源
25	13	核工监发〔2017〕3 号	中国核电工程有限公司巡查工作实施办法	监察审计部	V2	纪检监察
其他重要规章制度						
26	1	核工总发〔2016〕60 号	中国核电工程有限公司规章制度编制管理规定	公司办公室	V4	公司治理

续表

总序	分序	制度文号	制度名称	编制部门	现行版次	领域类别
27	2	核工办发〔2018〕28号	中国核电工程有限公司总经理办公会议事规则	公司办公室	V1	公司治理
28	3	核工人发〔2018〕103号	中国核电工程有限公司岗位体系管理办法	人力资源部	V3	人力资源
29	4	核工人发〔2017〕87号	中国核电工程有限公司职工福利费管理办法	人力资源部	V1	人力资源
30	5	核工财发〔2018〕80号	中国核电工程有限公司差旅费管理办法	财会部	V3	财务管理
31	6	核工人发〔2018〕17号	中国核电工程有限公司组织管理规程	人力资源部	V4	组织机构
32	7	核工人发〔2013〕101号	中国核电工程有限公司JYK考核与工资总额挂钩管理办法	人力资源部	—	战略绩效
33	8	核工规发〔2017〕108号	中国核电工程有限公司计划、预算、考核一体化（JYK）管理办法	规划发展部	V4	战略绩效
34	9	核工规发〔2017〕115号	中国核电工程有限公司年度重点任务制定与管理办法	规划发展部	V3	战略绩效
35	10	核工规发〔2018〕52号	中国核电工程有限公司专项奖奖励办法	规划发展部	V3	战略绩效
36	11	核工财发〔2016〕28号	中国核电工程有限公司全成本核算管理办法	财会部	V1	资产管理
37	12	核工项发〔2016〕15号	中国核电工程有限公司总承包（承包）项目总经理全面负责制暨授权管理规定	项目管理部	V2	项目管理
38	13	核工信发〔2016〕8号	中国核电工程有限公司文档管理总则	信息文档部	V2	文档管理
39	14	核工经发〔2018〕21号	中国核电工程有限公司市场开发管理总则	经营开发部	V1	市场开发
40	15	核工财发〔2014〕13号	中国核电工程有限公司内部控制管理办法	财会部	V1	内部控制
41	16	核工科发〔2017〕76号	中国核电工程有限公司科技成果奖励办法	科技部	V2	科技管理
42	17	核工经发〔2018〕4号	中国核电工程有限公司合同管理规定	经营开发部	V2	合同管理
一般规章制度						
43	1	核工人发〔2017〕73号	中国核电工程有限公司设计院人力资源管理权责界面	人力资源部	V1	组织机构
44	2	核工办发〔2018〕68号	中国核电工程有限公司督办工作管理办法	公司办公室	V1	公司治理

续表

总序	分序	制度文号	制度名称	编制部门	现行版次	领域类别
45	3	核工总发〔2013〕4 号	中国核电工程有限公司管理权责界面暂行规定	公司办公室	—	公司治理
46	4	核工总发〔2016〕47 号	中国核电工程有限公司管理授权规定	公司办公室	V2	公司治理
47	5	核工人发〔2012〕24 号	中国核电工程有限公司工伤管理办法	人力资源部	—	人力资源
48	6	核工人发〔2012〕18 号	中国核电工程有限公司工作时间及考勤管理办法	人力资源部	—	人力资源
49	7	核工人发〔2012〕29 号	中国核电工程有限公司人工成本管理办法	人力资源部	—	人力资源
50	8	核工人发〔2012〕19 号	中国核电工程有限公司硕士学位研究生培养工作管理规定	人力资源部	—	人力资源
51	9	核工人发〔2011〕85 号	中国核电工程有限公司退休管理办法	人力资源部	—	人力资源
52	10	核工人发〔2012〕25 号	中国核电工程有限公司员工离职管理规定	人力资源部	—	人力资源
53	11	核工人发〔2013〕65 号	中国核电工程有限公司员工内部流动管理办法	人力资源部	—	人力资源
54	12	核工人发〔2012〕96 号	中国核电工程有限公司总部职工生育保险及产假薪酬支付管理规定	人力资源部	—	人力资源
55	13	核工人发〔2014〕48 号	中国核电电工程有限公司职工惩处规定	人力资源部	V1	人力资源
56	14	核工人发〔2018〕57 号	中国核电工程有限公司 A 类个人资质范围	人力资源部	V1	人力资源
57	15	核工人发〔2018〕89 号	中国核电工程有限公司 B 类个人资质管理规定及范围（第一批）	人力资源部	V1	人力资源
58	16	核工人发〔2017〕115 号	中国核电工程有限公司巴基斯坦卡拉奇 K2/K3 项目赴巴工作人员薪酬与休假管理办法	人力资源部	V2	人力资源
59	17	核工人发〔2017〕81 号	中国核电工程有限公司保密教育培训管理规定	人力资源部	V3	人力资源
60	18	核工人发〔2014〕69 号	中国核电工程有限公司北京总部与项目部辅助性岗位清单	人力资源部	V1	人力资源
61	19	核工人发〔2016〕81 号	中国核电工程有限公司博士后科研工作站管理规定	人力资源部	V1	人力资源

续表

总序	分序	制度文号	制度名称	编制部门	现行版次	领域类别
62	20	核工人发〔2017〕59 号	中国核电工程有限公司返聘人员管理规定	人力资源部	V4	人力资源
63	21	核工人发〔2018〕61 号	中国核电工程有限公司防暑降温费管理办法	人力资源部	V2	人力资源
64	22	核工人发〔2017〕41 号	中国核电工程有限公司房屋租赁费管理办法	人力资源部	V2	人力资源
65	23	核工人发〔2018〕67 号	中国核电工程有限公司岗位与编制管理规定	人力资源部	V1	人力资源
66	24	核工人发〔2018〕21 号	中国核电工程有限公司技术派遣用工管理办法	人力资源部	V2	人力资源
67	25	核工人发〔2018〕45 号	中国核电工程有限公司假期管理规定	人力资源部	V5	人力资源
68	26	核工人发〔2017〕37 号	中国核电工程有限公司京外调配人员管理规定	人力资源部	V2	人力资源
69	27	核工人发〔2018〕32 号	中国核电工程有限公司劳保用品管理办法	人力资源部	V2	人力资源
70	28	核工人发〔2010〕22 号	中国核电工程有限公司劳动合同管理规定	人力资源部	—	人力资源
71	29	核工人发〔2018〕25 号	中国核电工程有限公司劳务派遣用工管理办法	人力资源部	V3	人力资源
72	30	核工人发〔2018〕97 号	中国核电工程有限公司领导班子成员履职待遇、业务支出管理办法	人力资源部	V1	人力资源
73	31	核工人发〔2016〕112 号	中国核电工程有限公司培训课程体系大纲	人力资源部	V1	人力资源
74	32	核工人发〔2015〕103 号	中国核电工程有限公司培训体系管理办法	人力资源部	V1	人力资源
75	33	核工人发〔2014〕37 号	中国核电工程有限公司企业年金实施细则	人力资源部	V2	人力资源
76	34	核工人发〔2018〕134 号	中国核电工程有限公司人力资源系统人员及组织架构主数据维护管理办法	人力资源部	V2	人力资源
77	35	核工人发〔2017〕43 号	中国核电工程有限公司人事档案管理办法	人力资源部	V2	人力资源

续表

总序	分序	制度文号	制度名称	编制部门	现行版次	领域类别
78	36	核工人发〔2008〕42 号	中国核电工程有限公司人员借调交流管理（暂行）规定	人力资源部	—	人力资源
79	37	核工人发〔2018〕125 号	中国核电工程有限公司涉密岗位管理规定	人力资源部	V3	人力资源
80	38	核工人发〔2018〕75 号	中国核电工程有限公司涉密人员管理规定	人力资源部	V8	人力资源
81	39	核工人发〔2016〕29 号	中国核电工程有限公司试用期管理规定	人力资源部	V2	人力资源
82	40	核工人发〔2018〕102 号	中国核电工程有限公司所属成员单位负责人履职待遇、业务支出管理办法	人力资源部	V1	人力资源
83	41	核工人发〔2017〕40 号	中国核电工程有限公司项目部现场加班管理办法	人力资源部	V1	人力资源
84	42	核工人发〔2015〕109 号	中国核电工程有限公司项目现场值班工作餐管理办法	人力资源部	V1	人力资源
85	43	核工人发〔2013〕68 号	中国核电工程有限公司研究生指导教师管理规定	人力资源部	V2	人力资源
86	44	核工人发〔2010〕92 号	中国核电工程有限公司医疗期管理办法	人力资源部	—	人力资源
87	45	核工人发〔2018〕64 号	中国核电工程有限公司异地长期工作补贴管理办法	人力资源部	V3	人力资源
88	46	核工人发〔2018〕133 号	中国核电工程有限公司员工补充医疗保险管理办法	人力资源部	V2	人力资源
89	47	核工人发〔2018〕31 号	中国核电工程有限公司员工个人资质管理规定	人力资源部	V3	人力资源
90	48	核工人发〔2017〕84 号	中国核电工程有限公司员工供养直系亲属医疗补助管理办法	人力资源部	V1	人力资源
91	49	核工人发〔2017〕103 号	中国核电工程有限公司员工医疗补助管理办法	人力资源部	V1	人力资源
92	50	核工人发〔2017〕61 号	中国核电工程有限公司长期在现场工作的员工休假管理办法	人力资源部	V3	人力资源
93	51	核工人发〔2018〕35 号	中国核电工程有限公司职工教育经费管理办法	人力资源部	V4	人力资源
94	52	核工人发〔2016〕59 号	中国核电工程有限公司职工疗养费管理办法	人力资源部	V1	人力资源

续表

总序	分序	制度文号	制度名称	编制部门	现行版次	领域类别
95	53	核工人发〔2013〕93 号	中国核电工程有限公司重大专项科研项目专业技术人员临时聘用管理办法	人力资源部	—	人力资源
96	54	核工人发〔2018〕104 号	中国核电工程有限公司专家评审费管理办法	人力资源部	V1	人力资源
97	55	核工人发〔2017〕56 号	中国核电工程有限公司专业技术职务评聘管理办法	人力资源部	V3	人力资源
98	56	核工人发〔2017〕105 号	中国核电工程有限公司总部挂职交流管理规定	人力资源部	V1	人力资源
99	57	核工人发〔2014〕16 号	中国核电工程有限公司总部派驻现场人员管理办法	人力资源部	—	人力资源
100	58	核工人发〔2016〕46 号	中国核电工程有限公司总部员工履职待遇、业务支出管理办法	人力资源部	V1	人力资源
101	59	核工人发〔2017〕34 号	中国核电公司有限公司关于办理夫妻两地分居进京户口有关问题的规定	人力资源部	V2	人力资源
102	60	核工财发〔2017〕36 号	中国核电工程有限公司（总）承包项目现场财务管理办法	财会部	V3	财务管理
103	61	核工财发〔2013〕18 号	中国核电工程有限公司 863/973/公益性科研项目经费财务管理办法	财会部	V1	财务管理
104	62	核工财发〔2018〕99 号	中国核电工程有限公司财务决算管理办法	财会部	V2	财务管理
105	63	核工财发〔2009〕10 号	中国核电工程有限公司财务信息化管理暂行规定	财会部	—	财务管理
106	64	核工财发〔2009〕12 号	中国核电工程有限公司财务印章管理暂行规定	财会部	—	财务管理
107	65	核工财发〔2017〕34 号	中国核电工程有限公司财政资金基建项目财务管理办法	财会部	V1	财务管理
108	66	核工财发〔2018〕93 号	中国核电工程有限公司大额资金支付管理办法	财会部	V2	财务管理
109	67	核工财发〔2010〕7 号	中国核电工程有限公司大型核燃料后处理厂科技重大专项经费管理暂行办法	财会部	—	财务管理
110	68	核工财发〔2016〕19 号	中国核电工程有限公司对外捐赠管理办法	财会部	V2	财务管理
111	69	核工财发〔2018〕12 号	中国核电工程有限公司费用报销管理办法	财会部	V3	财务管理

续表

总序	分序	制度文号	制度名称	编制部门	现行版次	领域类别
112	70	核工财发〔2018〕100 号	中国核电工程有限公司个税返还手续费奖励预算管理办法	财会部	V2	财务管理
113	71	核工财发〔2013〕28 号	中国核电工程有限公司工程总承包项目全成本核算实施细则	财会部	V1	财务管理
114	72	核工财发〔2013〕21 号	中国核电工程有限公司国防科技工业科研经费财务管理办法	财会部	V1	财务管理
115	73	核工财发〔2018〕4 号	中国核电工程有限公司国家科技重大专项科研项目（课题）预算编制定额管理办法	财会部	V2	财务管理
116	74	核工总发〔2015〕17 号	中国核电工程有限公司国外监造驻厂代表费用报销管理办法	公司办公室	V4	财务管理
117	75	核工财发〔2014〕23 号	中国核电工程有限公司国有资本经营预算管理办法	财会部	V1	财务管理
118	76	核工财发〔2016〕18 号	中国核电工程有限公司会计档案管理办法	财会部	V1	财务管理
119	77	核工财发〔2013〕15 号	中国核电工程有限公司货币资金管理规定	财会部	V1	财务管理
120	78	核工财发〔2013〕20 号	中国核电工程有限公司基建项目财务管理办法	财会部	V1	财务管理
121	79	核工财发〔2018〕101 号	中国核电工程有限公司基建项目竣工财务决算管理办法	财会部	V1	财务管理
122	80	核工财发〔2018〕2 号	中国核电工程有限公司集团公司集中研发科研项目（课题）预算编制定额管理办法	财会部	V2	财务管理
123	81	核工财发〔2013〕24 号	中国核电工程有限公司集团公司重点科技专项和优先发展技术项目经费财务管理办法	财会部	V1	财务管理
124	82	核工财发〔2018〕3 号	中国核电工程有限公司科工局科研项目（课题）预算编制定额管理办法	财会部	V2	财务管理
125	83	核工财发〔2018〕69 号	中国核电工程有限公司科技成果转化项目全成本核算暂行办法	财会部	V1	财务管理
126	84	核工财发〔2016〕23 号	中国核电工程有限公司科研购置资产财务管理办法	财会部	V2	财务管理
127	85	核工财发〔2016〕32 号	中国核电工程有限公司库存商品财务核算管理办法	财会部	V1	财务管理
128	86	核工财发〔2011〕27 号	中国核电工程有限公司履约及预付款保证金收取、退还财务管理办法	财会部	—	财务管理

续表

总序	分序	制度文号	制度名称	编制部门	现行版次	领域类别
129	87	核工财发〔2013〕17号	中国核电工程有限公司民口科技重大专项经费财务管理办法	财会部	V1	财务管理
130	88	核工财发〔2013〕14号	中国核电工程有限公司内部借款管理规定	财会部	V1	财务管理
131	89	核工财发〔2018〕74号	中国核电工程有限公司设计院全成本核算实施细则	财会部	V1	财务管理
132	90	核工财发〔2017〕22号	中国核电工程有限公司设计院资金支付审批授权和全成本核算管理办法	财会部	V1	财务管理
133	91	核工财发〔2008〕5号	中国核电工程有限公司所属分支机构、子公司财务管理暂行办法	财会部	—	财务管理
134	92	核工财发〔2013〕8号	中国核电工程有限公司现金流预算管理办法	财会部	V2	财务管理
135	93	核工财发〔2014〕11号	中国核电工程有限公司项目资金池管理办法	财会部	V1	财务管理
136	94	核工财发〔2014〕10号	中国核电工程有限公司项目资金计划财务管理办法	财会部	V1	财务管理
137	95	核工财发〔2017〕29号	中国核电工程有限公司银行账户管理办法	财会部	V1	财务管理
138	96	核工财发〔2017〕32号	中国核电工程有限公司应收款项管理办法	财会部	V1	财务管理
139	97	核工财发〔2011〕25号	中国核电工程有限公司职工薪酬会计核算办法	财会部	—	财务管理
140	98	核工财发〔2018〕76号	中国核电工程有限公司专项预算管理办法	财会部	V4	财务管理
141	99	核工财发〔2016〕29号	中国核电工程有限公司资金支付审批权限管理规定	财会部	V2	财务管理
142	100	核工财发〔2018〕1号	中国核电工程有限公司自主研发经费管理办法	财会部	V1	财务管理
143	101	核工财发〔2012〕3号	中国核电工程有限公司总包项目合同支付财务管理办法	财会部	—	财务管理
144	102	核工财发〔2013〕16号	中国核电工程有限公司总分机构企业所得税核算管理办法	财会部	V1	财务管理
145	103	核工财发〔2017〕10号	中国核电工程有限公司产权登记管理办法	财会部	V2	资产管理

续表

总序	分序	制度文号	制度名称	编制部门	现行版次	领域类别
146	104	核工办发〔2017〕24 号	中国核电工程有限公司固定资产报废处置管理办法	公司办公室	V2	资产管理
147	105	核工财发〔2016〕16 号	中国核电工程有限公司固定资产财务管理办法	财会部	V4	资产管理
148	106	核工总发〔2015〕30 号	中国核电工程有限公司固定资产预算管理办法	公司办公室	V1	资产管理
149	107	核工财发〔2009〕15 号	中国核电工程有限公司资产有偿使用管理暂行规定	财会部	—	资产管理
150	108	核工经发〔2013〕2 号	中国核电工程有限公司《企业法人营业执照》使用管理办法	经营开发部	V2	综合行政
151	109	核工总发〔2015〕29 号	中国核电工程有限公司出国专项预算管理办法	公司办公室	V1	综合行政
152	110	核工总发〔2013〕19 号	中国核电工程有限公司大事记编报工作规程	公司办公室	—	综合行政
153	111	核工办发〔2018〕37 号	中国核电工程有限公司定密工作管理规定	公司办公室	V5	综合行政
154	112	核工人发〔2017〕38 号	中国核电工程有限公司工作餐管理办法	人力资源部	V1	综合行政
155	113	核工总发〔2015〕51 号	中国核电工程有限公司工作会议管理规定	公司办公室	V2	综合行政
156	114	核工办发〔2018〕47 号	中国核电工程有限公司公关接待管理规定	公司办公室	V5	综合行政
157	115	核工办发〔2017〕33 号	中国核电工程有限公司公司领导身份证件使用管理办法	公司办公室	V1	综合行政
158	116	核工办发〔2018〕46 号	中国核电工程有限公司公文处理办法	公司办公室	V4	综合行政
159	117	核工办发〔2018〕60 号	中国核电工程有限公司公文质量评价管理办法	公司办公室	V1	综合行政
160	118	核工总发〔2015〕38 号	中国核电工程有限公司公务车辆管理规定	公司办公室	V3	综合行政
161	119	核工总发〔2015〕27 号	中国核电工程有限公司管理创新专项预算管理办法	公司办公室	V1	综合行政
162	120	核工办发〔2018〕26 号	中国核电工程有限公司行政会议管理办法	公司办公室	V3	综合行政

续表

总序	分序	制度文号	制度名称	编制部门	现行版次	领域类别
163	121	核工办发〔2018〕59 号	中国核电工程有限公司行政印章管理办法	公司办公室	V7	综合行政
164	122	核工总发〔2015〕57 号	中国核电工程有限公司核工程总承包项目现场后勤管理规定	公司办公室	V1	综合行政
165	123	核工综发〔2010〕70 号	中国核电工程有限公司核能大厦会议室管理规定	公司办公室	—	综合行政
166	124	核工总发〔2012〕28 号	中国核电工程有限公司核能大厦物业监督管理规定	公司办公室	V1	综合行政
167	125	核工办发〔2018〕48 号	中国核电工程有限公司会议管理规定	公司办公室	V3	综合行政
168	126	核工总发〔2013〕30 号	中国核电工程有限公司机票管理规定	公司办公室	V3	综合行政
169	127	核工综发〔2009〕20 号	中国核电工程有限公司集体户口管理暂行规定	公司办公室	—	综合行政
170	128	核工质发〔2017〕23 号	中国核电工程有限公司经验反馈领导小组管理办法	质量保证部	V1	综合行政
171	129	核工办发〔2018〕57 号	中国核电工程有限公司领导调研工作管理办法	公司办公室	V1	综合行政
172	130	核工办发〔2017〕30 号	中国核电工程有限公司领导小组管理办法	公司办公室	V2	综合行政
173	131	核工总发〔2014〕4 号	中国核电工程有限公司社会责任管理制度	公司办公室	V1	综合行政
174	132	核工办发〔2017〕9 号	中国核电工程有限公司社会责任专项预算管理办法	公司办公室	V1	综合行政
175	133	核工办发〔2017〕34 号	中国核电工程有限公司涉外保密管理规定	公司办公室	V3	综合行政
176	134	核工经发〔2017〕18 号	中国核电工程有限公司授权委托书管理办法	经营开发部	V3	综合行政
177	135	核工总发〔2013〕51 号	中国核电工程有限公司外来人员进出管理规定	公司办公室	V1	综合行政
178	136	核工总发〔2015〕9 号	中国核电工程有限公司外专引智项目管理办法	公司办公室	V1	综合行政
179	137	核工办发〔2018〕58 号	中国核电工程有限公司信访工作管理办法	公司办公室	V3	综合行政

续表

总序	分序	制度文号	制度名称	编制部门	现行版次	领域类别
180	138	核工办发〔2018〕11 号	中国核电工程有限公司信息报送工作管理办法	公司办公室	V4	综合行政
181	139	核工办发〔2017〕7 号	中国核电工程有限公司压力管道设计专家委员会工作会议管理办法	公司办公室	V1	综合行政
182	140	核工总发〔2016〕32 号	中国核电工程有限公司移动通讯费管理规定	公司办公室	V2	综合行政
183	141	核工办发〔2018〕22 号	中国核电工程有限公司因公出国（境）人员出访前培训管理办法	公司办公室	V2	综合行政
184	142	核工总发〔2012〕45 号	中国核电工程有限公司应急预案编制指南	公司办公室	—	综合行政
185	143	核工总发〔2012〕5 号	中国核电工程有限公司应急预案管理规定	公司办公室	—	综合行政
186	144	核工总发〔2014〕24 号	中国核电工程有限公司员工行为规范	公司办公室	V2	综合行政
187	145	核工人发〔2017〕51 号	中国核电工程有限公司员工健康体检管理办法	人力资源部	V1	综合行政
188	146	核工办发〔2017〕32 号	中国核电工程有限公司员工取暖费补贴管理办法	公司办公室	V1	综合行政
189	147	核工综发〔2011〕127 号	中国核电工程有限公司职工食堂管理规定	公司办公室	V1	综合行政
190	148	核工综发〔2010〕86 号	中国核电工程有限公司总部办公区出入管理规定	公司办公室	—	综合行政
191	149	核工总发〔2012〕9 号	中国核电工程有限公司总部员工标准配置规定	公司办公室	V1	综合行政
192	150	核工质发〔2015〕29 号	中国核电工程有限公司民用核安全设备设计活动报告管理规定	质量保证部	V3	质量保证
193	151	核工质发〔2017〕8 号	中国核电工程有限公司质保专项预算管理办法	质量保证部	V5	质量保证
194	152	核工质发〔2015〕59 号	中国核电工程有限公司质量管理专家库管理办法	质量保证部	V1	质量保证
195	153	核工采发〔2018〕43 号	中国核电工程有限公司集中采购实施办法	设备成套中心	V1	招标与设备采购
196	154	核工采发〔2018〕30 号	中国核电工程有限公司招标管理办法	设备成套中心	V5	招标与设备采购

续表

总序	分序	制度文号	制度名称	编制部门	现行版次	领域类别
197	155	核工采发〔2018〕7 号	中国核电工程有限公司招标领导小组会议事规则	设备成套中心	V1	招标与设备采购
198	156	核工采发〔2018〕10 号	中国核电工程有限公司招标信息管控办法	设备成套中心	V2	招标与设备采购
199	157	核工规发〔2018〕77 号	中国核电工程有限公司 JYK 考核与计分办法	规划发展部	V6	战略绩效
200	158	核工规发〔2014〕70 号	中国核电工程有限公司对标管理办法	规划发展部	V1	战略绩效
201	159	核工规发〔2017〕113 号	中国核电工程有限公司经济运行分析报告管理规定	规划发展部	V3	战略绩效
202	160	核工人发〔2016〕63 号	中国核电工程有限公司全员 JYK 考核实施办法	人力资源部	V4	战略绩效
203	161	核工规发〔2017〕114 号	中国核电工程有限公司统计工作管理办法	规划发展部	V3	战略绩效
204	162	核工规发〔2014〕38 号	中国核电工程有限公司战略与决策支持重大专题研究管理办法	规划发展部	V1	战略绩效
205	163	核工规发〔2015〕56 号	中国核电工程有限公司战略规划编制大纲	规划发展部	V2	战略绩效
206	164	核工宣发〔2018〕7 号	中国核电工程公司互联网信息平台管理规定	宣团部	V1	信息化管理
207	165	核工信发〔2017〕18 号	中国核电工程有限公司涉密广域网信息系统管理规定	信息文档部	V5	信息化管理
208	166	核工信发〔2018〕6 号	中国核电工程有限公司网络安全管理规定	信息文档部	V1	信息化管理
209	167	核工信发〔2017〕20 号	中国核电工程有限公司信息安全管理策略	信息文档部	V6	信息化管理
210	168	核工信发〔2016〕9 号	中国核电工程有限公司信息化规划管理办法	信息文档部	V1	信息化管理
211	169	核工信发〔2015〕6 号	中国核电工程有限公司信息化建设项目管理规定	信息文档部	V3	信息化管理
212	170	核工信发〔2016〕3 号	中国核电工程有限公司信息化专项预算管理办法	信息文档部	V2	信息化管理
213	171	核工信发〔2017〕16 号	中国核电工程有限公司信息系统、信息设备和存储设备保密管理规定	信息文档部	V1	信息化管理

续表

总序	分序	制度文号	制度名称	编制部门	现行版次	领域类别
214	172	核工宣发〔2018〕1 号	中国核电工程有限公司“十佳员工”评选管理办法	宣团部	V2	新闻宣传
215	173	核工宣发〔2017〕1 号	中国核电工程有限公司互联网新闻发布管理办法	宣团部	V1	新闻宣传
216	174	核工宣发〔2018〕3 号	中国核电工程有限公司新闻宣传保密管理规定	宣团部	V5	新闻宣传
217	175	核工宣发〔2018〕8 号	中国核电工程有限公司新闻宣传稿费及奖励管理办法	宣团部	V3	新闻宣传
218	176	核工宣发〔2017〕3 号	中国核电工程有限公司新闻宣传工作管理规定	宣团部	V2	新闻宣传
219	177	核工宣发〔2018〕11 号	中国核电工程有限公司舆情应对管理办法（试行）	宣团部	V1	新闻宣传
220	178	核工人发〔2010〕140 号	中国核电工程有限公司核电总承包项目部现场部穹顶吊装时点岗位标准配置方案	人力资源部	—	项目管理
221	179	核工规发〔2016〕6 号	华龙一号首堆工程全周期专项激励方案实施办法	规划发展部	V1	项目管理
222	180	核工项发〔2017〕54 号	中国核电工程有限公司核电工程项目管理办法	项目管理部	V1	项目管理
223	181	核工财发〔2015〕16 号	中国核电工程有限公司核电工程总承包项目核算实施细则	财会部	V1	项目管理
224	182	核工规发〔2014〕79 号	中国核电工程有限公司核电工程总承包项目总体预算管理办法	规划发展部	V1	项目管理
225	183	核工施发〔2018〕3 号	中国核电工程有限公司基建项目管理办法	施工管理中心	V3	项目管理
226	184	核工施发〔2018〕2 号	中国核电工程有限公司建安合同预结算管理办法	施工中心	V2	项目管理
227	185	核工规发〔2016〕60 号	中国核电工程有限公司对外股权投资管理办法	规划发展部	V3	投资管理
228	186	核工规发〔2018〕71 号	中国核电工程有限公司固定资产投资项目投资计划管理办法（试行）	规划发展部	—	投资管理
229	187	核工财发〔2016〕20 号	中国核电工程有限公司债权投资管理暂行规定．	财会部	V1	投资管理
230	188	核工经发〔2018〕2 号	中国核电工程有限公司资质管理办法	经营开发部	V1	市场开发

续表

总序	分序	制度文号	制度名称	编制部门	现行版次	领域类别
231	189	核工综发〔2010〕37号	中国核电工程有限公司财务收支审计规定	监察审计部	—	审计管理
232	190	核工审发〔2014〕3号	中国核电工程有限公司公务支出审计实施细则	监察审计部	—	审计管理
233	191	核工监发〔2015〕5号	中国核电工程有限公司监察审计工作专家支持管理办法	监察审计部	V1	审计管理
234	192	核工综发〔2012〕74号	中国核电工程有限公司建设项目审计办法	监察审计部	V1	审计管理
235	193	核工审发〔2017〕12号	中国核电工程有限公司经济责任审计实施细则	监察审计部	V2	审计管理
236	194	核工审发〔2017〕8号	中国核电工程有限公司科研项目经费审计管理办法	监察审计部	V2	审计管理
237	195	核工监发〔2018〕4号	中国核电工程有限公司物资采购稽核管理办法	监察审计部	V3	审计管理
238	196	核工监发〔2016〕3号	中国核电工程有限公司物资采购稽核系统使用管理办法	监察审计部	V1	审计管理
239	197	核工审发〔2018〕15号	中国核电工程有限公司物资采购审计规定	监察审计部	V2	审计管理
240	198	核工综发〔2010〕59号	中国核电工程有限公司预算审计规定	监察审计部	—	审计管理
241	199	核工审发〔2015〕31号	中国核电工程有限公司总承包项目现场审计实施细则	监察审计部	V1	审计管理
242	200	核工群发〔2018〕2号关	公司集体户口职工的子弟入小学排序规则的规定	群工部	V1	群工管理
243	201	核工群发〔2018〕2号	关于公司集体户口职工的子弟入小学排序规则的规定	群工部	V1	群工管理
244	202	核工工发〔2018〕34号	中国核电工程有限公司工会财务管理办法	群工部	V2	群工管理
245	203	核工工发〔2018〕30号	中国核电工程有限公司工会固定资产管理办法	群工部	V2	群工管理
246	204	核工工发〔2018〕2号	中国核电工程有限公司工会经费管理规定	群工部	—	群工管理
247	205	核工工发〔2018〕3号	中国核电工程有限公司工会经费使用实施细则	群工部	V2	群工管理

续表

总序	分序	制度文号	制度名称	编制部门	现行版次	领域类别
248	206	核工综发〔2013〕8号	中国核电工程有限公司计划生育管理规定	群工部	V1	群工管理
249	207	核工工发〔2018〕39号	中国核电工程有限公司困难职工帮扶基金管理办法	群工部	V4	群工管理
250	208	核工工发〔2018〕40号	中国核电工程有限公司劳动争议调解办法	群工部	V2	群工管理
251	209	核工工发〔2018〕41号	中国核电工程有限公司职工代表大会工作细则	群工部	V2	群工管理
252	210	核工工发〔2018〕22号	中国核电工程有限公司职工困难补助管理规定	群工部	V2	群工管理
253	211	核工工发〔2018〕44号	中国核电工程有限公司职工文体协会管理办法	群工部	V1	群工管理
254	212	核工综发〔2011〕91号	中国核电工程有限公司视觉形象识别系统暂行管理规定	公司办公室	—	企业文化
255	213	核工审发〔2015〕6号	中国核电工程有限公司内部控制评价办法	监察审计部	V1	内部控制
256	214	核工科发〔2018〕82号	中国核电工程有限公司参加学会、协会管理办法	科技部	V4	科技管理
257	215	核工科发〔2010〕25号	中国核电工程有限公司大型核燃料后处理科技重大专项管理办法	科技部	—	科技管理
258	216	核工科发〔2017〕80号	中国核电工程有限公司大型核燃料后处理科技重大专项月度进展报告管理办法	科技部	V2	科技管理
259	217	核工科发〔2017〕92号	中国核电工程有限公司核工程研究与设计刊物管理办法	科技部	V1	科技管理
260	218	核工科发〔2015〕8号	中国核电工程有限公司科技成果鉴定及科学技术奖励申报管理办法	科技部	V2	科技管理
261	219	核工科发〔2018〕1号	中国核电工程有限公司科技成果转化认定与奖励暂行办法	科技部	V1	科技管理
262	220	核工科发〔2018〕73号	中国核电工程有限公司科技创新评价与奖励办法	科技部	V4	科技管理
263	221	核工科发〔2018〕88号	中国核电工程有限公司科技评审专家库管理办法	科技部	V1	科技管理
264	222	核工科发〔2017〕71号	中国核电工程有限公司科学技术奖励办法	科技部	V3	科技管理

续表

总序	分序	制度文号	制度名称	编制部门	现行版次	领域类别
265	223	核工科发〔2017〕42 号	中国核电工程有限公司科学技术奖励申报管理办法	科技部	V1	科技管理
266	224	核工科发〔2017〕84 号	中国核电工程有限公司科研项目立项管理办法	科技部	V1	科技管理
267	225	核工科发〔2017〕73 号	中国核电工程有限公司科研项目知识产权管理细则	科技部	V2	科技管理
268	226	核工科发〔2017〕61 号	中国核电工程有限公司论文、论著发表管理办法	科技部	V3	科技管理
269	227	核工科发〔2018〕57 号	中国核电工程有限公司学会协会技术交流和科技论文发表管理办法	科技部	V5	科技管理
270	228	核工科发〔2017〕74 号	中国核电工程有限公司知识产权管理办法	科技部	V2	科技管理
271	229	核工科发〔2018〕100 号	中国核电工程有限公司专利管理办法	科技部	V3	科技管理
272	230	核工科发〔2017〕75 号	中国核电工程有限公司专利奖励实施细则	科技部	V2	科技管理
273	231	核工监发〔2017〕8 号	中国核电工程有限公司“不能腐”防范机制优秀单位评选及专项预算管理办法	监察审计部	V1	纪检监察
274	232	核工监发〔2015〕1 号	中国核电工程有限公司党风建设和反腐倡廉工作考核办法	监察审计部	V2	纪检监察
275	233	核工监发〔2015〕9 号	中国核电工程有限公司党风廉政建设责任制实施办法	监察审计部	V2	纪检监察
276	234	核工综发〔2011〕12 号	中国核电工程有限公司党风廉政责任制专项考核细则	监察审计部	V1	纪检监察
277	235	核工综发〔2012〕27 号	中国核电工程有限公司对在经济活动中收受礼金礼品实行登记的规定	监察审计部	V1	纪检监察
278	236	核工监发〔2018〕3 号	中国核电工程有限公司干部任职前征求纪检监察意见实施办法	监察审计部	V2	纪检监察
279	237	核工监发〔2015〕11 号	中国核电工程有限公司工作人员廉洁从业规定	监察审计部	V2	纪检监察
280	238	核工监发〔2013〕7 号	中国核电工程有限公司贯彻落实《国有企业领导人员廉洁从业若干规定》实施办法	监察审计部	—	纪检监察
281	239	核工监发〔2014〕4 号	中国核电工程有限公司国有资产损失责任追究实施办法	监察审计部	V2	纪检监察

续表

总序	分序	制度文号	制度名称	编制部门	现行版次	领域类别
282	240	核工综发〔2012〕57 号	中国核电工程有限公司纪检监察案件检查和审理规定	监察审计部	—	纪检监察
283	241	核工监发〔2015〕14 号	中国核电工程有限公司纪检监察案件审理组管理办法	监察审计部	V1	纪检监察
284	242	核工监发〔2018〕5 号	中国核电工程有限公司纪检监察干部考核管理规定	监察审计部	V1	纪检监察
285	243	核工党发〔2017〕20 号	中国核电工程有限公司纪检监察机构设置及人员配备管理规定	党委工作部	—	纪检监察
286	244	核工监发〔2017〕6 号	中国核电工程有限公司纪检监察问题线索处置和管理规定	监察审计部	V2	纪检监察
287	245	核工综发〔2012〕63 号	中国核电工程有限公司纪委工作规定	党委工作部	V1	纪检监察
288	246	核工监发〔2015〕7 号	中国核电工程有限公司领导干部函询办法	监察审计部	V1	纪检监察
289	247	核工监发〔2015〕8 号	中国核电工程有限公司领导人员廉洁档案管理办法	监察审计部	V1	纪检监察
290	248	核工监发〔2017〕5 号	中国核电工程有限公司谈话制度实施办法	监察审计部	V1	纪检监察
291	249	核工监发〔2018〕2 号	中国核电工程有限公司特级项目部纪检监察专员派驻制实施办法	监察审计部	V1	纪检监察
292	250	核工监发〔2013〕8 号	中国核电工程有限公司效能监察工作实施办法	监察审计部	—	纪检监察
293	251	核工监发〔2017〕7 号	中国核电工程有限公司效能监察优秀项目评选办法	监察审计部	V2	纪检监察
294	252	核工监发〔2013〕9 号	中国核电工程有限公司新提任领导人员廉洁谈话办法	监察审计部	—	纪检监察
295	253	核工监发〔2018〕1 号	中国核电工程有限公司员工商务往来行为规范	监察审计部	V1	纪检监察
296	254	核工监发〔2013〕10 号	中国核电工程有限公司招标工作监督检查实施办法	监察审计部	V1	纪检监察
297	255	核工监发〔2017〕4 号	中国核电工程有限公司职工收受礼金礼品的登记和管理规定	监察审计部	V2	纪检监察
298	256	核工监发〔2018〕6 号	中国核电工程有限公司职能管理部门监管职责履职监督管理办法	监察审计部	V1	纪检监察

续表

总序	分序	制度文号	制度名称	编制部门	现行版次	领域类别
299	257	核工经发〔2018〕29 号	中国核电工程有限公司报价管理规定	经营开发部	V1	合同管理
300	258	核工经发〔2016〕5 号	中国核电工程有限公司分公司商务管理办法	经营开发部	V3	合同管理
301	259	核工经发〔2018〕13 号	中国核电工程有限公司合同变更管理规定	经营开发部	V1	合同管理
302	260	核工规发〔2017〕100 号	中国核电工程有限公司合同采购立项管理办法（试行）	规划发展部	—	合同管理
303	261	核工经发〔2018〕26 号	中国核电工程有限公司合同发包管理规定	经营开发部	V5	合同管理
304	262	核工经发〔2018〕28 号	中国核电工程有限公司合同管理监督检查办法	经营开发部	V1	合同管理
305	263	核工经发〔2017〕33 号	中国核电工程有限公司合同管理授权规定	经营开发部	V1	合同管理
306	264	核工经发〔2017〕1 号	中国核电工程有限公司合同签订授权管理规定	经营开发部	V2	合同管理
307	265	核工经发〔2018〕6 号	中国核电工程有限公司合同支付管理规定	经营开发部	V2	合同管理
308	266	核工经发〔2016〕2 号	中国核电工程有限公司合同专用章管理规定	经营开发部	V3	合同管理
309	267	核工办发〔2017〕23 号	中国核电工程有限公司核电工程项目设计技术决策管理办法	公司办公室	V1	工程设计
310	268	核工设发〔2015〕19 号	中国核电工程有限公司勘察、设计、咨询项目报奖管理办法	核工程院	V1	工程设计
311	269	核工办发〔2017〕6 号	中国核电工程有限公司压力管道设计 设计单位技术负责人及压力管道设计专家委员名单	公司办公室	V1	工程设计
312	270	核工审发〔2016〕9 号	中国核电工程有限公司风险管理专项预算管理办法	监察审计部	V2	风险管理
313	271	核工综发〔2010〕30 号	中国核电工程有限公司全面风险管理工作程序	监察审计部	—	风险管理
314	272	核工审发〔2018〕8 号	中国核电工程有限公司全面风险管理专项考核细则	监察审计部	V4	风险管理
315	273	核工审发〔2015〕15 号	中国核电工程有限公司重大风险监控预警及快速处理暂行办法	监察审计部	V1	风险管理

续表

总序	分序	制度文号	制度名称	编制部门	现行版次	领域类别
316	274	核工审发〔2018〕23 号	中国核电工程有限公司重大项目（事项）专项风险评估及程序性合规审查办法	监察审计部	V1	风险管理
317	275	核工总发〔2016〕81 号	中国核电工程有限公司法律专项预算管理办法	经营开发部	V2	法律事务
318	276	核工总发〔2016〕80 号	中国核电工程有限公司企业法律顾问管理办法	经营开发部	V2	法律事务
319	277	核工经发〔2013〕4 号	中国核电工程有限公司商业保险事务管理规定	经营开发部	V2	法律事务
320	278	核工总发〔2014〕15 号	中国核电工程有限公司外聘律师管理办法	公司办公室	V1	法律事务
321	279	核工总发〔2015〕16 号	中国核电工程有限公司重大法律纠纷案件管理办法	经营开发部	V1	法律事务
322	280	核工党发〔2017〕30 号	党委讨论决定干部任免事项守则	党委工作部	V1	党建管理
323	281	核工综发〔2011〕120 号	中国核电工程有限公司副总工程师技术管理实施办法	公司办公室	—	党建管理
324	282	核工党发〔2018〕108 号	基层党委党组织工作经费保障办法	党委工作部	V1	党建管理
325	283	核工党发〔2018〕47 号	中国共产党中国核电工程有限公司委员会困难党员帮扶基金管理办法	党委工作部	V1	党建管理
326	284	核工党发〔2017〕32 号	中国核电工程有限公司“优秀共产党员”评选管理办法	党委工作部	V2	党建管理
327	285	核工群组发〔2013〕3 号	中国核电工程有限公司党的群众路线教育实践活动领导小组工作规则	党委工作部	—	党建管理
328	286	核工党发〔2017〕87 号	中国核电工程有限公司党建工作责任实施细则	党委工作部	—	党建管理
329	287	核工党发〔2018〕36 号	中国核电工程有限公司党委党费收缴、使用和管理工作规定	党委工作部	V3	党建管理
330	288	核工党发〔2018〕91 号	中国核电工程有限公司党委管理干部能上能下暂行办法	党委工作部	V2	党建管理
331	289	核工党发〔2017〕42 号	中国核电工程有限公司党委印章使用管理规定	党委工作部	V2	党建管理
332	290	核工综发〔2012〕52 号	中国核电工程有限公司党务公开实施细则	党委工作部	V1	党建管理

续表

总序	分序	制度文号	制度名称	编制部门	现行版次	领域类别
333	291	核工党发〔2017〕43号	中国核电工程有限公司党务会议管理办法	党委工作部	V1	党建管理
334	292	核工党发〔2017〕122号	中国核电工程有限公司发展党员工作程序	党委工作部	V3	党建管理
335	293	核工党发〔2018〕130号	中国核电工程有限公司干部（处级）选拔任用工作管理规定	党委工作部	V6	党建管理
336	294	核工党发〔2018〕133号	中国核电工程有限公司干部（科级）选拔任用工作管理规定	党委工作部	V1	党建管理
337	295	核工党发〔2018〕95号	中国核电工程有限公司干部交流管理暂行办法	党委工作部	V2	党建管理
338	296	核工党发〔2018〕114号	中国核电工程有限公司干部考察工作规程	党委工作部	V2	党建管理
339	297	核工党发〔2018〕103号	中国核电工程有限公司干部任职回避和工作回避暂行办法	党委工作部	V1	党建管理
340	298	核工党发〔2018〕37号	中国核电工程有限公司关于基层党支部“三会一课”制度的规定	党委工作部	V3	党建管理
341	299	核工办发〔2018〕30号	中国核电工程有限公司贯彻落实集团公司党组关于进一步改进工作作风密切联系群众措施的实施细则	公司办公室	V2	党建管理
342	300	核工党发〔2018〕42号	中国核电工程有限公司基层党组织工作经费使用管理实施细则	党委工作部	V1	党建管理
343	301	核工党发〔2018〕109号	中国核电工程有限公司基层党组织机构设置及人员配备管理规定	党委工作部	V2	党建管理
344	302	核工人发〔2018〕93号	中国核电工程有限公司科技（学科）带头人岗位设置（第一批）	人力资源部	—	党建管理
345	303	核工党发〔2017〕40号	中国核电工程有限公司困难党员党费减免管理办法	党委工作部	V1	党建管理
346	304	核工综发〔2012〕70号	中国核电工程有限公司领导干部诫勉谈话制度实施办法	党委工作部	V1	党建管理
347	305	核工党发〔2014〕10号	中国核电工程有限公司流动党员管理办法	党委工作部	—	党建管理
348	306	核工党发〔2017〕93号	中国核电工程有限公司入党积极分子培训制度	党委工作部	V1	党建管理

续表

总序	分序	制度文号	制度名称	编制部门	现行版次	领域类别
349	307	核工人发〔2018〕73 号	中国核电工程有限公司首席专家、科技（学科）带头人与专业带头人任职条件	人力资源部	V2	党建管理
350	308	核工人发〔2018〕90 号	中国核电工程有限公司首席专家岗位设置（第一批）	人力资源部	—	党建管理
351	309	核工党发〔2018〕104 号	中国核电工程有限公司特级项目部党组织负责人岗位设置及考核管理办法	党委工作部	V1	党建管理
352	310	核工党发〔2017〕79 号	中国核电工程有限公司委派董事、监事管理办法	党委工作部	V1	党建管理
353	311	核工人发〔2018〕74 号	中国核电工程有限公司型号（工程项目）总设计师、系统总设计师、分系统总设计师任职条件	人力资源部	V2	党建管理
354	312	核工党发〔2018〕102 号	中国核电工程有限公司选人用人工作监督检查办法	党委工作部	V1	党建管理
355	313	核工党发〔2018〕89 号	中国核电工程有限公司职工思想政治工作课题研究管理办法	党委工作部	V1	党建管理
356	314	核工党发〔2017〕64 号	中国核电工程有限公司中层干部竞争性选拔工作细则	党委工作部	V1	党建管理
357	315	核工党发〔2018〕79 号	中国核电工程有限公司中层干部任前谈话任职宣布工作规程	党委工作部	V1	党建管理
358	316	核工党发〔2018〕110 号	主要负责人履行推进法治建设第一责任人职责实施办法	党委工作部	V1	党建管理
359	317	核工科发〔2017〕78 号	中国核电工程有限公司工程技术研究中心管理办法	科技部	V2	产品研发
360	318	核工科发〔2017〕79 号	中国核电工程有限公司工程技术中心申报管理办法	科技部	V2	产品研发
361	319	核工科发〔2017〕85 号	中国核电工程有限公司自主投入研发项目管理办法	科技部	V2	产品研发
362	320	核工保发〔2018〕23 号	中国核电工程有限公司保密工作经费管理规定	保密部	V2	保密管理
363	321	核工保发〔2017〕11 号	中国核电工程有限公司保密工作责任考核与奖惩规定	保密部	V3	保密管理
364	322	核工保发〔2018〕14 号	中国核电工程有限公司保密监督检查办法	保密部	V4	保密管理

续表

总序	分序	制度文号	制度名称	编制部门	现行版次	领域类别
365	323	核工保发〔2018〕24 号	中国核电工程有限公司保密要害部门部位保密管理规定	保密部	V5	保密管理
366	324	核工保发〔2018〕25 号	中国核电工程有限公司保密责任制管理规定	保密部	V4	保密管理
367	325	核工保发〔2018〕13 号	中国核电工程有限公司国家秘密载体保密管理规定	保密部	V6	保密管理
368	326	核工保发〔2016〕5 号	中国核电工程有限公司互联网官方网站运行管理办法	保密部	V3	保密管理
369	327	核工保发〔2016〕5 号	中国核电工程有限公司互联网官方网站运行管理办法	保密部	V3	保密管理
370	328	核工保发〔2018〕20 号	中国核电工程有限公司商业秘密保护管理规定	保密部	V4	保密管理
371	329	核工保发〔2018〕11 号	中国核电工程有限公司涉密会议或其他重要涉密活动保密管理规定	保密部	V4	保密管理
372	330	核工科发〔2017〕58 号	中国核电工程有限公司涉密科研项目保密管理办法	科技部	V2	保密管理
373	331	核工经发〔2017〕32 号	中国核电工程有限公司涉密项目协作配套保密管理规定	经营开发部	V1	保密管理
374	332	核工监发〔2015〕6 号	中国核电工程有限公司效能监察专项预算管理办法	监察审计部	V1	保密管理
375	333	核工保发〔2017〕18 号	中国核电工程有限公司泄密事件报告与查处管理规定	保密部	V3	保密管理
376	334	核工安发〔2018〕18 号	中国核电工程有限公司安全生产管理办法	安全管理部	V6	HSE 管理
377	335	核工安发〔2017〕35 号	中国核电工程有限公司安全生产事故综合应急预案	安全管理部	—	HSE 管理
378	336	核工安发〔2017〕14 号	中国核电工程有限公司辐射保健费发放管理办法	安全管理部	V4	HSE 管理
379	337	核工科发〔2017〕81 号	中国核电工程有限公司科研安全管理办法	科技部	V2	HSE 管理

附录四　常用缩略语表

序　号	英文缩写	释　义
1	ACP100	小型模块式压水堆
2	ACP1000	由中国核工业集团公司研发的具有自主知识产权的三代压水堆
3	ACPR1000+	中广核推出的百万千瓦级三代核电技术堆型名称
4	AP1000	美国西屋公司开发的三代百万千瓦级压水堆
5	AREVA	法国阿海珐公司
6	BECHTEL	美国柏克德公司
7	BOP	辅助系统
8	CAR	纠正行动要求
9	CARR	中国先进研究堆
10	CBS	成本分解结构
11	CNP650	中国核工业集团公司自主设计建造的 65 万千瓦级压水堆
12	DCS	分布式控制系统
13	DOAM	Direction Objective Action Measure，DOAM 模型
14	EESR	安装竣工状态报告
15	E-Learning	网络学习平台
16	EPC	工程总承包模式
17	EVA	附加经济价值
18	FCD	核岛第一罐混凝土浇注
19	FPGA	现场可编程门阵列
20	FSAR	最终安全分析报告
21	GF 报告	国防科技报告
22	GMP	药品生产质量管理规范
23	HSE	职业健康、安全、环境
24	IAEA	国际原子能机构
25	IDR	全干法流程
26	IEEE	电气和电子工程师协会
27	IFS	企业资源管理软件

续表

序　号	英文缩写	释　义
28	JYK	计划、预算、考核一体化管理体系
29	K2/K3	巴基斯坦卡拉奇项目
30	MOX 燃料	铀钚混合氧化物燃料
31	NCC	核回路冲洗
32	OBN	观察意见单
33	P6 平台	Primavera P6 Project Management P6 进度管理平台
34	PCS	能动安全壳热量导出系统
35	PCS	非能动安全壳热量导出系统
36	PCT	国际专利公约
37	PDMS	平台设计管理系统
38	PMP	项目管理专业人士资格认证
39	POC 评审	Proof of concept，即为观点提供论据
40	ProMIS	公司核电工程项目管理平台
41	PSA	概率安全评价
42	PSAR	初步安全分析报告
43	PSR	定期安全审查
44	PX 厂房	联合泵房
45	QC 小组	质量控制小组
46	QHSE	质量、职业健康、安全、环境
47	RPN	核仪表系统
48	RTX	通讯软件
49	SAMG	严重事故管理导则
50	SAP	企业资源管理软件
51	SSC	电厂分解结构
52	TC	生命周期管理系统软件
53	TOTO 移交	临时运行移交
54	TP13A	数字化仪控设计技转任务包
55	TQM	全面质量管理
56	TUV	Technischer Überwachungs-Verein，技术监督协会
57	WBS	工作分解结构
58	WWER（VVER）	俄罗斯设计的压水堆
59	YA	除盐水生产车间
60	50%FP	核电站 50%满功率（电功率）

ISBN 978-7-5221-0155-2